जातिवाद और रंगभेद

वाणी प्रकाशन
नयी दिल्ली-110002
फोन : 23273167, 23275710 • फैक्स : 23275710
e-mail : vani_prakashan@yahoo.com
vani_prakashan@mantraonline.com

जातिवाद और रंगभेद

संपादक
शंभुनाथ

वाणी प्रकाशन

वाणी प्रकाशन का 'लोगो'
विख्यात चित्रकार मक़बूल फ़िदा हुसेन की
कूची से

ISBN : 81-8143-070-0

वाणी प्रकाशन
21-ए, दरियागंज, नयी दिल्ली-110002
द्वारा प्रकाशित

संस्करण : 2010

मूल्य : 200.00

सम्पादन : वाणी प्रकाशन

सुधा ऑफसेट, दिल्ली-110092
द्वारा मुद्रित

JAATIVAD AUR RANGBHED
edited by Shamhunath

अनुक्रम

दूसरे नवजागरण की ओर

शंभुनाथ

जातिवाद और रंगभेद मानवीय संबंधों को संकुचित करने वाली ऐसी बर्बरताएं हैं, जो दुनिया में आज भी कायम है। अफ्रीका में रंगभेद अपनी अंतिम सांसें ले रहा हो, लेकिन भारत में जातिवाद जनतांत्रिक मूल्यों के विकास के रास्ते में आज भी अडिग खड़ा है। न राष्ट्रवाद उसका कुछ बिगाड़ पा रहा है, न विज्ञान। आधुनिकीकरण जितना तीव्र हो रहा है, अन्य रूढ़ियों के साथ जातिवाद भी उतनी ही तेजी से बढ़ रहा है। इसका अर्थ है कि विकास समाज में अखंडता, विवेकपरकता और समानता का पोषण न कर विखंडता, रूढ़िवाद और आर्थिक शोषण को ही उकसा रहा है। विकास के सारथी समाज को एक ऐसी अंधेरी गली में ले जा रहा हैं, जहां आधुनिक सुख-सुविधाओं के बीच भी लोग आदिम सामाजिक जीवन के लिए—श्रेत्रीयतावादी, संप्रदायावदी, जातिवादी संघर्षों के लिए अभिशप्त होंगे। भारत के साधारण अवाम को बुनियादी परविर्तन का अहसास कराने में जितना विलंब होगा, दरारें उतनी हीं बढ़ेंगी।

जाति दो अवसरों पर अर्थहीन हो जाती है—जब धर्म का उम्माद उठता है या जब वर्ग चेतना दहाड़ती है। दुनिया के अन्य समाजों की तरह भारतीय समाज में वर्ग निर्माण और चेतना की प्रक्रिया आज तक तीव्र नहीं की जा सकी है। समाजवादी देशों की घटनाओं ने तो इस प्रक्रिया को एक नया झटका दिया है। हम गौर कर सकते हैं कि पृथकता और विखंडता की प्रवृत्तियां उन्हीं समाजों में पनप रही हैं, जहां पूंजीवाद से संघर्ष मजबूत हो रहा है।

पश्चिमी पूंजीवादी समाजों में संघर्ष नहीं है, क्योंकि उन समाजों में पूंजीवाद को चुनौती नहीं के बराबर है। वहां का पूंजीवाद 'यूरोपीय आर्थिक समुदाय' बना रहा है, बर्लिन की दीवार तोड़ रहा है, बहुत-सी राष्ट्रीयताओं और भाषाओं को एक ही टेबुल पर उठा-बैठा रहा है—वहां विश्वास का पुनरोदय हो रहा है। भारत जैसे एशियाई देशों में स्थिति उल्टी है—यहां पृथकता और विखंडता के संस्कार पनप रहे हैं। यह

केवल राष्ट्रीय आंदोलन के मूल्यों का ह्रास या पिछले चार दशकों के भारतीय विकास की ट्रैजडी ही नहीं है, यह हमारे जनतांत्रिक और वामपंथी आंदोलन की विडंबना भी है कि इसके सरोकार विस्तृत न होकर, एकायामी हो गए, वर्ग चेतना का ह्रास हुआ तथा नवजागरण के अधूरे कार्यों को भाग्य-भरोसे छोड़ दिया गया।

हमारे देश में जाति, धर्म, क्षेत्र आदि के आधार पर जो कलह है, वह दूरदर्शन पर सिर्फ स्वाधीनता-आंदोलन के दिनों का त्याग, बलिदान और संघर्ष दिखा कर दूर नहीं होगा। महज स्मृति में हमारे टूटते हुए देश, समाज को जोड़ने की ताकत नहीं है। पश्चिम के पूर्वी यूरोपीय देशों का रास्ता भी हमारा रास्ता नहीं हो सकता, क्योंकि इसी रास्ते पर तो हमारा देश पिछले चार दशकों से खड़ा है और कलहग्रस्त है। हमें समाजवादी भूलों से सीख कर और भारतीय परिस्थितियों और परंपराओं को जांचकर, समाजवाद के रास्ते की ओर ही बढ़ना होगा। दूसरा नवजागरण हमारे दरवाजों पर दस्तक दे रहा है।

न तो महात्मा गांधी ने जाति के संबंध में कोई क्रांतिकारी धारणा उपस्थित की, न अंबेदकर ने। दोनों ने दलितों के उद्धार का कार्य एक खास ऐतिहासिक सामाजिक परिस्थिति में बड़ी निष्ठा से किया। उसका निःसंदेह महत्व है। लेकिन दोनों में से किसी ने जातिवाद के खिलाफ आवाज नहीं उठाई। इन्होंने 'पिछड़ी जाति' या 'दलित' को भुनाने वाली चीज बना दी। इसलिए आज भी जो नेता 'पिछड़ी जाति' या 'दलित' की राजनीति करते हैं, वे कभी भी पिछड़ी जाति के लोगों, दलितों की राजनीति की राष्ट्रीय और क्रांतिकारी धारा से नहीं जोड़ते। वे पूरे मामले को 'स्थानीय हिंसक संघर्ष' (बिहार का जाति संघर्ष) बना देते हैं या शासन से मोल भाव (कांशीराम) की राजनीति में बदल देते हैं। दलित साहित्य या दलित पैंथर्स जैसी सामाजिक संस्थाएं भी तात्कालिक हितों के लिए वर्ग चेतना के निर्माण की प्रक्रिया को कुंठित करती है और समस्या को जटिल बना देती है।

कोई पेड़ जहरीला हो चुका हो, तो हम उसके पत्ते नोंच कर जहर दूर नहीं कर सकते। न अकेले सिर्फ जातिवाद से लड़ने से कुछ होगा, न अकेले सिर्फ धर्मोन्माद या क्षेत्रीयतावाद से लड़ने से। सामंतवाद से लड़ें, और पूंजीवाद के तलबे सहलाएं तो भी यह सिर्फ लड़ाई का नाटक होगा।

क्या जाति एक विषय है केवल उनके लिए जो बहुत अमीर है या बहुत गरीब है? क्या जाति भारतीय समाज, जो चरम 'रिजिडिटी' अपनाने वाले सामाजिक समुदायों का समाज है, की एक अनिवार्य और अंतिम पहचान है? पहचान का मलतब है कुछ मामलों में परांपरगत सामान्यता या एकरूपता। क्या जाति कभी भी भारत की पहचान रही है? एक सामूहिक-कर्मकांडी जीवन के अंग के रूप में वह कभी की लाश बन चुकी है, उसे सिर्फ दफनाने की जरूरत है।

एक गैर-बराबरीपूर्ण कलहग्रस्त समाज में जाति उस समय आखिरी आश्रय

होती है, जब समाज में लोकतंत्र कमजोर होता है, जब समाज पूंजीवाद से सामजवाद की ओर संक्रमण करने के बजाय पूंजीवाद के ही नए-नए रूपों के आकर्षण में फंसा रहता है। परेशान आदमी तब अपनी जाति की पूंछ हिलाता है और राहत भी पाता है। आरक्षण की राजनीति ने एक आश्रय बनाकर रखा है, क्योंकि दलित और आदिवासी हजारों साल से सामाजिक दमन के शिकार रहे हैं। यह उचित भी है। जो आरक्षण का विरोध करते हैं, वे यदि सचमुच आरक्षण हटाना चाहते हैं तो वे सबसे जाति तोड़े। आज भी हजारों गांवों में ठाकुरों के घर के सामने से जब हरिजन गुजरते हं तो जूता हाथ में ले लेते हैं, पहन कर नहीं गुजर सकते।

जाति तोड़ने की सबसे अधिक ताकत, सामान्य नियम से तो, उनके पास है, जिनके पास शिक्षा, विज्ञान और पूंजी सबसे अधिक पहुंची है। लेकिन विडंबना यह है कि ये लोग ही जातिवाद के सबसे बड़े संरक्षक है! अतः साधारण जनता जाति तोड़ेगी, तभी एक नया वातारण बनेगा—लोकतंत्र मजबूत होगा और विवाह एक मानवीय संस्था का रूप लेगा। दक्षिण अफ्रीका में नेल्सन मंडेला की मुक्ति तथा नव-उपनिवेशवाद-विरोधी संघर्ष में आए नए मोड़ का एशिया, लैटिन अमेरिका तथा पूरे अफ्रीका पर प्रभाव पड़ेगा। दरअसल, मानवता को अब अधिक दिनों तक रंगों और जातियों में विभाजित करके नहीं रखा जा सकता!

दस्तावेज

इतिहास का संघर्ष

भारतीय परंपरा की एक नहीं, कम से कम दो मुख्य धाराएं हैं। परंपरा की एक धारा ने सांस्कृतिक विरासत के नकारात्मक तत्वों को विकसित किया तथा दूसरी धारा ने सकारात्मक तत्वों को। हालांकि समाज में सदैव पहली धारा का ही वर्चस्व था और इर धारा ने नए परिवर्तनों से तो गुरेज किया ही, सकारात्मक सांस्कृतिक विरासत को भी लगातार दबाकर रखा, फिर भी वर्चस्वशाली धारा अपने मकसद में कभी पूरा कामयाब नहीं हुई। प्राचीन युग से ही मानवीय और जनवादी विचारधारा के तत्व अभिव्यक्ति पाते रहे और नवजागरण के साथ तो वे मानो उमड़ पड़े। जातिवाद के खिलाफ परंपरा और नवजागरण के दुर्ग से इतिहास ने जो संघर्ष किया, वह आज उत्पीड़ित मनुष्यता के लिए प्रेरणा है।

परंपरा के दुर्ग से

ऋग्वेद—26.2, 5.60

> यथेमा वाचं कल्याणी भावदानि जनेभ्यः।
> ब्रह्मराजन्याम्यां शूद्राय चार्याय च स्वाय चारणाय च।।
> अज्येष्ठासो अकनिष्ठासु एते सं भ्रातरो वाबृधुः सौभागाय।
> युवा पिता स्वपा रुद्र एषां सुदुधा पृश्निः सुदिना मरूदभ्यः।।

[(मैं वेदों की जो वाणी कह रहा हूँ, उसे ब्राह्मण, क्षत्रिय, वैश्य, शूद्र सभी सुनें। यह वाणी सबका कल्याण करेगी। .... जगत में न कोई बड़ा है न कोई छोटा। ईश्वर सभी के पिता, धरती सभी की मां है। एक ही परम पिता के सभी पुत्र मिलजुलकर स्वर्ग का ऐश्वर्य धरती पर उतारो।)]

महाभारत

> जातिरत्त महासर्प मनुष्यत्वे महामते।
> संकरत्वात् सर्व वर्णा नां दुष्परीक्ष्येति ये मतिः।।
> सर्वे सर्वास्वपत्यानि जनयन्ति सदा नराः।
> तस्माच्छीलं प्रधानेष्टं विदर्ये तत्वदर्शिनः।।

[युधिष्ठिर–'हे महामति सर्प! 'जाति' शब्द का प्रयोग तो मनुष्यत्व के लिए होता है। सब वर्णों के संकर (मिश्रण) के कारण शुद्ध जाति मिलना मुश्किल है। सभी जातियों के पुरुष सभी जातियों की स्त्रियों से सदा संतान उत्पन्न करते आए हैं। इसलिए तत्वदर्शी लोगों ने कहा है कि मानव में शील ही प्रधान है (जाति नहीं)।]

गीता–115-18,19

विद्या विनय संपन्ने ब्राह्मणे गवि हस्तिनि।
शुनि चैव श्वपाके च पंडिता समदर्शिनः।।
इहैव तैर्जित सर्गो येषां साम्ये स्थित मनः।
निर्दोष हि समं ब्रह्म तस्माद् ब्रह्माणि तेस्थिताः।।

[जो विद्या और विनयसंपन्न तत्वदर्शी (ब्राह्मण) हैं, वे ब्राह्मण, शूद्र, श्वान, गज, गौ आदि में भेद नहीं पैदा करते। जिसने अपने मन में साम्य भाव पैदा कर लिया है, उसने जीते जी पूरा ब्राह्म पा लिया है।]

श्रीमद्‌भागवत्–द्वितीयऽयायः

त्वं तु भक्तिः प्रिय तस्य सततं प्राणतोऽधिका।
त्वया ऽऽ तूतस्तु भगवान याति नीच ग्रहेत्वयि।।

बौद्ध धर्म सुत्त निपात–9-6-26

न जच्चा (जन्म) बसलो (शूद्र) होति न जच्चा होति ब्राह्मणों।
कम्मुना बसलो होति कम्मुना होति ब्राह्मणों।।

जिनवाणी–25.33

कम्मुण बंभनों होई, कम्मुण होई खत्तिओ।
वईसो कम्मुणा होई, सुद्रो हवइ कम्मुणा।।

गुरुनानक

एक ब्रह्म इक बरन इक एको है बोल निहार।
एका जाति सनाति इक, एको हो उपचार।।
जाति बरन कुल सहसा चूका, गुरु मति सबद बीचारी।।

कबीरदास

ऊंचे कुल क्या जनमियां जे करणी ऊंच न होइ।
सोवन (स्वर्ण) कलस सुरे भर्‌या सोधूं निंद्या सोई।।

जाति न पूछो साधु की, पूछ लीजियो ज्ञान।
मोल करो तलवार का, पड़ा रहन दो म्यान।।

कबीर इस संसार को, समझाऊं कै बार।
पूंछ जो पकड़ै भेद की, उतर्या चाहै पार।।

जाति पांति पूछे नहिं कोई, हरि को भजै सो हरि का होई।

ना ना अब न बसहु इह गाऊ।
घरी-घरी का लेखा मांगे काइधु चेतू नाऊ।।

रैदास

जाति थैं कोउ पार न पहुंचा राम भक्त विसेष रे।।

दरिया साहब

सतगुरु जाति पांति नहिं दीजै,
जाति खोजै तेहि पातक दीजै।

संत नामदेव

कहा करउ जाती कहा करउ पाती
राम को नाम जपउ दिन राती।
नाना वर्ण गवा (गाय) एक वर्ण दूध
तुम कहां के ब्रह्मण हम कहां के सूद।।

दादूदयाल

दादू पांणी के बहु नाव धरि, नाना विधि की जाति।
बोलणहारा कोण है, कहौ धौं कहा समाति।

संत तुलसीदास निरंजनी

यह क्यों शूद्र जु यह क्यों पांडे।
एक ही माटी के सब भांड़े।।

संत गरीब दास

कैसे हिंदू तुरक कहाया। सचही एकै द्वारे आया।
कैसे ब्राह्मण कैसे सूद्रं। एकै हाड़ चाम तन गूदं।।

संत रज्जब

हिंदू तुरक उदै जल बूंदा, कासों कहिए ब्राह्मण सूदा।

पलटू साहब

वेद पुरान पंडित बांचते वे करते अपनी दुकान हैं जी।
औरत को परबोध करैं, खाली आपनो मकान है जी।।

हरि को भजै सो बड़ा है जाति न पूछे कोय।।

सबै जात गोपाल की

भारतेन्दु हरिश्चंद्र

क्षत्री : महाराज, देखिए, बड़ा अंधेर हो गया कि ब्राह्मणों ने व्यवस्था दे दी कि कायस्थ भी क्षत्री है। कहिए, अब कैसे-कैसे काम चलेगा।

पंडित : क्यों इसमें दोष क्या है? 'सबै जात गोपाल की' ओर फिर यह तो हिंदुओं का शास्त्र पनसारी की दुकान है और अक्षर कल्पवृक्ष हैं। इसमें तो सब जात की उत्तमता निकल सकती है, पर दक्षिणा आपको बाएं हाथ से रख देनी पड़ेगी। फिर क्या है, फिर तो 'सबै जाति गोपाल की?'

क्षत्री : भला महाराज, जो चमार कुछ बनना चाहे तो उसको भी आप बना दीजिएगा?

पंडित : हां, चमार तो ब्राह्मण हई है। इसमें क्या संदेह है, ईश्वर के चर्म्म से इनकी उत्पत्ति है। इनको यह दंड नहीं होता। चर्म्म का अर्थ ढाल है, इससे ये दंड रोक लेते हैं। चमार में तीन अक्षर हैं। 'च' चारों वेद, 'म' महाभारत', 'र' रामायण। जो इन तीनों को पढ़ावें, वह चमार। पद्मपुराण में लिखा है कि इन चर्मकारों ने एक बेर बड़ा यज्ञ किया था, उसी यज्ञ से चर्मण्ववती निकली है। अब कर्म-भ्रष्ट होने से अत्यंज हो गए हैं, नहीं तो हैं असिल में ब्राह्मण। देखो, रैदास इनमें कैसे भक्त हुए है। लाओ दक्षिणा लाओ। 'सबै ..... '

क्षत्री : और डोम।

पंडित : डोम तो ब्राह्मण क्षेत्रिय दोनों कुल के हैं। विश्वमित्र, वशिष्ठ वंश के ब्राह्मण डोम हैं, और हरिश्चंद्र और वेणु वंश के क्षत्रिय हैं। इसमें कुछ पूछना है। लाओ, दक्षिणा 'सबै जा ..... '

क्षत्री : और जैनी?

पंडित : बड़े भारी ब्राह्मण हैं। 'अहैन्नियपि जैनशासनता' जैन इनका नाम तब

से पड़ा, ज़ब से राजा अलर्क की सभा में इन्हें कोई जै न कर सका!

क्षत्री : और बौद्ध?

पंडित : बुद्धिवाले अर्थात् ब्राह्मण।

क्षत्री : और धोबी?

पंडित : अच्छे खासे ब्राह्मण जयदेव के जमाने तक धोबी ब्राह्मण होते थे। 'धोई कविः क्षमापतिः।' ये शीतला के रज से हुए हैं, इससे इनका नाम रजक पड़ा।

क्षत्री : और कलवार?

पंडित : क्षत्री है, शुद्ध शब्द कुलवर है, भट्टी कवि इसी जाति में था।

क्षत्री : भला महाराज नीचों को तो आपने उत्तम बना दिया, अब कहिए, उत्तमों को भी नीच बना सकते हैं?

पंडित : ऊंच-नीच क्या, सब ब्रह्म हैं। आप दक्षिणा दिए चलिए, सब कुछ होता चलेगा।

क्षत्री : कहिए अगरवाले और खत्री?

पंडित : दोनों बढ़ई हैं। जो बढ़िया अगर चंदन का काम बनाते थे, उनकी संज्ञा अगर वाले हुई और जो खाट बीनते थे, वे खत्री हुए वा खेत अगोरने वाले खत्री कहलाए।

क्षत्री : और महाराज नागर गुजराती।

पंडित : सपेरे और तैली, नाग पकड़ने से नागर और गुल जलाने से गुजराती।

क्षत्री : और महाराज भुंइहार और भाटिये और रोड़े?

पंडित : तीनों शूद्र, भूजा से भुंइहार, भट्टी रखनेवाले भाटिये, रोड़ा ढोने वाले रोड़े।

क्षत्री : (हाथ जोड़कर) महाराज आप धन्य हैं। लक्ष्मी वा सरस्वती, जो चाहै सो करैं चलिए, दक्षिणा लीजिए।

पंडित : चलौ, इस सब का फल तो यही था!

(कुछ अंश)

पटीदार और अंत्यज

महात्मा गांधी

एक भाई ने कुछ कतरनें भेजी हैं, जिनमें नाम-धाम सहित पूरा विवरण दिया गया है। उनसे पता चलता है कि जिन अंत्यजों ने कई वर्षों से मरे हुए पशुओं को उठाने का काम छोड़ दिया था, उनसे मार-पीट कर यह काम करवाया गया है। यदि यह बात सच हो तो यह स्वदेशी डायरशाही मानी जाएगी और किसी हद तक विदेशी डायरशाही से भी अधिक बुरी।...

अमुक धंधा तो अमुक जाति अथवा व्यक्ति को ही करना होगा, हम ऐसा दुराग्रह नहीं रख सकते। इसका एक सीधा परिणाम तो यह होना चाहिए कि हमें कोई भी बुनियादी और जरूरी काम करने में दोष नहीं समझना चाहिए। इसके अतिरिक्त जब कोई दूसरे लोग इस काम को करने के लिए बाध्य नहीं हैं तो फिर अंत्यजों ने ही क्या अपराध किया है कि उन्हीं से यह काम कराया जाए?

'नवजीवन', 14 दिसंबर 1924

बेलगांव की अस्पृश्यता-परिषद में भाषण

मैं बार-बार कह चुका हूं कि यदि इस जन्म में मुझे मोक्ष न मिले तो मेरी आकांक्षा है कि अगले जन्म में भंगी के घर मेरा जन्म हो। मैं वर्णाश्रम को मानता हूं और इसीलिए जन्म और कर्म दोनों को मानता हूं। पर मैं इस बात को नहीं मानता कि भंगी कोई पतित योनि है। मैंने ऐसे कितने ही भंगी देखे हैं जो पूज्य हैं और ऐसे कितने ब्राह्मण भी देखें हैं, जिनकी पूजा करने मेरे लिए मुश्किल पड़ता है। ब्राह्मण के घर में जन्म लेकर ब्राह्मणों की या भंगियों की सेवा कर सकने की अपेक्षा, मैं भंगी के घर पैदा होकर भंगियों की सेवा ज्यादा कर सकूंगा और दूसरी जातियों को भी समझा सकूंगा। मैं भंगियों की अनेक तरह से सेवा करना चाहता हूं। मैं उन्हें यह सीख देना नहीं चाहता कि वे ब्राह्मणों से घृणा करें। घृणा से मुझे अत्यंत दुःख होता

है। भंगियों का मैं उत्कर्ष चाहता हूं पर मैं अपना यह धर्म नहीं मानता कि उन्हें परिश्चमी तरीकों से अपना हक प्राप्त करने की सीख दूं। इस तरह कुछ भी हासिल करना हमारा धर्म नहीं, मार-पीट से प्राप्त की हुई चीज दुनिया में कायम नहीं रह सकती। मैं अपनी आंखों के सामने उस जमाने को आता हुआ देखना चाहता हूं, जब मार-पीट के बल पर कोई भी काम सिद्ध नहीं हो सकेगा।

स्थूल स्वराज्य के लिए मैं अंत्यजों को फुसलाना नहीं चाहता। मुझे जो लगता है कि हिंदुओं ने अस्पृश्यता बरतते रहकर भारी पाप किया है, इस लालच में उन्हें फसाना नहीं चाहता। उसका प्रायश्चित उन्हें करना चाहिए। मैं अस्पृश्यों की 'शुद्धि' जैसी किसी चीज को नहीं मानता। मैं तो अपनी शुद्धि का कायल हूं। जब मैं स्वयं ही अशुद्ध हूं तो दूसरे की शुद्धि क्या करूंगा? मैंने अस्पृश्यता का पाप किया है तो शुद्ध भी मुझे ही होना चाहिए। इसलिए हम जो अस्पृश्यता-निवारण का कार्य कर रहे हैं, वह केवल आत्मशुद्धि हैं, अस्पृश्यों की शुद्धि नहीं। मैं तो हिंदू धर्म की इस शैतानियत को निर्मूल करने की बात कर रहा हूं, अस्पृश्यों को फुसलाने की बात मेरे पास नहीं है।

परंतु हिंदू-जाति के लिए खान-पान का सवाल जुदा है। मेरे कुटुम्बों में ऐसे लोग हैं, जो मर्यादा धर्म का पालन करते हैं। वे और किसी के साथ भोजन नहीं करते। उनके लिए खाने पीने के बर्तन ओर चूल्हा भी अलहदा चाहिए। मैं नहीं मानता कि इस मर्यादा में अज्ञान, अंधकार या हिंदू-धर्म का क्षय है। मैं खुद इन बाहरी आचारों का पालन नहीं करता। मुझसे यदि कोई कहे कि हिंदू संसार को इसका अनुकरण करने की सलाह दो, तो मैं वैसी सलाह नहीं दूंगा। मालवीय जी मेरे पूज्य हैं, मैं उनका पाद-प्रक्षालन भी करूंगा, पर वे मेरे साथ खाना नहीं खाते। ऐसा करके वो मेरे साथ घृणा नहीं करते। हिंदू धर्म में इस मर्यादा का अटल स्थान नहीं है, परंतु एक खास स्थिति में वह स्तुत्य मानी गई है।

मेरे विचार में इस युग में रोटी-बेटी के व्यवहार की मर्यादा का लोप नहीं आ सकता। मेरी इस वृत्ति के कारण मेरे कितने ही मित्र मुझे दंभी मानते हैं, पर इसमें किसी तरह का दंभ नहीं है। स्वामी सत्यदेव और मैं अलीगढ़ जा रहे थे। उन्होंने मुझसे पूछा, "आप यह क्या करते हैं? ख्वाजा साहब के यहां खाएंगे?" मैंने कहा, "मैं खाऊंगा। आपके लिए यही मर्यादा है कि आप न खाएं, लेकिन मेरे लिए ख्वाजा साहब के यहां खाद्य वस्तुएं न खाना पतित होना है। पर यदि आप खाएंगे तो आपका पतन होगा, क्योंकि आप मर्यादा का पालन करते हैं।" स्वामी सत्यदेव के लिए ब्राह्मण बुलाया गया, उसने उनके लिए रसोई बनाई। मौलाना अब्दुल बारी के यहां भी ऐसा ही इंतजाम होता है। यहां तक कि हम जब जाते हैं तब ब्राह्मण बुलाया जाता है और उसे हुक्म होता है कि तमाम चीजें भी बाहर से लाए। मैंने मौलाना से पूछा कि इतनी एहतियात की जरूरत क्या है, तो कहते हैं कि मैं किसी को यह

मानने का मौका नहीं देना चाहता कि मैं आपको भ्रष्ट करना चाहता हूं क्योंकि मैं जानता हूं कि हिंदू धर्म के अनुसार बहुत से लोगों को हमारे साथ खाना खाने से परहेज होता है। (संक्षेप) 27 दिसंबर, 1924

कलुवा

अर्स्किन कॉडवेल

भोज के दो घंटे बाद भी वे लोग गर्म बैठकखाने में बैठे हुए थे। तंबाकू के धुएं का धुंधलका कई परतों में मेज से लेकर छत तक पसरा हुआ था। कुर्सियों के इर्द-गिर्द सूखे पसीने की बू एवं बासी पड़ गई खुशबू की मिली-जुली गंध अलसाई-सी पड़ी थी। नए वर्ष के उपलक्ष्य में टर्की एवं जंगली सुअर के स्वादिष्ट मांस के तृप्तिदायक भोज से अधाई हुई औरतों की आंखें आलस्य से झपक रही थीं। मर्द अपनी-अपनी कुर्सियों पर पांव सीधा करके तथा सिर आरामदायक मुद्रा में पीछे टिकाए पसरे हुए थे। आलस्य भरी निगाहों से वे लोग अपनी उभरी तोंदों के पार एक दूसरे को निहार रहे थे।

ग्रैडी वाल्टर उठ बैठा। उसने बारीक, लाल नसों के जाल बिछे अपने चेहरे को हथेलियों से रगड़ा। फिर अपने अतिथियों को देखा। कुछ देर बाद वह दरवाजे के पास गया और अपने एक नीग्रो नौकर को पुकारा। आदेश दिया कि वह जाकर कलुवा को बुला लाए।

दरवाजे को फिर बंदकर देने के बाद, ग्रैडी तंबाकू के नीले धुंधलके के पार अपने उनींदे, कुर्सियों पर अधलेटे औरत-पुरुष मित्रों को देखता हुआ अपनी कुर्सी के पास लौट आया। लगभग एक घंटा से अधिक हो गया था, जब लोगों ने अंततः महसूस कर लिया कि अब कहने के लिए उनके पास कुछ और नहीं है।

"अभी दिन के कितने बज रहे होंगे ग्रैडी?" राब हावर्ड ने अपनी आंखें मलते हुए, फिर अपनी तोंद सहलाते हुए पूछा।

"समय जानकर क्या करोगे? यह समय दरअसल मनोरंजन करने का है?" ग्रैडी ने कहा।

कलुवा ने घर के पिछले दरवाजे से प्रवेश किया। बड़े हाल से गुजरकर वह उस बैठकखाने में आ गया, जहां लोग बैठे थे। अपने दोनों पांव फैलाकर वह फर्श पर खड़ा हो गया और अपने गले से एक विचित्र ध्वनि निकालने लगा, मानो लकड़ी

के एक ड्रम में सोयाबीन के दाने गिर रहे हों।

''हम लोग सारी दोपहर तुम्हारी प्रतीक्षा करते रहे कलुवा। आओ, और जाकर हमारे मित्रों का मनोरंजन करो।'' ग्रेडी ने कहा–''हमारे सारे मित्र जी भरकर हंसने के लिए बुलबुला रहे हैं। सोच लो कलुवा! तुम्हें हमारे मित्रों को हंसा-हंसा कर लोट-पोट कर देना है।''

कलुवा बैठकखाने की औरतों और मर्दों के चेहरे निहारता हुआ, दांत निपोर कर हंस पड़ा। उसने अपने दोनों हाथ अपने ओवर आल की जेब में डालकर अपने गले में एक अजीब सी अमानवीय आवाज निकाली।

राब हावर्ड ने ग्रेडी से पूछा कि कलुवा आखिर करेगा क्या? कई औरतें सचेत होकर बैठ गईं और अपने पर्स से पाउडर निकाल कर अपने चेहरे का बिगड़ा मेकअप संवारने लग गईं।

वह काला लड़का अपनी गर्दन लंबी कर, उसे अर्ध वृत्ताकार घुमाते हुए कमरे का जायजा लेकर थोड़ा हंसा।

''अरे कलुवा!'' ग्रेडी ने कहा ''मेरे इन गोरे मित्रों को जरा अभिनय करके दिखाओ तो, कि उस रोज तुमने जंगली सूअर के नन्हें से पिल्ले को अपने दांतों से काट-काट कर कैसे लहूलुहान कर डाला था और मार डाला था। चलो शुरू हो जाओ कलुवा! जरा हम भी देखें कि कैसे तुमने अपने दांतों से चबा-चबा कर सूअर के पिल्ले को मार डाला था।''

कई क्षणों तक कलुवा के होठ यूं हिलते रहे, मानो वे होठ नहीं, आंखों की झपकती हुई पलकें हों। इसके बाद वह धड़ाम से फर्श पर गिर पड़ा। ग्रेडी ने उसके कंधों को अपने पंजों से जकड़ा और फिर से बैठकखाने के बीचों-बीच ढकेल दिया।

''कलुवा!'' ग्रेडी ने उस पर झल्लाते हुए चीख कर कहा-''वही करो! जो मैं तुमसे करने के लिए कह रहा हूं। मेरे गोरे साथियों को दिखाओ कि कैसे तुमने अपने दांतों से उस सूअर के पिल्ले को भंभोर-भंभोर कर मार डाला था।

कलुवा ने अपने गले से अजीब-सी गंभीर किस्म की आवाज निकाली। उसके गले से निकलती आवाज गुल्लाह (अफ्रीका की लिबेरिया जनजाति की भाषा) से भी कहीं अधिक पेचीदी थी। ग्रेडी के अलावा कमरे में उपस्थित कोई आदमी नहीं समझ सका कि कलुवा ने आखिरकार कहा क्या था।

''इससे कोई फर्क नहीं पड़ता कि दांतों से भंभोड़ने के लिए तुम्हारे सामने अभी सूअर का कोई पिल्ला नहीं है।'' ग्रेडी उसे समझाता है–''चलो, शुरू हो जाओ। दिखाओ मेरे साथियों को कि उस रोज तुमने मेरे लिए उस सूअर के पिल्ले को अपने दांतों से भंभोड़-भंभोड़ कर कैसे मार डाला।''

कलुवा अपने हाथों और घुटनों के बल फर्श पर गिर पड़ा और अपने गले से ऐसी आवाज निकालने लगा, मानो वह किसी चीज से जूझते हुए अपना बचाव कर

रहा हो। ग्रैडी अपने जूते की नोक से उसे उसकाते हुए खेल जारी रखने का निर्देश देता रहा।

वह नीग्रो लड़का अचानक जोरों से गुर्राने लगा और हवा में ही अपने दांत कुटकुटाने लगा वह ऐसा अभिनय कर रहा था, मानो स्वयं एक गुर्राते हुए कटखने सूअर के पिल्ले में तब्दील हो गया हो। उसने हवा में ही अपनी बांहों का शिकंजा बनाकर किसी अदृश्य सूअर के पिल्ले को जकड़ लिया। उसके गले को अपने नुकीले चमकीले दांतों से चीरने-फाड़ने लगा। कमरे में उपस्थित सारे लोग रक्त-पिपासु पागल का जीवंत अभिनय देखने के लिए एक संकरा घेरा बनाते हुए खड़े हो गए।

नीचे फर्श पर, उस कलुवे नीग्रो लड़के का चेहरा तनाव से तना हुआ, सूजा हुआ था। उसकी आंखें चमक रही थीं। उसके मुंह से अबोध बच्चे की तरह लार बह रही थीं। वह अपनी सामर्थ्य के अनुसार ग्रैडी वाल्टर और उसके मित्रों को खुश करने के लिए सब कुछ कर रहा था।

जब उसने अपना अभिनय समाप्त कर दिया, तो उसे घेरकर खड़े सारे लोग अपने चेहरों पर हवा करते हुए एवं चूहचुहा आए पसीने की बूंदें पोंछते हुए अपनी-अपनी कुर्सियों पर लौट आए। यहां तक कि ग्रैडी ने भी अपने तमतमाए चेहरे पर हवा करनी शुरू कर दी। कलुवा अब शांत हो गया था और थकान के मारे फर्श पर इधर-उधर लोट रहा था।

"वह और क्या कर सकता है ग्रैडी?" हैन फोर्ड परिवार की सबसे कम उम्र की युवती ने ग्रैडी से पूछा।

"मैं उससे जो कुछ करने को कहूंगा, वह उसे कर दिखाएगा।" ग्रैडी ने गर्व से कहा। "मैंने इस छोकरे कलुवे को काफी प्रशिक्षित किया है। उससे जो कुछ करने को कहूंगा, वह करेगा।"

उन लोगों ने फर्श पर पड़े दुबले-पतले, नन्हें से, गहरी नीली चमड़ीवाले सत्रह साल के उस नीग्रो छोकरे को देखा। उसके जिस्म पर कपड़े चीथड़ों में बदल गए थे। उसके रूखे, सूखे हुए बाल उलझे हुए थे। किसी नीग्रो औरत के बालों की तरह वे लंबे थे। अपने बढ़े हुए कद के अलावा वह आज भी वैसा ही दीख रहा था, जैसा बारह साल पहले दीख रहा था, जब बटाई खेत जोतनेवाले एक कृषक की झोपड़ी से ग्रैडी उसे अपने बड़े घर ले आया था। कलुवा अभी आक्रामक नहीं हुआ था। वह ग्रैडी के आदेशों का अक्षरशः पालन करता था। जैसे कुत्ते के नन्हें पिल्ले को गेंद लाने एवं फर्श पर कलाबाजियां खाने का प्रशिक्षण दिया जाता है, ठीक उसी अंदाज में ग्रैडी ने कलुवा को प्रशिक्षित किया था। कलुवा हमेशा आज्ञाकारी था। लेकिन कभी-कभी उसकी गतिविधियां ग्रैडी की चाहत के हिसाब से सुस्त हो जाती थीं। ऐसी स्थिति में घर के पिछवाड़े के बरामदे में खूंटी से लटकी चमड़े की बेल्ट लेकर ग्रैडी उस पर पिल पड़ता था।

हावर्ड एवं हैना फोर्ड परिवार के सारे लोग अपनी-अपनी कुर्सियों पर फिर पसर गए। लेकिन नीग्रो लड़का अब भी फर्श पर ही पड़ा था। ग्रैडी ने अभी उससे उठ खड़े होने के लिए नहीं कहा था।

"उसे क्या परेशानी है ग्रैडी? वह अभी भी फर्श पर क्यों पड़ा है? रॉब हावर्ड ने पूछा।"

"उसके पास रत्ती भर भी दिमाग नहीं है।" ग्रैडी ने हंसते हुए कहा—"देखो न! हर समय पागल की तरह कैसे हंसते हुए दांत निपोरते रहता है वह। गाय का बछड़ा भी इसकी बुद्धि से कहीं अधिक बुद्धि लेकर पैदा होता है।"

"फिर तुमने इसे पागलखाना क्यों नहीं भेज दिया?"

"क्यों भेजता?" ग्रैडी ने कहा—"बंदरों के झुंड की तुलना में वह अकेले ही हमारा अधिक मनोरंजन कर सकता है। बहुत कीमती है वह मेरे लिए। अगर मैं उसे पागलखाना भेज दूं, तो फिर मेरी उदासी भरे खाली समय में, मेरा मनोरंजन कौन करेगा? मैं तो सौ डॉलर में भी नहीं बेचूं इस छोकरे कलुवे को।"

"वह और क्या करतब दिखा सकता है?" हेनरी हावर्ड ने पूछा।

"मैं तुम्हें दिखाऊंगा" ग्रैडी ने चहकते हुए कहा—"अबे ओ कलुवे! चल अब उठकर खड़ा हो जा, और दिखा मेरे गोरे साथियों को अपना बंदर नाच! जरा दिखा तो इनको कि तुम अपने पैरों से कैसे थिरक सकते हो?"

कलुवा उठ बैठा और अपने घुटनों पर हाथों पर भार देता हुआ उठ खड़ा हुआ। वह थोड़ी देर तक अपने आप को घर कर खड़ी औरतों और मर्दों की सूरतें घूम-घूम कर देखते हुए मूर्ख की तरह हंसता रहा।

"चल शुरू हो जा कलुवे! थिरक अपने पैरों पर मेरे गोरे साथियों के लिए।" ग्रैडी ने कलुवे के पैरों की तरफ इशारा करते हुए उससे कहा—"चल! जरा बंदर नाच तो दिखा।"

कलुवा फर्श से अपने फटे-पुराने जूते को थोड़ा-सा ऊपर उठाते हुए उसे फर्श पर थपथपाने लगा। ग्रैडी ने भी फर्श पर अपने जूते बजाने शुरू कर दिए। जूते बजाने की उसकी हरकत तीव्र से तीव्रतर होती चली गई। कलुवा थोड़ी देकर तक ग्रैडी की हरकत को गौर से देखता रहा। थोड़ी देर बाद खुद उसके पैरों की गति तीव्र से तीव्रतर होती चली गई। वह इतनी तेज गति से फुदक रहा था कि थोड़ी देर से उसकी सांसें उखड़ने लगीं। उसकी आंखें उबल पड़ीं', और लग रहा था कि किसी भी क्षण वे उछल कर कोटरों से बाहर, फर्श पर जा गिरेंगी। उसके गले की नसें खून चूसकर मोटे हो गए जोंक की तरह लग रही थीं।

"यह नीग्रो छोकरा मेरे किसी भी बंदर-नाच नाचनेवाले से बेहतर और तेज गति से नाच रहा है।" हेनरी फोर्ड को ईमानदारी से स्वीकार करना ही पड़ा।

कलुवा थक कर कटे हुए पेड़-सा फर्श पर गिर कर बिखर गया। उसके गले

की नसें बहुत ही घिनौने अंदाज से फूल-पचक रही थीं। सब कुछ इतना बेधक था कि कमरे में उपस्थित औरतों ने कलुवे की ओर से अपनी निगाहें फेर लीं, अपनी हथेलियों में अपना चेहरा छिपा लिया।

अपनी उखड़ी सांसों पर काबू पाने में कलूवा को ज्यादा समय नहीं लगा। लेकिन वह फर्श पर ही छितराया हुआ पड़ा था। ग्रैडी उसे तब तक घूरता रहा, जब तक उसे यह नहीं लगने लगा कि कलुवा अब पुनः उठकर खड़ा हो सकता है।

"तुम्हारा यह प्रशिक्षित नीग्रो और क्या करतब दिखा सकता है ग्रैडी?" रॉब हावर्ड ने कहा—"लगता है, पिछले बारह सालों में तुमने इसे एकदम पालतू कुत्ते-सा सिखा-पढ़ा लिया है।"

"अगर दिन ढलने-ढलने को नहीं हो गया होता, तो मैं उसको सारे करतब दिखा देने को कहता।" ग्रैडी ने खुश होकर कहा—"इसीलिए मैं उसे आखिरी करतब दिखाने को कहूंगा।"

कलुवा फर्श पर से हिला भी नहीं था।

अपने जूते की नोक से ठोकता हुआ ग्रैडी ने आदेशात्मक लहजे में कलुवा से कहा—"अबे ओय! उठ, खड़ा हो कलुवा! चल, फटाफट अपने पैरों पर खड़ा हो जा।"

कलुवा दांत निपोर कर हंसते हुए उठ खड़ा होता है। उसका सिर फिर एकबार अपनी लचीली गर्दन पर अर्धवृत्ताकार ढंग से कमरे का मुआयना करते हुए घूम गया। अपने को घूरते गोरे चेहरों को देखते हुए वह फिर मूर्खों की तरह हंस पड़ा।

"अपने उस काले संपोले को बाहर निकालो और उसे चींथ-चींथ कर रेशा-रेशा कर दो।" ग्रैडी ने उसे आदेश दिया—"निकाल उसको कलुवा! और मेरे इन गोरे साथियों को दिखा कि तू क्या कर सकता है।"

कलुवा फिर दांत निपोर कर हंस पड़ा। उसने अपनी गर्दन इस प्रकार तान रखी थी, मानो उसका सिर जल्द ही उसकी धड़ से छिटक कर फर्श पर गिर जाएगा।

"वह अब क्या करने जा रहा है ग्रैडी?" राब हावर्ड ने उत्सुकतापूर्वक पूछा।

"जरा-सा इंतजार करो, और खुद ही देख लो राब!" ग्रैडी ने कहा—"हां, तो कलुवा! चल शुरू हो जा! लगा चाबुक, उस काले नाग को!"

हैना फोर्ड परिवार की सबसे कम उम्र की युवती खिलखिला कर हंस पड़ी। कलुवा ने उसकी खिलखिलाहट सुनकर अपनी गर्दन उसकी ओर घुमाई और अपनी गोल सफेद पुतलियों से उसे घूर कर देखा। वह उसे देख कर तब तक हंसता रहा, जब तक कि ग्रैडी ने उसे धकियाया नहीं।

"अब आप समझ गए न मेरे दोस्तो, कि मैं इसको क्यों पागलखाने भेजना नहीं चाहता?" ग्रैडी ने चमकती आंखों से सबको देखते हुए कहा—"कलुवा ढेर सारे करतब दिखा-दिखा कर मेरा मनोरंजन करता है—ऐसे-ऐसे करतब, जिसकी आप लोग कल्पना भी नहीं कर सकते। उसके पास तो अलाव जोड़ने के लिए लकड़ी चीरने

की भी वृद्धि नहीं है। लेकिन वह अपने सारे दोषों को अपने वे करतब दिखा-दिखा कर ढक देता है, जिन्हें मैंने उसे सिखाया है।"

एक बार फिर कलुवा की आंखें कोटरों से उबल पड़ीं और उसके गले की नसें खून पीकर मोटी हो गईं जोंक-सी, घिनौने ढंग से फूल गईं। वह अपने घुटनों के बल फर्श पर गिर पड़ा। उसकी कभी की लचीली गर्दन मेज के पाए की तरह सख्त हो गई थी। उसके चेहरे की हंसी से उत्पन्न लकीरें दर्द से उभरी शिकनों में तब्दील हो गई थीं।

हावर्ड और हेना फोर्ड परिवार, जो अपना ताल्लुका लांघकर ग्रैडी के घर नए वर्ष का भोज खाने आए थे, कलुवा की उन्मादी हरकतों को ललचाई निगाहों से निगल रहे थे। कलुवा सूअरों के खानेवाली घास के कटे डंठल-सा गिरता जा रहा था फर्श की ओर और अंततः फर्श पर लूढ़क ही गया।

उसका चेहरा खुरदरे फर्श से सटा था। उसके चेहरे का तनाव धीरे-धीरे ढीला हो रहा था। मूर्खों की तरह सदा उसके चेहरे पर विराजमान रहनेवाली हंसी पसीने से लथपथ उसके सूखते चेहरे पर अभी भी जगमगा रही थी। सांस उसके गले से घरघराती हुई निकल रही थी। अब उसके गले की फूली नसें बांस के रेशे से बनी, ऐंठी हुई रस्सी-सी दीख रही थीं।

अनुवाद : नरेन

अलविदा अफ्रीका!

न्गूगी वा थिआंग ओ

वह रसोईघर में कॉफी बना रही थी। कॉफी बनाना और पीना-पिलाना उसके लिए एक आनंद और तृप्तिदायक काम था। इस गर्म पेय से उठनेवाली मोहक गंध उसे बहुत भाती थी। घर के हर छोटे-बड़े काम के लिए नौकरों की फौज-सी होने के बावजूद उसे रसोईघर का अधिकांश काम खुद करना पसंद था। वास्तव में वह छोटा-सा रसोईघर उसके लिए अपना एक निजी संसार था, जहां उसके पति का कोई दखल नहीं था। पति बैठक में था। रसोईघर से आनेवाली बर्तनों के टकराने की आवाजें, उसके लिए मानो किसी दूर अजनवी देश से आ रही थीं। जब तक कॉफी बनकर आए, तब तक मन लगाने के लिए अपने सामने रखी किताबों की शीशेवाली अलमारी से एक किताब निकाल ली। सोफे में आराम से धंस कर बैठने के बाद वह किताब उलट-पुलट कर देखने लगा। उसने किताब का एक पन्ना खोला, पर बिना पढ़े, खुली किताब पास ही रख दी।

लकड़ी की एक खूबसूरत ट्रे हाथों में लिए, वह कमरे में घुसी। लकड़ी की बनी चीजें उसे विशेष पसंद थीं। इन निर्जीव वस्तुओं के स्पर्श मात्र से वह आनंद और जीवंतता का अनुभव करती थी। मानो ये उसकी मूक-सजीव सहयात्री है। उसने कमरे के कोने में पड़ी मेज को व्यवस्थित कर, उस पर ट्रे रख दी। अलग से अपनी कॉफी लेकर वह पति के सामने बैठ गई। वह उसे खोई-खोई नजरों से देख रहा था। वह अचानक उठी, पर पति के पास न जाकर, वहीं फर्श पर झुककर कागज का पड़ा एक फालतू टुकड़ा उठा लिया। उसे साफ-सुथरा घर अच्छा लगता था। फिर पति के सामने अपनी पहलेवाली जगह पर आकर बैठ गई।

अचानक वह बोली "कल अफ्रीका छोड़ देना है। पता नहीं क्यों यह बात अभी तक मुझे जरा भी परेशान नहीं कर रही।" वह जानती थी कि वह सच नहीं बोल रही है। इसके बाद फिर एक सर्द चुप्पी छा गई। उसका पति उससे निगाहें बचा रहा था। एक अजीब सी कड़वाहट से भर गया था उसका मन। वह हमेशा उसे

तौलती क्यों रहती है, जो भी आरोप लगाने हैं, खुलकर क्यों नहीं लगाती?

वह मन ही मन सोच रही थी, पति को भी अफ्रीका छोड़ने का दुख जरूर होगा। पंद्रह साल कम नहीं होते। पूरे जीवन में से पंद्रह साल। मैंने पति के इन कठिन पंद्रह सालों को आसान बनाने में क्या मदद की? अब तो करना चाहिए। बड़े ही पवित्र और मीठे खयाल उसके मन में आ रहे थे। मैं इस आदमी को समझने की कोशिश करूंगी। मैं ही शुरूआत करूंगी। आज रात मैं इसके सामने अपने हृदय का सबसे भीतरी कपाट खोल कर रख दूंगी। "तुम पार्टी के शोर-गुल से काफी थक गए होंगे। चलो, भीतर आराम कर लो"- उसने कुर्सी से उठकर उसके कंधों पर अपना बायां हाथ रखकर कहा। पति ने कॉफी का प्याला मेज पर रख दिया और पत्नी का हाथ सहलाते हुए धीरे से कंधे से हटा दिया। "तुम चलो, मैं आता हूं।" पत्नी को पति की आवाज में एक विचित्र-सी बेचैनी महसूस हुई। पति को लगा कि उसके हाथ की ताकत चली गई है। वह एक झटके से अपने कंधे पर से पत्नी का हाथ नहीं हटा सका था।

वह सोच रहा था कि उसके हाथों की ताकत अब जा रही है। क्या वह पहले से अधिक शराब पीने लगा है। नहीं, उसके हाथ अचानक बहुत कमजोर हो गए हैं, बहुत कमजोर। वह मुझ पर हंस रही थी। क्या सिर्फ वही दोषी था! "जो कुछ भी हुआ, वैसा कुछ करने का मेरा कोई उद्देश्य नहीं था।" वह अपनी बात जोर देकर कह रहा था।" वह अपनी बात जोर देकर कह रहा था। पत्नी सोनेवाले कमरे में जा रही थी। एक एकालाप था। वह अपनी अनुपस्थित पत्नी के सामने स्वयं को संबोधित कर रहा था। "उस शख्स ने मुझे ऐसा करने को बाध्य किया।" वह एक अनिश्चितता की स्थिति में बुदबुदाया। उसने झुककर दीवार से सटे कपबोर्ड के निचले खाने में ह्स्किी की अंतिम बची बोतल भी निकाल ली। स्कॉच जॉनी-वाकर मेड-इन 1840। इतनी कड़क! एक थकानभरी हंसी उसके चेहरे पर उभर आई। उसने बोतल से अपने गिलास में शराब डाली। एक ही घूंट में पी गया। वह विचारों में खोया हुआ-सा प्याले पर प्याला पीता गया। वह समझ नहीं पा रहा था कि वह इतनी उलझन एवं तनाव में क्यों है। ऐसा क्या घटित हुआ, जिससे वह इतना परेशान हो गया है। या कुछ भी नहीं घटा और वह फिजूल ही इतने तनाव में है।

अफ्रीका में यह उसका अंतिम महीना है। इसके पहले वह इस घटना को लगभग भूल ही चुका था। दिन, हफ्ते, महीने रेल की तरह सीटी बजाते हुए निकल गए। लेकिन वह घटना उसके मन-मस्तिष्क में कहीं गहरे अटकी हुई है। सपनों में बार-बार दुहराया जाता वह दृश्य। वह किसी दिव्य दृष्टि से देखता है सबकुछ, बिल्कुल साफ-साफ। मानो सपना न हो, उस घटना की पुनरावृत्ति हो। रात फिर दिखा था उसे गुस्से में तमतमाया हुआ स्थिर आंखोंवाला वह मौन चेहरा। एक डरावनी चुप्पी थी उस चेहरे पर। दहशत से कांपने-सा लगा था वह। उसे याद कर अभी भी

सिहरन-सी दौड़ जाती है। लेकिन अफ्रीका में उसे अब और कितने दिन रहना है। उंगलियों पर गिने जा सकते हैं दिन। अब इन अंतिम दिनों में वह तमतमाया चेहरा दिन-दहाड़े भी दिखने लगा है। उसे याद है कि उसने माऊ-माऊ आतंकवादी ग्रुप[1] के कितने ही सदस्यों को बहुत ही अमानवीय ढंग से यातना देकर मारा है। लेकिन उनमें से कोई और चेहरा इतनी बुरी तरह से उसका पीछा नहीं करता। कुछ तो बिल्कुल याद भी नहीं। लेकिन उस खास चेहरे से वह अपना पीछा क्यों नहीं छुड़ा पाता।

उसे अच्छी तरह याद है, वह चेहरा अन्य चेहरों की तरह नहीं था। वह खतरनाक चेहरा जब पहली बार उसके यहां आया था तब एक छोटे लड़के का था। उसके घरेलू गुलाम नौकर के रूप में उसने काम करना शुरू किया था। एक भोला-भाला लड़का, डरपोक और बहुत ही झेंपू। ऐसा ही घरेलू नौकर वह चाहता भी था। उस लड़के के प्रति उसके मन में सहज स्नेह था। वह प्रायः ही उस लड़के को कुछ न कुछ दे दिया करता था। पुराने जूते, पुराने कपड़े जैसी चीजें उस लड़के के लिए काफी कीमती उपहार हुआ करती थीं। उसे याद है कि उस लड़के के चेहरे पर एहसान तले दबे होने का भाव हुआ करता था। लड़का उसकी उदारता से बहुत प्रभावित था। उसके चेहरे पर कभी-कभी कौतुक का भाव ही होता था। उसे लगता कि उसकी उदारता व्यर्थ नहीं जाएगी। उसे यह तृप्ति भी मिलती थी कि यहां के लोगों के लिए कुछ करने की उसकी दबी इच्छा पूरी होती है। यहां अफ्रीका में मामूली काम करने पर भी उसे लगता था कि वह कोई महान काम कर रहा है। यहां यश मिलने में देर नहीं लगती। यूरोप की तरह नहीं कि आप अपनी समझ से तो किसी महान कार्य में लगे हैं, लेकिन लोग उसे कोई महत्त्व नहीं देते। गरीब से गरीब आदमी भी आपकी महानता से प्रभावित होता दिखाई नहीं देता। पूर्वी लंदन के दरिद्र से दरिद्र निवासी को भी इनसे बहुत अच्छे उपहार एवं अवसर देकर उपकृत नहीं किया जा सकता। वहां उनके मन में यह भाव है कि राज्य अपना दायित्व पूरा कर रहा है, कोई एहसान नहीं कर रहा। उसे महसूस होता कि अफ्रीका लड़का उसका सिर्फ नौकर भर नहीं है, बल्कि अपना लड़का है। उसके मन में पिता का भाव जागता। वह उसके बारे में क्या सोचता था, पर वह क्या निकला। क्रिसमस के दिन उसे लड़के ने एक लंबे कोट और दस शिलिंग के उपहार को उसके मुंह पर दे मारा। उस कृतघ्न लड़के ने उसका अपमान किया और नौकरी छोड़कर चला गया। उस समय उसके

---

1. केन्या में किकुयू कबीलों या जाति का एक गुप्त आतंकवादी गिरोह, जो आदिम हथियारों से गोरों की नृशंसतापूर्वक हत्या किया करता था। यह गिरोह 1950-60 के दशक में बहुत प्रसिद्ध हुआ था। यह गिरोह उन काले लोगों की भी हत्या करने से बाज नहीं आता था, जो गिरोह में शामिल होने से डरते थे। स्वतंत्र केन्या के प्रथम राष्ट्राध्यक्ष विनोटो केन्याटा के बारे में भी आरोप लगाया जाता था कि वह माऊ-माऊ के सदस्य थे। केन्याटा खुद इस आरोप का हमेशा खंडन करते रहे।

चेहरे पर हंसी थी, उसे आज भी याद है। खैर, इतना वह बरदाश्त कर सकता था और माफ कर सकता था। लेकिन उस लड़के के चले जाने के बाद पत्नी के चेहरे पर जो पीड़ा का भाव झलकने लगा, वह असह्य था। उसे लगा कि ऐसा कुछ है जिसे वह ठीक भांप नहीं पा रहा है। बाद में जब माऊ-माऊ गुरिल्लों ने लड़ाई छेड़ दी, तब शिनाख्त अधिकारी के रूप में उसे उस अफ्रीका लड़के का सामना करना था। उस दिन उसने खूब शराब पी। वह लगातार पीता रहा। ऐसा लगने लगा जैसे छत, फर्श, कुर्सियां सब हवा में तैरने लग गई हों। उसके मन में तरह-तरह के ख़याल आने लगे। उसे लगा कि कार से थोड़ी देर तफरीह के लिए निकल जाए तो बेचैनी शायद कुछ कम हो। जिस आदमी के सामने उसे पेश किया जानेवाला था, उसकी हंसी का आतंक अभी तक उसके जेहन में था।

एक झटके से कार का दरवाजा खोलकर वह स्टीयरिंग के सामने बैठ गया। बत्ती जलाई। सामने सड़क का अंधेरा दूर हो गया। उसे मालूम नहीं था कि वह कहां जा रहा है। उसने अपने आप को दिशाहीनता के हवाले कर दिया। रास्ते में बीच-बीच में उसे परिचित पेड़ या साइन पोस्ट दिख जाते। लेकिन बिना रुके अंधेरे को चीरते हुए वह आगे बढ़ा जा रहा था। उसकी हालत विक्षिप्त-सी हो गई थी। वह सामने से आनेवाली गाड़ियों, खतरनाक मोड़ों को दैव योग से ही पार कर रहा था। उसने मन ही मन अपने से पूछा, "मैं क्या कर रहा हूं? मैं पागल हो गया हूं।" वह बुदबुदाया। अचानक उसने मोटरगाड़ी दाहिनी तरफ मोड़ दी। गाड़ी सड़क से उतर गई। पेड़ों से टकराने से बाल-बाल बचते हुए भीतर जंगल में चली गई। अचानक उसे लगा कि यह सब बंद करना चाहिए। वह अभी भी एकदम पागल नहीं हुआ है। यह सिद्ध करने के लिए उसने ब्रेक लगाई। गाड़ी एक झटके से रुक गई।

उसने सुन रखा था कि रात में टोना-टोटका होता है। उसने किसी किताब में पढ़ा था कि शुरू के दिनों में यूरोप से आकर यहां बसनेवाले लोग भूत-प्रेत झाड़नेवाले अफ्रीकी ओझाओं के पास जाया करते थे। आज तक इन चीजों को वह कुतर्क पर आधारित और अंधविश्वास मानता था। लेकिन आज वह एक दुःस्वप्न में फंस गया है, जहां तर्क के सामान्य नियमों का कोई वश नहीं। आज वह इस निर्जन एकांत अंधेरे में अपने दुःस्वप्नों की प्रेतबाधा से मुक्त होने की कोशिश करेगा। उस समय की मानसिक स्थिति में यह विचार काफी आकर्षक लगा। वह यत्रचालित-सा एक-एक कर अपने कपड़े उतारता जा रहा था। वह पूर्ण निर्वस्त्र, एकदम दिगंबर होने जा रहा था। वह सोचने लगा कि वह खुद अपने साथ ऐसा कुछ नहीं कर रहा है, बल्कि अफ्रीका उसके साथ ऐसा कर रहा है। वह कार से बाहर निकलकर जंगल में थोड़ा और भीतर गया। रात के गहरे सन्नाटे की सांय-सांय के वह और करीब चला गया। एकाएक उस सूने भयावह जंगल में उसे डर लगा, लेकिन

वह अपनी जगह से हिला नहीं। वह अफ्रीका के काले जादू के बारे में कुछ नहीं जानता था। बचपन में भूत-प्रेत के बारे में बहुत विचित्र बातें सुनी थीं। जैसे रात में निर्जन स्थानों में घूमनेवाली परियों के झुंड होते हैं, आदमियों एवं जीव-जंतुओं को पकड़कर खा जानेवाले पेड़-पौधे होते हैं, रात के निर्जन जंगल में बच्चों के रोने की आवाज होती है, यात्रियों को डुबाकर आनंद लेनेवाले घोड़े की शक्ल के जलप्रेत होते हैं। उसने कहीं पढ़ा था या सुन रखा था कि किसी से बदला लेना हो या किसी को कष्ट देना हो तो उसका मोम का पुतला बनाकर, गहरी अंधेरी रात में उसे पिन चुभाना चाहिए। हो सकता है, यही करने वह यहां तक चला आया हो। वह उसे लड़के का पुतला बनाएगा और उसकी आंखों में पिन चुभाएगा। तभी उसे याद आया कि वह अपने साथ मोम नहीं लाया है। अचानक वह उन्मत्त होकर, सुनसान जंगल में नाचने लगा।

अंधेरे में उसे अपनी क्रियाकलाप व्यर्थ लगे। "मैं जानना चाहता हूं कि ऐसी क्या गलती हो गई कि मेरी पत्नी भी मुझ पर हंसती है। ऐसा क्या है कि केन्या में हर जगह चीजें एक-दूसरे से अलग होकर, दूर होती जा रही है। इस दुराव का क्या कारण है?" वह कार के पास लौट आया। उसने कभी सोचा भी नहीं था कि एक दिन ऐसा भी आएगा कि कोई सरकार उसे अवकाश ग्रहण करने को कहेगी और उसके स्थान पर किसी काले को नियुक्त कर देगी। कितनी शर्म की बात है। उसकी पत्नी कैसी नजरों से उसे देख रही थी। तभी उसके मन में एक और विचार आया। धीरे-धीरे वह उस विचार के प्रलोभन की पूरी गिरफ्त में आ गया। "मैं पत्नी को चिट्ठी लिखूंगा। मैं पूरी दुनिया को एक चिट्ठी लिखूंगा।" उसने ताबड़तोड़ एक नोटबुक निकाली और आवेश में तुरंत लिखने लगा। उसे लगा कि किसी दैवी प्रेरणा के कारण यह विचार उसके दिमाग में आया है। अब वह इस भीषण तनाव से मुक्त हो सकेगा। वह हल्का महसूस कर रहा था। उसे लगा, जैसे वह हवा में तैरता हुआ ऊपर उठ रहा है। कार के भीतर नोटबुक के पन्नों पर हल्की रोशनी पड़ रही थी। लेकिन इससे उसे कोई असुविधा नहीं हुई। क्योंकि शब्द और विचार बांध तोड़कर बहना चाह रहे थे। वह निर्ममतापूर्वक अपने अब तक के जीवन की शव-परीक्षा कर रहा था। वह उस पत्र में अपनी पत्नी के सामने और पूरी दुनिया के सामने कैफियत दे रहा था।

"मैं जानता हूं तुमने मुझे उस खौफनाक चेहरे के सामने भय से कांपते देखा है। लेकिन तुम हमेशा ऐसा जताती रही, जैसे तुमने कुछ देखा ही न हो। शायद तुम मेरी भावनाओं को ठेस पहुंचाने से सदा कतराती थी। तुम हमेशा मुझ पर हंसती थी। बताओ, हंसती थी या नहीं। तुम सच-सच बताओ, छिपाओ मत, अस्वीकार मत करो। मैं तुम्हारी यह हंसी तुम्हारी निगाहों में ताड़ चुका हूं। मैं जानता हूं। तुम मुझे एक असफल व्यक्ति समझती हो। मैं वरिष्ठ जिलाधिकारी के पद से ऊपर नहीं जा

सका। अफ्रीका ने मुझे बरबाद कर दिया। सचमुच मुझे कभी एक सही मौका मिला ही नहीं। तुमने अपनी नीली आंखों से मुझे इस तरह घूरा कि जैसे मैं झूठ बोल रहा होऊं। शायद तुम अपनी आंखों की भाषा में यह कह रही हो कि आपसी संबंधों में समुद्र की लहरों के उतार-चढ़ाव आते रहते हैं। मैंने तुम्हारी आंखों की भाषा पर ध्यान नहीं दिया। उसकी उपेक्षा की। लेकिन तुम किन उतार-चढ़ावों की बात कर रही हो? ओह! मैं एकदम थक गया हूं।"

वह रुककर अब तक का लिखा हुआ पढ़ने लगा। उसने आगे लिखने के लिए अगला पृष्ठ खोला। प्रेरणा की तरंगें उठ रही थीं। भावावेश के क्षणों में जितनी बातें बाहर निकल रही थीं, उसका हाथ उतनी तेजी से नहीं चल रहा था।

"...आखिर मुझसे भूल कहां हुई? मैं बार-बार अपने आप से यह प्रश्न करता था। हम ईसाइयों से गलती कहां हुई? हमने अपना श्रम लगाया, हजारों साल की अपनी सभ्यता का अर्जित ज्ञान और अनुभव लगाया, ताकि इस अंधे महाद्वीप को इतिहास के मंच पर प्रतिष्ठित किया जा सके। क्या ऐसा करके हमने कुछ गलत किया? इस पूरे ऐतिहासिक काम में मैंने अपना रोल अदा किया। मेरी पदोन्नति उतनी तेजी से नहीं हुई। इससे क्या फर्क पड़ता है? दुःख और नैराश्य के भी कई क्षण आए। मुझे याद है केन्या के गरीब आदिवासियों की जलती हुई झोपड़ियां, जिनमें हमने आग लगवाई थी। उस समय भी मैंने अपने आप से सवाल किए थे कि क्या मैं इतना नीच हो चुका हूं, क्या मेरे जीवन का सिर्फ इतना ही अर्थ है कि मैं लोगों की झोपड़ियों में आग लगवाता फिरूं, क्या कुल मिलाकर मेरा जीवन एक सरकारी गुंडे का जीवन भर रह गया है और क्या केन्या के लोगों ने कई पीढ़ियों से जो बनाया है, उसे हम अपनी नादानी और पागलपन की हिंसा से नष्ट कर दें। जिन क्षणों में मेरी निराशा अपनी चरम सीमा पर पहुंच गई थी, मैं उस आदमी से मिला, जो कभी मेरा गुलाम नौकर था। क्या तुम्हें याद है वह गुलाम लड़का, जिसने मेरे दिए उपहारों को घृणापूर्वक ठुकरा दिया था और काम छोड़कर चला गया था? खूब संभवतः वह जंगल में गया। माऊ-माऊ गुरिल्लों के दल में।

"वह दफ्तर में मेरे सामने खड़ा था। उसके चेहरे पर अत्यंत तिरस्कार एवं घृणा का भाव था। शैतान की तरह खौफनाक लग रहा था उसका चेहरा। वह जब तुम्हारे गुलाम नौकर के रूप में काम कर रहा था तो उसमें समर्पण और सेवा का भाव था। अब वह भाव जा चुका था। उसे देखते ही मुझे याद आया कि उसके चले जाने के कारण तुम्हें कितनी पीड़ा हुई थी। मेरा खून खौल उठा। उसने हमारा विश्वासपात्र बनकर हमारे साथ कपट किया था। असह्य थी उसकी धृष्टता, अक्षम्य था उसका अपराध। मैं क्रोध में अपनी कुर्सी से उठा। उसके चेहरे पर थूक दिया। उसने भोला-भाला गुलाम बनकर, मेरा विश्वास और पितृवत् स्नेह पाकर मुझे अपने कपट-जाल में फंसाया था। उसने अपने बाएं हाथ की उल्टी हथेली से अपने चेहरे

पर का थूक पोंछा था। पर उसके चेहरे पर दंभ का भाव नहीं पूछा था, वह घृणा और तिरस्कार से मुझे घूरे जा रहा था। कितने आश्चर्य की बात है कि बहुत कोशिश करने पर भी मुझे उसका नाम नहीं याद आ रहा है। जैसे मैं उसका नाम जानता ही न होऊं। तुम जानती होगी उसका नाम। मुझे सिर्फ इतना ही याद है कि वह लंबा और छरहरा था। उस दिन दफ्तर में जब मेरे सामने लाया गया, तो उसकी आंखों में किसी हिंस्र पशु-सी क्रूरता का भाव साफ झलक रहा था। मैं उससे भयभीत महसूस कर रहा था। क्या तुम्हें इस पर विश्वास होगा कि मैं एक काले से डर रहा था? अपने भूतपूर्व जरखरीद गुलाम से?

"बाद में उस लड़के के साथ क्या हुआ, मैं याद नहीं कर पा रहा हूं। मैं अपनी हालत तुम्हें समझा नहीं सकता। मैं आपे में नहीं था। मैंने केवल उस आदमी का तिरस्कार से भरा हुआ चेहरा देखा था। मैंने उस लड़के को आदेश दे दिया था, वह जंगल में ले जाया गया। इसके बाद वह कभी दुबारा नहीं दिखा।"

वह बहुत ही आवेश में लिख रहा था। बिंबों का एक प्रवाह-सा कायम हो गया था। अतीत की घटनाओं, स्थितियों के बिंब उभरकर सामने आ रहे थे, बन रहे थे-मिट रहे थे, एक-दूसरे में विलीन हो रहे थे। ऐसा लग रहा था कि उसके जीवन का अंत निकट आ गया हो। उसकी स्मृति में अब तक की सारी घटनाओं की एक रील-सी चल रही थी। जैसे वह आत्मशुद्धि का प्रयास कर रहा हो। जैसे फांसी चढ़ने के पहले किसी पादरी के सामने अपने दोष स्वीकार कर रहा हो। थोड़ी देर लिखने के बाद उसका शरीर कांपने लगा। फिर भी वह आवेश में लिखे जा रहा था।..."यह मैं तुम्हें ही संबोधित करके लिख रहा हूं। मैं इस जंगल में अकेला हूं और इस दुनिया में भी। अफ्रीका! मैं इंगलैंड चलकर, तुम्हारे साथ फिर से एक नया जीवन शुरू करना चाहता हूं। अलविदा कहकर।" ...तभी उसे होश आया कि उसके शरीर पर एक भी कपड़ा नहीं है। इसीलिए ठंड से कांप रहा है। उसे अपने (एक सभ्य आदमी के) नंग-धडंग होने पर शर्म महसूस हुई। उसने अपने कपड़े फिर पहन लिए, वह आत्मान्वेषण जारी नहीं रख सका। उसे डर था कि अफ्रीका छोड़ने का निर्णय बदल जाने पर कहीं यह सब पुनः न पढ़ना पड़े। अब वह उद्वेगरहित और संयत था। इस बात पर काफी क्षुब्ध था कि आज रात फिर उस औरत के सामने बिस्तर पर आत्मसमर्पण करना पड़ेगा।

वह सोई नहीं थी। पति के लौटकर आने की प्रतीक्षा कर रही थी। उसने दृढ़ निश्चय कर लिया था कि वे अफ्रीका में अपनी अंतिम रात एक साथ बिताएंगे।

औरत बिस्तर पर लेटी हुई, स्मृतियों की खिड़की से अपने अतीत में झांकने लगी। उसे याद आए केन्या में उनके शुरू के दिन। पति ने एक महत्वाकांक्षी अधिकारी के रूप में अफ्रीका में नियुक्ति ली थी। उसके मन में असभ्य काले लोगों को सभ्य बनाने की इच्छा थी। महत्वाकांक्षी एवं उत्साही अधिकारी की पत्नी के रूप

में उसने भी पति के सरकारी मिशन को पूरा करने में अपनी भूमिका निभाने का निश्चय किया था। जीवन का कोई अर्थ होना चाहिए। वह पास के पहाड़ी टीले पर रहनेवाली काली औरतों की सभाओं में गई थी। उनकी स्वाहिली भाषा का ऊपरी और कामचलाऊ ज्ञान भी हासिल किया था। तब वह अफ्रीका को समझना चाहती थी। उसके मर्म को छूना चाहती थी, ताकि इस विशाल महाद्वीप की धड़कन वह अपनी अंगुलियों से छूकर महसूस कर सके। ये वे दिन थे, जब वे एक-दूसरे के बहुत करीब थे। उनके हृदय साथ-साथ धड़कते थे। लेकिन जैसे-जैसे समय बीतता चला गया, वे साथ रहकर भी एक-दूसरे से दूर होते गए। उसमें पति के काम में मदद करने का जो उत्साह पैदा हुआ था, वह कम होता गया। शुरू में जो बातें बहुत चमकदार लगती थीं, उनमें जंग लगने लगी। आखिर वे होते कौन हैं किसी को सभ्य बनानेवाले? सभ्यता अपने आप में आखिर है क्या चीज? अफ्रीका में आकर अपना कार्यभार संभालने के बाद पति का उत्साह भी ठंडा पड़ गया। क्या इसलिए कि वह पदोन्नति की सीढ़ियां तेजी से नहीं चढ़ सका? वह इन बातों से अधीर हो उठी थी। यहीं से उनके बीच दूरी बननी और बढ़नी शुरू हो गई। पति अपनी उच्च से उच्च पर पर तरक्की पाने की महत्वाकांक्षा की मृगमरीचिका में अकेले आगे बढ़ता हुआ उससे दूर होता चला गया। उसने सोचा कि पति को अपनी मर्जी के रास्ते पर आगे बढ़ने देगी। पति का ध्यान विचलित नहीं करेगी। उसका कैरियर नष्ट नहीं होने देगी। वह उसके साथ पार्टियों में जाती थी। सबसे हंसकर, मुस्कराकर मिलने एवं अपने हिस्से की बातचीत कर देने का रस्म अदा कर देती थी। जबकि वह यह सब करते हुए घुटन के मारे चिल्लाकर रो देना चाहती थी। वह बिस्तर पर पति की प्रतीक्षा करते हुए थक-सी गई। इतनी रात को गाड़ी लेकर अकेले घुमने जाने का क्या मतलब!...

उसने गांवों में काली औरतों की सभाओं में जाना छोड़ दिया था। वह एकदम अकेलापन चाहती थी। अफ्रीका को समझने की कोई जरूरत नहीं। वह अफ्रीका को ही क्यों समझे! इसलिए कि वह असभ्य, बर्बर और काले लोगों का देश है। उसने कभी यूरोप को समझने की कोशिश नहीं की या आस्ट्रेलिया को, जहां वह पैदा हुई थी! नहीं, किसी महाद्वीप को अपनी हथेली पर रखकर बाहर से पूरा समझने की कोशिश बेकार है। आप किसी महाद्वीप को समझ नहीं सकते, केवल उससे प्यार कर सकते हैं।

वह अपना जीवन अपने ढंग से जीना चाहती थी। ऐसा नहीं कि वह किसी के लिए निर्जीव सीढ़ी के रूप में इस्तेमाल होती रहे। जिस ऊंचाई पर किसी के पहुंचने के लिए उसे सीढ़ी बनना पड़ रहा था, उस ऊंचाई पर जिंदगी न तो बेहतर थी, न और सुंदर, न ही अधिक पूर्ण।

बाद के दिनों में, उसे याद आ रहा था, वह अकेले देहाती इलाकों में निकल

जाती। बच्चों को खेलते हुए देखती। वह सोचती, मां बनने का सुख कैसा होता है। इस विचित्र दुनिया में उसका पहला बच्चा कब आएगा। दूर-दूर तक फैले कदलीवन, जंगल और झाड़ियों को देखकर उसे डर लगता। यह आपातकाल के पहले की बात है, जब लोग बिना डर के कहीं भी अकेले आ-जा सकते थे।

कदलीवन से गुजरते समय का वह दिन उसे याद है। स्मृति में संजोकर रखा हुआ है वह क्षण। उस दिन साथ में वह गुलाम लड़का भी था। पहली बार उसने उन्मुक्त प्रणय का स्वाद चखा था अफ्रीका प्रवास में। उसके बाद तो एक सिलसिला-सा चल पड़ा। वह अपने पति एवं अन्य जिलाधिकारियों की दुनिया से कटती चली गई।

घर पहुंचकर पति ने पाया कि वह अब तक सोई नहीं है। यह सोचकर लौटा था कि प्रणय-निवेदन में वही पहल करेगा। पत्नी के बिस्तर पर वह आहिस्ते से जाकर बैठ गया।

"लगता है कहीं दूर निकल गए थे, आने में काफी देर हुई।" पत्नी ने बात शुरू की।

"गाड़ी लेकर घूमने निकला था। इंगलैंड लौटने के पहले इस जगह को अच्छी तरह देख लेना चाहता था।"

"बिस्तर पर चले आओ। ओह, तुम्हारा शरीर कितना ठंडा लग रहा है! मैं तुम्हारी प्रतीक्षा करते हुए सोच रही थी कि आओगे तो मुझे थोड़ी गर्माहट दोगे।"

"जानती हो, रात को बाहर कितनी ठंड पड़ती है...

"अच्छा, आओ...।"

वह सोच रही थी कि रात के अंधेरे में अपने पिछले प्रेमी के बारे में उसे सब कुछ बता देगी। उसने अपने बेडरूम की हल्की रोशनी का बल्क भी बुझा दिया। वह उजाले में यह सब नहीं करना चाहती थी कि कहीं पति का चेहरा देखकर उसका विचार बदल न जाए। उसने बिस्तर के भीतर से अपना हाथ निकाला और वह पति के माथे को सहलाने लगी। उसका दिल तेजी से धड़क रहा था। शायद वह काफी डर गई थी।

पति के बालों को सहलाना बंद कर, उसने कहा, "मैं तुम्हें कुछ बताना चाहती थी।" वह थोड़ी देर रुकी। आगे के शब्द उसके मुंह से नहीं आ रहे थे। "क्या तुम मुझे माफ कर दोगे...।"

"निःसंदेह सब कुछ..." वह अधीर हो उठा था। थोड़ी देर पहले निर्जन जंगल में अपनी नोटबुक में जो उसने लिखा है, उससे अधिक वह क्या बताएगी। वह खुद ही अपनी प्यारी पत्नी को बताना चाहता था कि बार-बार पीछा करनेवाले अपने उस गुलाम लड़के के प्रेत में वह कैसे मुक्त हुआ है। वह इस प्रतीक्षा में था कि पत्नी जल्दी अपनी बात पूरी कर ले। वह पत्नी को नोटबुक पढ़ने के लिए देकर बाथरूम

में चला जाना चाहता था, ताकि पत्नी भी उसकी नंगी आत्मा का साक्षात्कार कर सके।

"निःसंदेह मैं तुम्हें किसी भी बात के लिए माफ कर सकता हूं।" उसने पत्नी को बात पूरी करने के लिए प्रोत्साहित करते हुए कहा। "चलो, आगे कहो" वह अंधेरे कमरे में पत्नी के कान में फुसफुसाया।

पत्नी रुक-रुक कर अपने प्रेमी गुलाम नौकर के बारे में सब कुछ कह गई।

वह सांस रोके सब कुछ सुनता रहा, बिल्कुल स्पंदनशील, जैसे उसके शरीर का सारा खून सूख गया हो।

पत्नी ने सब कुछ बता तो दिया, लेकिन सोच रही थी, क्या वह उसे माफ कर देगा। उसका हृदय बिल्कुल साफ था। निर्मल। यही इच्छा उसे बार-बार प्रेरित कर रही थी कि इंगलैंड लौटकर नए सिरे से वे अपनी जिंदगी शुरू करें। उसे याद आया कि उसकी बात पूरी हो गई है। वह कब से चुप है और कमरे में सन्नाटा छाया हुआ है। उसे अपनी धड़कन साफ सुनाई पड़ने लगी। वह प्रतीक्षा करने लगी कि पति कुछ कहे।

पति चुप था। एक तरह की शिथिलता एवं अवशता ने उसके हाथ-पांव, जुबान और हृदय को जकड़ लिया था। "वह आदमी! वह गुलाम लड़का!" उत्तर देने के लिए धीरे से उठकर वह खड़ा हुआ और कमरे में दरवाजे की तरफ जाने लगा।

पति की चुप्पी से वह भीतर तक कांप गई। "डार्लिंग तुम मत जाओ! यह काफी पहले की बात है। आपातकाल से पहले की"—उसने डरकर पुकारा।

लेकिन पति बिना कोई जवाब दिए, दरवाजे से निकलकर बैठकखाने में चला गया। सोफे पर वहीं बैठा, जहां शाम को घर लौटने पर बैठा था। कॉफी का प्याला वहीं पड़ा था, जिसकी आधी ही उसने पी थी। उस कॉफी के प्याले पर वह उंगलियां फेरने लगा।

ब्रिटिश पूंजीवाद को वह जिन उच्च नैतिक आदर्शों पर टिका हुआ मानता था, वे सब उसे याद आने लगे। यह दर्शन एक कपट-जाल था। उसे लगा कि वह एक निहायत पालतू और बेकार आदमी है। वह पति के रूप में अपने आप को सफल मानता था। उसे ऐसा कभी क्यों नहीं लगा कि एक आदमी के रूप में, एक पति के रूप में वह अपनी पत्नी का पूरा ख्याल नहीं रख पा रहा है। फिर इस औरत ने, उसकी पत्नी ने उस आदमी के साथ, उस जानवर के साथ सोने की हिम्मत कैसे की। उसने अपने आपको इतना सस्ता क्यों बनाया। यूरोप की हजारों साल की सभ्यता को कीचड़ में क्यों मिला दिया। ऐसे गंदे कीचड़ में!

इतने दिनों से वह यूरोपीय सभ्यता एवं ब्रिटिश पूंजीवाद के आदर्शों के कितने महान सपनों को अपने हृदय में पालता रहा है। चारों तरफ स्पष्ट दीख रहे जीवन के यथार्थ की परवाह वह नहीं करेगा। वह अपने सपनों को टूटने नहीं देगा। मोहभंग

की स्थिति कितनी पीड़ादायक होती है। अंग्रेजी कॉलोनी बनाना उसका मिशन था और इस मिशन में वह ऊंचे से ऊंचे पद तक पहुंचने के लिए एक पागल की तरह लगा हुआ था। उसे अपने घर तक की सुधि न थी, और दूसरे ने उस पर कब्जा कर लिया। उसे लगा कि कमरे की नंगी दीवारें उसे चारों तरफ से घूर रही हैं। उसका हाथ-कांप गया और बचा हुआ कॉफी का प्याला गिर कर चकनाचूर हो गया। वह सन्निपाज की-सी स्थिति में कमरे में टहलने लगा। धीरे-धीरे।

उसे कुछ भी नहीं दीख रहा था। न ही बीता हुआ कल, न ही आनेवाला कल। उसने नोटबुक निकाली। जो पृष्ठ खुला, उस पर लिखा—"अफ्रीका में एक यूरोपीय को कठोरतापूर्वक अपने परिवार में और वृहत्तर समाज में एक आचार संहिता अपनानी चाहिए। यहां हमें एक ऐसा जीवन जीना चाहिए, जो हमारी अफ्रीका की प्रजा के जीवन का आदर्श बन सके।"

नोटबुक बंद करके वह रसोईघर में गया। अपने ही मकान का रसोईघर उसके लिए, एक बिल्कुल अपरिचित जगह थी। अपने पूरे अफ्रीका प्रवास के दौरान आज पहली बार वह मकान के वह हिस्से में आया था। उसने माचिस की तीली निकाली और जलाकर नोटबुक को सुलगा दिया। इससे जो लपटें निकल रही थीं, उसे लगा कि उनमें उसके शरीर का जिंदा मांस जल रहा है। और उसे कोई दर्द महसूस नहीं हो रहा है। एकदम सुन्न हो गया है वह। उस काले आदमी का भूत उसका पीछा कभी नहीं छोड़ेगा। उसे हमेशा याद आता रहेगा। अफ्रीका!

अनुवाद : हरेराम चौबे

क्या हम वास्तव में राष्ट्रवादी हैं?

प्रेमचंद

यह तो हम पहले भी जानते थे और अब भी जानते हैं कि साधारण भारतवासी राष्ट्रीयता का अर्थ नहीं समझता, और यह भावना जिस जागृति और मानसिक उदारता से उत्पन्न होती है, वह अभी हममें से बहुत थोड़े आदमियों में आई है। लेकिन इतना जरूर समझते थे कि जो पन्नों के संपादक हैं, राष्ट्रीयता पर लंबे-लंबे लेख लिखते हैं और राष्ट्रीयता की वेदी पर बलिदान होनेवालों की तारीफों के पुल बांधते हैं, उनमें जरूर यह जागृति आ गई है और जात-पांत की बेड़ियों से मुक्त हो चुके हैं, लेकिन अभी हाल में 'भारत' में एक लेख देखकर हमारी खुली आंखें खुल गईं और यह अप्रिय अनुभव हुआ कि हम अभी तक केवल मुंह से राष्ट्र-राष्ट्र का गुल मचाते हैं, हमारे दिलों में अभी वही जाति-भेद का अंधकार छाया हुआ है। और यह कौन नहीं जानता कि जाति-भेद और राष्ट्रीयता दोनों में अमृत और विष का अंतर है। यह लेख किन्हीं 'निर्मल' महाशय का है। और यदि यह वही 'निर्मल' हैं, जिन्हें श्रीयुत ज्योतिप्रसाद जी 'निर्मल' के नाम से हम जानते हैं तो शायद वह ब्राह्मण हैं। हम अब तक उन्हें राष्ट्रवादी समझते थे पर 'भारत' में उनका यह लेख देखकर हमारा विचार बदल गया, जिसका हमें दुःख है। हमें ज्ञात हुआ कि वह अब भी उन पुजारियों का, पुरोहितों का और जनेऊधारी लुटेरों का हिंदू समाज पर प्रभुत्व बनाए रखना चाहते हैं जिन्हें वह ब्राह्मण कहते हैं, पर हम उन्हें ब्राह्मण क्या, ब्राह्मण के पांव की धूल भी नहीं समझते। 'निर्मल' की शिकायत है कि हमने अपनी तीन-चौथाई कहानियों में ब्राह्मण को काले रंगों में चित्रित करके अपनी संकीर्णता का परिचय दिया है, जो हमारी रचनाओं पर अमिट कलंक है। हम कहते हैं कि अगर हममें इतनी शक्ति होती तो हम अपना सारा जीवन हिंदू-जाति को पुरोहितों, पुजारियों, पंडों और धर्मोपजीवो कीटाणुओं से मुक्त कराने में अर्पण कर देते। हिंदू-जाति का सबसे घृणित कोढ़, सबसे लज्जाजनक कलंक यही टकेपंथी दल है जो एक विशाल जोंक की भांति उसका खून चूस रहा है, और हमारी राष्ट्रीयता के

मार्ग में यही सबसे बड़ी बाधा है। राष्ट्रीयता की पहली शर्त है, समाज में साम्य-भाव का दृढ़ होना। इसके बिना राष्ट्रीयता की कल्पना ही नहीं की जा सकती। जब तक यहां एक दल, समाज की भक्ति, श्रद्धा, अज्ञान और अंधविश्वास से अपना उल्लू सीधा करने के लिए बना रहेगा, तब तक हिंदू समाज कभी सचेत न होगा। और यह दल दस-पांच लाख व्यक्तियों का नहीं है, असंख्य है। उसका उद्यम यही है कि वह हिंदू जाति को अज्ञान की बेड़ियों में जकड़े रखे, जिसमें वह जरा भी चूं न कर सके। मानो आसुरी शक्तियों ने अंधकार और अज्ञान का प्रचार करने के लिए स्वयंसेवकों की यह अनगिनता सेना नियत कर रखी है। अगर हिंदू समाज को पृथ्वी से मिट नहीं जाना है तो उसे इस अंधकार-शासन को मिटाना होगा। हम नहीं समझते, आज कोई भी विचारवान् हिंदू ऐसा है, जो इस टकेपंथी दल को चिरायु देखना चाहता हो, सिवाय उन लोगों के जो स्वयं उस दल में हैं और चखौतियां कर रहे हैं। 'निर्मल' खुद शायद उसी टकेपंथी समाज के चौधरी हैं, वरना उन्हें टकेपंथियों के प्रति वकालत करने की जरूरत क्यों होती? वह और उनके समान विचारवाले उनके अन्य भाई शायद आज भी हिंदू-समाज को अंधविश्वास से निकलने नहीं देना चाहते; वह राष्ट्रीयता की हांक लगाकर भी भावी हिंदू समाज को पुरोहितों और पुजारियों ही का शिकार बनाए रखना चाहते हैं। मगर हम उन्हें विश्वास दिलाते हैं कि हिंदू-समाज अपने प्रयत्नों और सिरतोड़ कोशिशों के बावजूद अब आंखें खोलने लगा है और इसका प्रत्यक्ष प्रमाण यह है कि जिन कहानियों को 'निर्मल' जी ब्राह्मण-द्रोही बताते हैं, वह सब उन्हीं पत्रिकाओं में छपी थीं जिनके संपादक स्वयं ब्राह्मण थे। मालूम नहीं 'निर्मल' जी 'वर्तमान' के संपादक श्री रमाशंकर अवस्थी, 'सरस्वती' के संपादक श्री देवी दत्त शुक्ल, 'माधुरी' के संपादक पं. रूपनारायण पांडे, 'विशाल भारत' के संपादक श्री बनारसीदास चतुर्वेदी आदि सज्जनों को ब्राह्मण समझते हैं या नहीं, पर इन सज्जनों ने उन कहानियों को छापते समय जरा भी आपत्ति न की थी। वे उन कहानियों को आपत्तिजनक समझते, तो कदापि न छापते। हम उनका गला तो न दबा सकते थे। मुरौअत में पड़कर भी आदमी अपने धार्मिक विश्वास को तो नहीं त्याग सकता। ये कहानियां उन महानुभावों ने इसीलिए छापी, कि वे भी हिंदू-समाज को टकेपंथियों के जाल से निकालना चाहते हैं, वे ब्राह्मण होते हुए भी इस ब्राह्मण जाति को बदनाम करनेवाले जीवों का समाज पर प्रभुत्व नहीं देखना चाहते। हमारा खयाल है कि टकेपंथियों से जितनी लज्जा उन्हें आती होगी, उतनी दूसरे समुदाय को नहीं आ सकती, क्योंकि यह धर्मोपजीवी दल अपने को ब्राह्मण कहता है। हम कायस्थ कुल में उत्पन्न हुए हैं और अभी तक उस संस्कार को नहीं मिटा सकने के कारण किसी कायस्थ को चोरी करते या रिश्वत लेते देख कर लज्जित होते हैं। ब्राह्मण क्या इसे पसंद कर सकता है, कि उसी समुदाय के असंख्य प्राणी भीख मांगकर, भोले-भाले हिंदुओं को ठगकर, बात-बात में पैसे वसूल

करके, निर्लज्जता के साथ अपने धर्मात्मापन का ढोंग करते फिरे। यह जीवन व्यवसाय उन्हीं को पसंद आ सकता है, जो खुद उसमें लिप्त हैं और वह भी उसी वक्त तक, जब तक कि उनकी अंध स्वार्थ-भावना प्रचंड है और भीतर की आंखें बंद हैं। आंखें खुलते ही वह उस व्यवसाय और उस जीवन से घृणा करने लगेंगे। हम ऐसे सज्जनों को जानते हैं, जो पुरोहित कुल में पैदा हुए, पर शिक्षा प्राप्त कर लेने के बाद उन्हें वह टकापंथपन इतना जघन्य जान पड़ा कि उन्होंने लाखों रुपए माल की आमदनी पर लात मार कर स्कूल के अध्यापक होना स्वीकार कर लिया। आज भी कुलीन ब्राह्मण पुरोहितपन और पुजारीपन को त्याज्य समझता है और किसी दशा में भी यह निकृष्ट जीवन अंगीकार न करेगा। ब्राह्मण वह है, जो निस्पृह हो, त्यागी हो और सत्यवादी हो। सच्चे ब्राह्मण महात्मा गांधी हैं, नेहरू हैं, सं. पटेल हैं, स्वामी श्रद्धानंद हैं। वह नहीं जो प्रातःकाल आपके द्वार आकर करताल बजाते हुए—'निर्मलपुत्र देहि भगवान्' की हांक लगाने लगते हैं, या गणेश-पूजा और गौरी-पूजा और अल्लम-गल्लम पूजा पर यजमानों से पैसे रखाते हैं, या गंगा में स्नान करनेवालों से दक्षिणा वसूल करते हैं, या विद्वान होकर ठाकुर जी और ठकुराइन जी के शृंगार में अपना कौशल दिखाते है, या मंदिर में मखमली गाव तकिये लगाए वेश्याओं का नृत्य देखकर भगवान से लौ लगाते हैं। हिंदू बालक जब से धरती पर आता है और जब तक वह धरती से प्रस्थान नहीं कर जाता, इसी अंधविश्वास और अज्ञान के चक्कर में सम्मोहित पड़ा रहता है। और नाना प्रकार के दृष्टांतों से मनगढ़ंत किस्से-कहानियों से पुण्य और धर्म के गोरख-धंधों से, स्वर्ग और नरक की मिथ्या कल्पनाओं से, वह उपजीवी दल उनकी सम्मोहनावस्था को बनाए रखता है। और उनकी वकालत करते हैं हमारे कुशल पत्रकार 'निर्मल' जी, जो राष्ट्रवादी हैं। राष्ट्रवाद ऐसे उपजीवी समाज को घातक समझता है, और समाजवाद में तो उसके लिए स्थान ही नहीं। और हम जिस राष्ट्रीयता का स्वप्न देख रहे हैं उसमें तो जन्मगत वर्णों की गंध तक न होगी, वह हमारे श्रमिकों और किसानों का साम्राज्य होगा, जिसमें न कोई ब्राह्मण होगा, न हरिजन, न कायस्थ, न क्षत्रिय। उसमें सभी भारतवासी होंगे, सभी ब्राह्मण होंगे या सभी हरिजन हों।

कुछ मित्रों की यह राय हो सकती है कि माना टकेपंथी समाज निकृष्ट है, त्याज्य है, पाखंडी है, लेकिन तुम उसकी निन्दा क्यों करते हो, उसके प्रति घृणा क्यों फैलाते हो, उसके प्रति प्रेम और सहानुभूति क्यों नहीं दिखलाते, घृणा तो उसे और भी दुराग्रही बना देती है और फिर उसके सुधार की संभावना भी नहीं रहती। इसके उत्तर में हमारा यही नम्र निवेदन है कि हमें किसी व्यक्ति या समाज से कोई द्वेष नहीं, हम अगर टकेपंथीपन का उपहास करते हैं, तो जहां हमारा एक उद्देश्य यह होता है कि समाज में से ऊंच-नीच, पवित्र-अपवित्र का ढोंग मिटावें, वहां दूसरा उद्देश्य यह भी होता है कि टकेपंथियों के सामने उनका वास्तविक और कुछ अतिरंजित चित्र

रखें, जिसमें उन्हें अपने व्यवसाय, अपनी धूर्तता, अपने पाखंड से घृणा और लज्जा उत्पन्न हो, और वे उनका परित्याग कर ईमानदारी और सफाई की जिंदगी बसर करें और अंधकार की जगह प्रकाश के स्वयंसेवक बन जाएं। 'ब्रह्मभोज' और 'सत्याग्रह' नामक कहानियों ही को देखिए, जिन पर 'निर्मल' जी को आपत्ति है। उन्हें पढ़कर क्या यह इच्छा होती है कि चौबे जी का अहित किया जाए? हमने चेष्टा की है कि पाठक के मन में उनके प्रति द्वेष न उत्पन्न हो। हां, परिहास द्वारा उनकी मनोवृत्ति दिखाई है। ऐसे चौबों को देखना हो तो, वर्णाश्रम स्वराज्य संघ में चले जाइए, और यदि 'निर्मल' जी पहले ही उस धर्मात्मा दल में नहीं जा मिले हैं, तो अब उन्हें चटपट उस दल में जा मिलना चाहिए, क्योंकि वहां उन्हीं की मनोवृत्ति के महानुभाव मिलेंगे। और वहां उन्हें मोटेराम जी के बहुत से भाईबंधु मिल जाएंगे, जो उनसे कहीं बड़े सत्याग्रही होंगे। हमने कभी इस समुदाय की पोल खोलने की चेष्टा नहीं की, केवल मीठी चुटकियों से और फुसफुसे परिहास से काम लिया, हालांकि जरूरत थी बर्नार्डशा जैसे प्रतिभाशाली व्यक्ति की, जो धन से चोट लगाता है।

निर्मल जी को इस बात की बड़ी फिक्र है कि आज से पचास साल बाद के लोग जो हमारी रचनाएं पढ़ेंगे, उनके सामने ब्राह्मण समाज का कैसा चित्र होगा और हिंदू-समाज से कितने विरक्त हो जाएंगे। हम पूछते हैं, महात्मा गांधी के हरिजन आंदोलन को लोग आज से एक-हजार साल के बाद क्या समझेंगे? यही कि हरिजनों को ऊंची जाति के हिंदुओं ने कुचल रखा था। हमारे लेखों से भी आज के पचास साल बाद लोग यही समझेंगे कि उस समय हिंदू-समाज में इसी तरह के पुजारियों, पुरोहितों पंडों, पाखंडियों और टकेपंथियों का राज था और कुछ लोग उनके इस राज को उखाड़ फेंकने का प्रयत्न कर रहे थे। 'निर्मल' जी इस समुदाय को ब्राह्मण कहें, हम नहीं कह सकते। हम तो उसे पाखंडी समाज कहते हैं, जो अब निर्लज्जता की पराकाष्ठा तक पहुंच चुका है। ऐतिहासिक सत्य चुप-चुप करने से नहीं दब सकता। साहित्य अपने समय का इतिहास होता है, इतिहास से कहीं अधिक सत्य। इसमें शर्मानें की बात अवश्य है कि हमारा हिंदू समाज क्यों ऐसा गिरा हुआ है और क्यों आंखें बंद करके धुर्त्तों को अपना पेशवा मान रहा है और क्यों हमारी जाति का एक अंग पाखंड को अपनी जीविका का साधन बनाए हुए है, लेकिन केवल शर्माने से तो काम नहीं चलता। इस अधोगति की दशा-सुधार करना है। इसके प्रति घृणा फैलाइए, प्रेम फैलाइए, उपहास कीजिए या निन्दा कीजिए सब जा्यज है और केवल हिंदू-समाज के दृष्टिकोण से ही नहीं जायज है, उस समुदाय के दृष्टिकोण से भी जायज है, जो मुफ्तखोरी, पाखंड और अंधविश्वास में अपनी आत्मा का पतन कर रहा है और अपने साथ हिंदू-जाति को डुबाए डालता है। हमने अपने गल्पों में इस पाखंडी समुदाय का यथार्थ रूप नहीं दिखाया है, वह उससे कहीं पतित है, उसकी सच्ची दशा हम लिखें, तो शायद 'निर्मल' जी को तो न आश्चर्य होगा, क्योंकि वह उसी समुदाय

के एक व्यक्ति हैं, लेकिन हिंदू-समाज की जरूर आंखें खुल जाएंगी। मगर यह हमारी कमजोरी है कि हम बहुत-सी बातें जानते हुए भी उनके लिखने का साहस नहीं रखते और अपने प्राणों को भय भी है, क्योंकि यह समुदाय कुछ भी कर सकता है। शायद इस सांप्रदायिक प्रसंग को इसीलिए उठाया भी जा रहा है कि पंडों और पुरोहितों को हमारे विरुद्ध उत्तेजित किया जाए।

निर्मल जी ने हमें 'आशीर्वाद' और 'कला' के विषय में भी कुछ उपदेश देने की कृपा की है, पर हम यह उपदेश ऐसों से ले चुके हैं, जो उनसे कहीं ऊँचे हैं। आदर्शवाद इसे नहीं कहते कि अपने समाज में जो बुराइयां हों, उनके सुधार के बदले उन पर परदा डालने की चेष्टा की जाए, या समाज को एक लुटेरे समुदाय के हाथों लुटते देखकर हमारी जबान बंद कर ली जाए। आदर्शवाद का जीता-जागता उदाहरण हरिजन-आंदोलन हमारी आंखों के सामने है। 'निर्मल' जी जबान में तो इस आंदोलन के विरुद्ध कुछ कहने का साहस नहीं रखते, लेकिन उनके दिल में घुसकर देखा जाए, तो मंदिरों का खुलना और मंदिरों के ठेकेदारों के प्रभुत्व का मिटना, उन्हें जहर ही लग रहा होगा मगर बेचारे मजबूर हैं, क्या करें?

'निर्मल' जी हमें ब्राह्मण-द्वेषी बताकर संतुष्ट नहीं हुए। उन्होंने हमें हिंदू-द्रोही भी सिद्ध किया है, क्योंकि हमने अपनी रचनाओं में मुसलमानों को अच्छे रूप में दिखाया है। तो क्या आप चाहते हैं, हम मुसलमानों को भी उसी तरह चित्रित करें, जिस तरह पुरोहितों और पाखंडियों को करते हैं? हमारी समझ में मुसलमानों से हिंदू जाति को उसकी शतांश हानि नहीं पहुंची है, जितनी इन पाखंडियों के हाथों पहुंची और पहुंच रही है। मुसलमान हिंदू को अपना शिकार नहीं समझता, उसकी जेब से धोखा देकर और अश्रद्धा का जादू फैलाकर कुछ ऐंठने की फिक्र नहीं करता। फिर भी मुसलमानों को मुझसे शिकायत है कि मैंने उनका विकृत रूप खींचा है। हम ऐसे मुसलमान मित्रों के ख़त दिखा सकते हैं, जिन्होंने हमारी कहानियों में मुसलमानों के प्रति अन्याय दिखाया है। हमारा आदर्श सदैव से यह रहा है कि जहां धुर्त्तता और पाखंड और सबलों द्वारा निर्बलों पर अत्याचार देखो, उसको समाज के सामने रखो, चाहे हिंदू हो, पंडित हो, बाबू हो, मुसलमान हो, या कोई हो। इसलिए हमारी कहानियों में आपको पदाधिकारी, महाजन, वकील और पुजारी गरीबों का खून चूसते हुए मिलेंगे, और गरीब किसान, मजदूर, अवछूत और दरिद्र उनके आघात सहकर भी अपने धर्म ओर मनुष्यता को हाथ से न जाने देंगे, क्योंकि हमने उन्हीं से सबसे ज्यादा सच्चाई और सेवा-भाव पाया है। और यह हमारा दृढ़ विश्वास है कि जब तक यह सामुदायिकता और सांप्रदायिकता और यह अंधविश्वास हममें से दूर न होगा, जब तक समाज को पाखंड से मुक्त न कर लेंगे, तब तक हमारा उद्धार न होगा। हमारा स्वराज्य केवल विदेशी जुए से अपने को मुक्त करना नहीं है, बल्कि हम सामाजिक जुए से भी, इस पाखंडी जुए से भी, जो विदेशी शासन से कहीं घातक है,

और हमें आश्चर्य होता है कि 'निर्मल' जी और उनकी मनोवृक्ति के अन्य सज्जन कैसे इस पुरोहिती शासन का समर्थन कर सकते हैं। उन्हें खुद इस पुरोहितपन को मिटाना चाहिए, क्योंकि वह राष्ट्रवादी हैं। अगर कोई ब्राह्मण, कायस्थों के करारदाद की, उनके मदिरा सेवन की, या उनकी इन बुराइयों की निंदा करे, तो मुझे जरा भी बुरा न लगेगा। मैंने खुद इन बुराइयों की ओर समाज को मुखातिब किया है। कोई हमारी बुराई दिखाए और हमदर्दी से दिखाए, तो हमें बुरा लगने या दांत किटकिटाने का कोई कारण नहीं हो सकता। मिस मेयो ने जो बुराइयां दिखाई थीं, उसमें उनका दूषित मनोभाव था। वह भारतीयो को स्वराज्य के अयोग्य सिद्ध करने के लिए प्रमाण खोज रही थीं। क्या 'निर्मल' जी मुझे भी ब्राह्मण-द्रोही, हिंदू-द्रोही की तरह स्वराज्य-द्रोही भी समझते हैं?

अंत में मैं अपने मित्र 'निर्मल' जी से बड़ी नम्रता के साथ निवेदन करूंगा, कि पुरोहितों के प्रभुत्व के दिन अब बहुत थोड़े रह गए हैं और समाज और राष्ट्र की भलाई इसी में है कि जाति से यह भेद-भाव, यह एकांगी प्रभुत्व, यह खून चूसने की प्रवृत्ति मिटाई जाए, क्योंकि जैसा हम पहले कह चुके हैं, राष्ट्रीयता की पहली शर्त वर्णव्यवस्था, ऊंच-नीच के भेद ओर धार्मिक पाखंड की जड़ खोदना है। इस तरह के लेखों से आपको आपके पुरोहित भाई चाहे अपना हीरो समझें और मंदिर के महंतों और पुजारियों की आप पर कृपा हो जाए, लेकिन राष्ट्रीयता को हानि पहुंचती है और आप राष्ट्रप्रेमियों की दृष्टि में गिर जाते हैं। आप यह ब्राह्मण समुदाय की सेवा नहीं, उसका अपमान कर रहे हैं।

1934

जाति प्रथा का विनाश

भीमराव आंबेडकर

मित्रो,

जात-पांत तोड़क मंडल के जिन सदस्यों ने कृपापूर्वक मुझे इस सम्मेलन का सभापति चुना है, मुझे चिंता है, उन लोगों से मेरे चुनाव के संबंध में अनेकों प्रश्न किए जाएँगे। उनसे पूछा जा सकता है, क्या लाहौर में कोई योग्य पुरुष नहीं था जो सभापति चुनने के लिए बंबई दौड़ गए ? मैं हिंदू धर्म का आलोचक हूँ, मैंने महात्मा जी के सिद्धांतों की भी, जिन पर हिंदुओं की श्रद्धा है, आलोचना की है, जिससे वे मुझे अपनी वाटिका का सर्प समझते हैं। मैं समझता हूँ, शायद राजनीतिक हिंदू भी मंडल से जवाब तलब करेंगे कि उसने इस आदरणीय पद के लिए मुझे चुन कर हिंदुओं का अपमान क्यों किया। सामान्य हिंदुओं को तो यह पसंद नहीं आएगा, क्योंकि सवर्ण हिंदुओं की सभा में संबोधन के लिए एक अंत्यज का चुना जाना शास्त्रीय मर्यादा को भंग करना है। अंत्यज कितना ही अनुभवी क्यों न हो, शास्त्र उसे 'उपदेष्टा' स्वीकार करने की आज्ञा नहीं दे सकते। शास्त्रानुसार ब्राह्मण ही तीनों वर्णों का उपदेष्टा और गुरु है। हिंदू-राज्य के संस्थापक शिवाजी के गुरु संत रामदास जी ने अपने मराठी ग्रंथ 'दासबोध' में हिंदुओं से प्रश्न किया है कि क्या तुम किसी अंत्यज को, जो तुम्हारे सभी प्रश्नों का उत्तर दे सकता है, अपना गुरु स्वीकार कर सकते हो ? यही प्रश्न यदि मैं करूँ, तो मंडल के पास इसका क्या उत्तर होगा ? उस कारण को तो मंडल ही जानता है, जिसने उसे बंबई भेजा और जिसने उसे मेरे जैसे व्यक्ति को, जो हिंदू धर्म का इतना विरोधी और अंत्यज है, मर्यादा के विरुद्ध सवर्ण हिंदुओं को संबोधन करने के लिए सभापति चुना।

अपने संबंध में, मैं आपसे यह कहने की अनुमति चाहता हूँ कि मैंने आपके निमंत्रण को अपनी एवं अपने अछूत साथियों की इच्छा से स्वीकार नहीं किया। मैं जानता हूँ, हिंदू मुझसे और मेरे भाइयों से घृणा करते हैं, इसीलिए मैंने सदा अपने को उनसे अलग रखा और अपने विचारों का प्रकाश अपने प्लेटफार्म पर

करता रहा। हिंदुओं के प्लेटफार्म पर अपनी बातें सुना कर अपने को उनके ऊपर रखने की मैंने कभी इच्छा नहीं की। यहाँ भी मैं अपनी इच्छा से नहीं, आपके चुनाव से आया हूँ। मैंने इससे इन्कार करना इसलिए उचित नहीं समझा, क्योंकि मुझे बताया गया कि इस सम्मेलन का उद्देश्य सामाजिक सुधार है, और समाज-सुधार एक ऐसा विषय है जिससे मुझे मोह है—विशेषतः उस दशा में, जबकि आप समझते हों कि इस काम में मैं आपकी कुछ सहायता कर सकता हूँ। यह आपके न्याय पर निर्भर है कि मैं यहाँ जो कुछ कहना चाहता हूँ, उस समस्या के हल के लिए आप कहाँ तक ग्रहण कर सकेंगे।

इस प्राक्कथन के साथ अब मैं मुख्य विषय पर अपने विचार आपके सामने रखने की अनुमति चाहता हूँ।

अछूत क्यों और कैसे

शूद्रों के अतिरिक्त हिंदू सभ्यता ने तीन और सामाजिक वर्गों को जन्म दिया है, जिनकी ओर जितना ध्यान दिया जाना चाहिए, नहीं दिया गया। ये तीन सामाजिक वर्ग हैं—

(1) जरायमा पेशा जातियां, जिनकी (लोगों की) संख्या लगभग 2 करोड़ है,
(2) आदिवासी जातियां, जिनकी संख्या लगभग 1 करोड़ पचास लाख है।
(3) अछूत जातियां, जिनकी संख्या लगभग पांच करोड़ है।

इन वर्गों का अस्तित्व एक जुगुप्सा का विषय है। यदि सभ्यता को हिंदू इन वर्गों के जनक के रूप में देखा जाए, तो सभ्यता ही नहीं कहला सकती। यह तो मानवता को दबाए रखने तथा गुलाम बनाने के लिए शैतान का षड्यंत्र है। इसका ठीक नामकरण शैतानियत होना चाहिए। उस सभ्यता को हम और क्या नाम दें, जिसने ऐसे लोगों को एक बड़ी संख्या में जन्म दिया हो, जिन्हें यह शिक्षा दी जाती है कि चोरी-चकारी करके जीविका चलाना जीविकोपार्जन का एक मान्य क्रम है। दूसरी बड़ी संख्या है जो सभ्यता के बीचोबीच अपनी आरंभिक बर्बर अवस्था बनाए रखने के लिए स्वतंत्र छोड़ दी गई हैं, और एक तीसरी बड़ी संख्या है, जिसे सामाजिक व्यवहार से परे की चीज समझा गया है, जिसके स्पर्श मात्र से आदमी 'अपवित्र' होता है।

यदि किसी भी दूसरे देश में ऐसे वर्ग विद्यमान होते तो लोग अपने दिलों को टटोलते और उनके मूल का पता लगाने का प्रयत्न करते, किंतु हिंदू को इन दो में से एक भी नहीं सूझी। इसका कारण सरल है—हिंदू को यह लगता ही नहीं कि, इन वर्गों का अस्तित्व उसके लिए कुछ क्षमा-याचना करने अथवा लज्जा का कारण है। वह न इस विषय में प्रायश्चित करने की अपनी जिम्मेदारी समझता है और न इसकी उत्पत्ति तथा विकास के संबंध में खोज करने की। दूसरी ओर, प्रत्येक हिंदू को यह

विश्वास दिलाया जाता है कि उसकी सभ्यता न केवल सबसे अधिक, किंतु अनेक दृष्टियों से एकदम अनोखी भी है। हिंदू इन बातों को दोहराने से कभी नहीं थकता। हिंदू सभ्यता बहुत प्राचीन है, यह बात समझ में आती है और मानी भी जा सकती है। लेकिन यह बात समझ में नहीं आती कि वह हिंदू सभ्यता को अनोखी सभ्यता किस आधार पर कहता है। हिंदुओं को कदाचित यह अच्छा न लगे। किंतु जहां तक अ-हिंदुओं का संबंध है, इस प्रकार की मान्यता का एक ही आधार हो सकता है। यह आधार इन वर्गों को अस्तित्व है, जिनकी जिम्मेदारी हिंदू सभ्यता के सिर है। किसी हिंदू को इस बात के दोहराने की जरूरत नहीं कि हिंदू सभ्यता एक अनोखी चीज है, क्योंकि, कोई इससे इंकार नहीं करता। काश! हिंदू इस बात को समझता कि यह अभिमान करने की नहीं, लज्जित होने की बात है।

हिंदू सभ्यता की बुद्धिमत्ता, श्रेष्ठता और पवित्रता में लोगों का जो झूठा विश्वास है, उसका मूल कारण हिंदू विद्वानों का विचित्र सामाजिक मानसशास्त्र है।

आज तमाम पांडित्य ब्राह्मणों तक सीमित है। किंतु दुर्भाग्य से अभी तक एक भी ब्राह्मण पंडित ने आगे बढ़कर वाल्टेयर जैसा काम नहीं किया। वाल्टेयर में मानसिक ईमानदारी थी, जिसके कारण वह जिस कैथोलिक चर्च में पला था, उसीके सिद्धांतों के विरुद्ध उठ खड़ा हुआ। भविष्य में भी किसी के वाल्टेयर बनने की संभावना नहीं। ब्राह्मणों के पांडित्य की यह एक कड़ी टीका है कि उन्होंने एक भी वाल्टेयर पैदा नहीं किया। इससे कोई आश्चर्य नहीं होगा, यदि यह बात याद रहे कि ब्राह्मण पंडित विद्वान भर है। वह मनीषी नहीं है। मनीषी और विद्वान में आकाश-पाताल का अंतर है। पहला वर्ग चैतन्य होता है। उसे अपने वर्ग के स्वार्थों की चिंता रहती है। दूसरा एक मनस्व-प्राणी होता है, जो अपने वर्ग के स्वार्थ की भी परवाह न कर स्वतंत्रतापूर्वक आचरण कर सकता है। ब्राह्मणों ने जो कोई वाल्टेयर पैदा नहीं किया, उसका कारण यही है कि ब्राह्मण केवल विद्वान हुए हैं।

ब्राह्मणों ने कोई भी वाल्टेयर क्यों नहीं पैदा किया? इस प्रश्न का उत्तर एक दूसरे प्रश्न के द्वारा ही दिया जा सकता है।—तुर्की के सुल्तान ने इस्लामी संस्कार के मजहब को क्यों नष्ट नहीं किया? किसी भी पोप ने कैथोलिक धर्म की निंदा क्यों नहीं की? ब्रिटिश पार्लियामेंट ने तमाम नीली आंखोंवाले बच्चों को मार डालने का कानून क्यों पास नहीं किया? सुल्तान, पोप अथवा ब्रिटिश पार्लियामेंट उसी एक कारण से यह बातें सहीं कर सकीं, जिस कारण ब्राह्मण कोई वाल्टेयर पैदा नहीं कर सके। यह बात मान लेनी चाहिए कि किसी भी आदमी के आचरण को उसका अथवा उसके वर्ग का स्वार्थ अंदरूनी तौर पर बोध देता है और उसकी बुद्धि भी तदनुसार कार्य करती है। ब्राह्मण को आज हिंदू समाज में जो शक्ति और पद मिला हुआ है, वह संपूर्ण रूप से इस हिंदू सभ्यता के ही कारण है, जो उसे मानव से कुछ बढ़कर स्वीकार करती है और निचले वर्ग के लोगों पर नाना प्रकार की पाबंदियां लगाती हैं,

जिससे वे कभी विद्रोह करके ब्राह्मण की श्रेष्ठता को अस्वीकार न कर बैठें। जैसा स्वाभविक ही है, प्रत्येग ब्राह्मण—चाहे वह रूढ़िवादी विचार का हो, चाहे प्रगतिशील हो, चाहे वह पुरोहित हो, चाहे गृहस्थ हो, चाहे पंडित हो, चाहे अपंडित हो—को स्वार्थ इस बात में है कि ब्राह्मण का ऊंचा स्थान बना रहे। ब्राह्मण वाल्टेयर किस तरह हो सकते थे? ब्राह्मणों में यदि कोई वाल्टेयर पैदा हो जाए तो वह उस सभ्यता के लिए एक निश्चित खतरा सिद्ध होगा, जिसकी रचना ही ब्राह्मणों की प्रधानता बनाए रखने के लिए हुई है। बात यह है कि ब्राह्मण की प्रतिभा को इस बात की चिंता बनी रहती है कि उसका स्वार्थ सुरक्षित रहे। उस पर यह एक भीतरी प्रतिबंध लगा हुआ है ; जिसके कारण उसकी प्रतिभा उस सीमा तक नहीं खिलती, जिस सीमा तक उसकी ईमानदारी और सच्चाई के कारण उसे खिलना चाहिए। उसे यह डर बना रहता है कि इससे उसके वर्ग और इसलिए अपने स्वार्थों को हानि न पहुंच जाए।

लेकिन जो बात ब्राह्मणों को चिढ़ाती है, वह ब्राह्मण साहित्य की पोल खोलने के किसी भी प्रयत्न के प्रति ब्राह्मण पंडित की असहनशीलता है। वह स्वयं तो जहां आवश्यक भी हो, वहां भी मूर्ति-भंजक का काम नहीं करेगा। वह ऐसे अब्राह्मणों को भी जिनमें यह कार्य करने की योग्यता है, नहीं करने देगा। यदि कोई अब्राह्मण ऐसा प्रयत्न करे तो यह ब्राह्मण पंडित साजिश करके चुप्पी साध लेंगे? उसके कथन की ओर ध्यान ही नहीं देंगे। किसी मामूली बात को लेकर उसका एकदम विरोध करेंगे अथवा उसकी कृति को एकदम निकम्मा ठहरा देंगे। ब्राह्मणी-साहित्य की पोल खोलने के कार्य में लगे हुए लेखक के नाते मैं इस प्रकार के नीचतापूर्ण व्यवहार का शिकार हो चुका हूं।

ब्राह्मण-पंडितों के रुदन के बावजूद, जिस कार्य की मैंने जिम्मेदारी ली है, वह मुझे करते रहना चाहिए, इन वर्गों की उत्पत्ति कैसे हुई, एक ऐसा विषय है, जिसमें खोज करने की आवश्यकता है।

तीन वर्गों में 'अछूतों' की ही संख्या सबसे अधिक है। उन्हीं का अस्तित्व भी सबसे अधिक अस्वाभाविक है। इतने होने पर भी अभी तक उनके 'मूल' का पता लगाने का कोई प्रयत्न नहीं हुआ। हिंदुओं ने ऐसा प्रयत्न आरंभ न किया हो, यह बात अच्छी तरह समझ में आती है। पुराने रूढ़िवादी हिंदू को 'छूत-छात' मनाने में कोई दोष नहीं दिखाई देता। उसके लिए यह एक सामान्य और स्वाभाविक बात है। इसलिए न इस संबंध में किसी प्रायश्चित की आवश्यकता है और न व्याख्या की। आधुनिक नए विचार के हिंदू को इसमें दोष दिखाई देता है ; लेकिन उसे उसकी सार्वजनिक तौर पर चर्चा करते हुए लज्जा आती है। उसे इस बात का डर लगा है कि कहीं विदेशी यह न भांप जाएं कि हिंदू-सभ्यता इस प्रकार की निंदनीय तथा विषभरी पद्धति अथवा सामाजिक व्यवस्था की जनक हो सकती है, जैसी यह 'अछूतपन'। लेकिन आश्चर्य की बात है कि 'अछूतपन' ने सामाजिक संस्थाओं के

यूरोपियन विद्यार्थी का भी ध्यान अपनी ओर आकर्षित नहीं किया। ऐसा क्यों हुआ? यह समझ में आना कठिन है। लेकिन बात ऐसी ही है।

कांग्रेस और समाज सुधार

भारत में समाज सुधार का काम निर्वाण-प्राप्ति के मार्ग के समान अनेक कठिनाइयों से पूर्ण हैं। कारण, भारत में समाज सुधार के मित्र थोड़े और शत्रु बहुत अधिक हैं। इंडियन नेशनल कांग्रेस देश की सबसे बड़ी संस्था है, किंतु समाज सुधार के साथ उसका व्यवहार कैसा रहा है, पहले इसी पर नजर डालिए।

पश्चिमी विद्वानों के संपर्क में जब यह देश आया, तो लोग मानने लगे कि कुरीतियों से आक्रांत हिंदू समाज में सामाजिक चेतना नहीं रही। अतः कुरीतियों को मिटाने का प्रयास निरंतर होना चाहिए। इस सत्य को स्वीकार कर लेने के कारण ही 'कांग्रेस' के जन्म के साथ, सोशल कान्फ्रेंस (समाज सुधार सम्मेलन) की भी नींव रखी गई। और कांग्रेस अधिवेशन के साथ ही, उसी पंडाल में 'सोशल कान्फ्रेंस' का भी अधिवेशन होने लगा। किंतु सामाजिक सुधार की चर्चा चलने पर जब हिंदू समाज व्यवस्था की तीव्र आलोचना होने लगी, तो यह बात ब्राह्मणों और कट्टर हिंदुओं को बर्दाश्त नहीं हुई और कांग्रेस के पूना अधिवेशन में, पूना के ब्राह्मणों के अनुरोध से, जब लोकमान्य बाल गंगाधर तिलक ने इसका विरोध किया, तो कांग्रेस ने 'समाज सुधार सम्मेलन' को अपना पंडाल नहीं दिया और सामाजिक सम्मेलन के प्रेमियों ने जब अपना पंडाल अलग बनाना चाहा, तो विरोधियों ने उसे जला डालने की धमकी दी। कांग्रेस के इलाहाबाद अधिवेशन के सभापति मि. डब्ल्यू. सी. बनर्जी ने 'समाज सुधार सम्मेलन' के विरुद्ध अपने भाषण में कहा—

'मैं उन लोगों से सहमत नहीं हूँ जो कहते हैं कि जब तक हम अपनी सामाजिक पद्धति में सुधार नहीं करते, तब तक हम राजनैतिक सुधार के योग्य नहीं हैं। मुझे इन दोनों के बीच कोई संबंध नहीं दिखाई देता। क्या हम राजनैतिक सुधार के योग्य इसलिए नहीं हैं क्योंकि हमारी विधवाओं का पुनर्विवाह नहीं होता और हमारी लड़कियों की शादी कम उम्र में हो जाती है या हमारी पत्नियाँ और पुत्रियाँ हमारे साथ गाड़ी में बैठकर हमारे मित्रों से मिलने नहीं जातीं ? क्योंकि हम अपनी बेटियों को ऑक्सफोर्ड और कैम्ब्रिज में पढ़ने के लिए नहीं भेजते ?' (हर्षध्वनि)

मि. बनर्जी के इन आक्षेपों के पर्याप्त उत्तर हैं। उनसे पूछा जा सकता है, क्या आपको यह मालूम है कि हिंदू समाज व्यवस्था ने देश की पंचमांश जनसंख्या को 'अछूत' बना रखा है ? पेशवाओं के शासनकाल में, महाराष्ट्र में, इन अछूतों को उस सड़क पर चलने की आज्ञा नहीं थी जिस पर कोई सवर्ण हिंदू चल रहा

हो। इनके लिए आदेश था कि ये अपनी कलाई में या गले में काला धागा बाँधें, ताकि हिंदू इन्हें भूल से छू न लें। पेशवाओं की राजधानी पूना में तो इन अछूतों के लिए यह ओदश था कि ये कमर में झाड़ बाँध कर चलें ताकि इनके पैरों के चिह्न झाड़ से मिट जाएँ और कोई हिंदू इसके पद-चिह्नों पर पैर रखकर अपवित्र न हो जाए; अछूत अपने गले में हाँड़ी बाँधकर चले, और जब थूकना हो तो उसी में थूकें, भूमि पर पड़े हुए अछूत के थूक पर किसी हिंदू का पैर पड़ जाने से वह अपवित्र हो जाएगा। अछूत भी मनुष्य है, पेशवा ब्राह्मण भी मनुष्य है। एक मनुष्य का दूसरे मनुष्य के साथ यह व्यवहार !

इसी तरह मध्य भारत में गरीब बलाई जाति के विरुद्ध वहाँ के कालोटों, राजपूतों और ब्राह्मणों ने इंदौर जिले के 15 गाँवों में ऐसे अमानवीय कानून बनाए थे, जिनका पालन न कर सकने के कारण बलाइयों को स्त्री-बच्चों सहित उन चारों को छोड़ कर, जहाँ उनके बाप-दादे पीढ़ियों से रहते आए थे, धार, देवास, बागली, भोपाल, ग्वालियर और दूसरे निकटवर्ती राज्यों के सुनसान गाँवों में चला जाना पड़ा, और इन नए घरों में उनके साथ जैसी बीती, वह अवर्णनीय है। बलाई भी मनुष्य हैं और ब्राह्मण-राजपूत भी मनुष्य हैं। (टाइम्स ऑफ इंडिया, 4 जनवरी 1920)

गुजरात के अंतर्गत कविथा ग्राम की घटना अभी पिछले साल की है। कविथा के हिंदुओं के अछूतों के बच्चों को सरकारी स्कूलों में पढ़ने नहीं दिया। अहमदाबाद के 'जन' नामक गाँव की नवंबर 1935 की घटना है कि वहाँ के अछूतों की स्त्रियों पर सवर्ण हिंदुओं ने इस कारण आक्रमण किया क्योंकि वे धातु के बर्तनों में पानी लाने लगी थीं। जयपुर राज्य के चकवारा गाँव की ताजा घटना है कि वहाँ एक अछूत ने तीर्थयात्रा से लौट कर अपने भाइयों को पकवान का भोज दिया। बेचारे अछूत मेहमान भोजन कर ही रहे थे कि सैकड़ों हिंदू लाठी ले कर उन पर टूट पड़े और उनका भोजन खराब कर दिया, क्योंकि वे लोग घी के बने पकवान खा रहे थे। उन्होंने अतिथि बन कर घी खाने की ढिठाई क्यों की ? घी तो हिंदुओं का खाद्य है; अछूतों को घी खाने का अधिकार नहीं।

प्रश्न होता है, जिस समाज में मनुष्य दुर्बलों पर इस तरह के क्रूर, गर्हित और अमानवी आचरण करते हों, वहाँ समाज सुधार की आवश्यकता क्यों नहीं है ?

समाज सुधार के दो अर्थ है : एक पारिवारिक सुधार और दूसरा, समाज का पुनर्गठन। विधवा विवाह, बाल दिवाह, स्त्री शिक्षा आदि पारिवारिक सुधार के अंतर्गत हैं तथा समाज में ऊँच-नीच, छूत-अछूत का अधिकार-भेद, वर्ण भेद या जाति भेद मिटाना सामाजिक सुधार है। हमारे देश में जो सांप्रदायिक बँटवारा (कम्यूनल अवार्ड) हुआ, वह सामाजिक सुधार न होने के कारण हुआ। यदि देश की सामाजिक व्यवस्था ठीक होती, तो सांप्रदायिक बँटवारे का प्रश्न ही न उठता। (एक भारत के दो खंड सामाजिक कुव्यवस्था का फल है !)

इतिहास इस बात का समर्थन करता है कि समुन्नत देशों में राजनैतिक क्रांतियों से पहले सामाजिक और धार्मिक क्रांतियाँ हुई हैं। लूथर द्वारा किया हुआ धार्मिक सुधार यूरोपीय लोगों के राजनैतिक उद्धार का पूर्व लक्षण था। प्यूरीटिनिज्म एक धार्मिक सुधार था, और इसने नए संसार की नींव रखी, अमेरिकी स्वतंत्रता का युद्ध जीता। हजरत मुहम्मद द्वारा धार्मिक क्रांति होने के बाद ही अरबों ने राजनैतिक शक्ति प्राप्त की। भगवान बुद्ध द्वारा की हुई धार्मिक क्रांति के फलस्वरूप ही चंद्रगुप्त और अशोक जैसे सम्राट हुए। साधु-संतों द्वारा की हुई धार्मिक क्रांति के बाद ही शिवाजी हिंदू राष्ट्र की स्थापना कर सके। गुरु नानक द्वारा पैदा की गई धार्मिक क्रांति के फलस्वरूप ही सिखों ने राजनैतिक शक्ति प्राप्त की। तब कैसे कहा जा सकता है कि शक्तिशाली और सुदृढ़ राष्ट्र को बनाने के लिए धार्मिक और सामाजिक क्रांति की आवश्यकता नहीं है ?

सत्य तो यह है कि सामाजिक सुधार के बिना सच्ची राष्ट्रीयता का उदय संभव नहीं है।

कम्युनिस्ट और समाज सुधार

कांग्रेस के बाद राजनीतिज्ञों का दूसरा दल कम्युनिस्टों (साम्यवादियों) का है। इस दल के सिद्धांत सामाजिक अवस्था के अनुरूप स्थिर हुए। कम्युनिस्टों का ध्येय धार्मिक असमानता को मिटा कर समाज में समता लाना है। कम्युनिस्ट कहते हैं–'मनुष्य एक आर्थिक प्राणी है। उसकी आकाँक्षाएँ और चेष्टाएँ आर्थिक तथ्यों से बँधी हुई हैं।' ये लोग वर्ण भेद और जाति भेद मिटा कर सामाजिक समता लाने के स्थान पर यूरोपीय साम्यवादियों का अंधानुकरण कर आर्थिक समता पर ही सारी शक्ति लगा देते हैं। इनके मत में धार्मिक और सामाजिक सुधार भ्रम-मात्र है। साम्पत्तिक शक्ति ही एकमात्र शक्ति है, इस बात को मानव समाज का अध्ययन करनेवाला कोई भी मनुष्य स्वीकार नहीं करेगा।

साधु-संतों का सर्वसाधारण पर जो शासन होता है, वह इस विचार का अपवाद है। भारत के करोड़ों लोग लँगोटीधारी संपत्तिहीन साधु-संतों की आज्ञा मानते हैं और अपना अंगूठी-छल्ला बेच कर काशी, मक्का आदि तीर्थों के दर्शनों को जाते हैं। ऐसा क्यों होता है ? भारत का इतिहास बताता है कि धर्म एक बड़ी शक्ति है। भारत में पुरोहितों का शासन मजिस्ट्रेट से भी बढ़कर है। यहाँ काउंसिलों के चुनाव और हड़तालों को भी आसानी से धार्मिक रंगत मिल जाती है। भारत ही नहीं, यूरोप के इतिहास में भी धर्म की प्रबलता पाई जाती है। रोम के प्रजातंत्री शासन काल में एक काउंसिल (प्रतिनिधि) दूसरे काउंसिल के काम को रद्द कर देता था। वहाँ प्लोबियनों और पेट्रीशियनों का संघर्ष था। रोम की जनता का यह धार्मिक विश्वास था कि कोई भी अफसर वहाँ किसी पद को ग्रहण नहीं कर सकता,

जब तक डेल्फी देवी की देववाणी उसे स्वीकार न करे। डेल्फी देवी के पुरोहित पेट्रीशियन थे, इसलिए जब कभी प्लेबियन ऐसे व्यक्ति को अपना नेता चुनते, जो पेट्रीशियनों के विरुद्ध पार्टीमैन होता, तो देववाणी सदा विघोषित कर देती कि डेल्फी देवी उसे स्वीकार नहीं करतीं। इस कारण प्लेबियनों को अपने में कभी ऐसा प्रतिनिधि न मिल सका, जो पेट्रीशियनों का मुकाबला करता। प्लेबियन लोग इस ठगी को इसलिए स्वीकार कर लेते, क्योंकि उनका अपना भी विश्वास था कि देवी की स्वीकृति आवश्यक है, केवल जनता द्वारा चुना जाना ही पर्याप्त नहीं है। धार्मिक विश्वास छोड़ने के बदले प्लेबियनों ने अपना लौकिक नाम छोड़ दिया। क्या इससे यह सिद्ध नहीं होता कि प्लेबियन संपत्ति की अपेक्षा धर्म को अधिक महत्व देते थे ?

धर्म, सामाजिक स्थिति और संपत्ति, ये तीनों प्रभुता के स्रोत हैं। आज के यूरोपीय समाज में संपत्ति की प्रमुखता है, किंतु भारत में धर्म और सामाजिक व्यवस्था का सुधार किए बिना आप आर्थिक सुधार नहीं कर सकते। क्या भारत का सर्वहारा वर्ग ऐसी क्रांति लाने के लिए इकट्ठा हो जाएगा ? इसके लिए उसे प्रेरणा तभी मिल सकती है जब उसे विश्वास हो जाए कि जिनके साथ वह काम कर रहा है, वे समता, बंधुता और न्याय के लिए ही संघर्ष कर रहे हैं तथा क्रांति के बाद वर्ण, जाति और धर्म का कोई भेद न रहेगा। कम्युनिस्टों का केवल यह कहना काफी नहीं है कि 'मैं जाति भेद को नहीं मानता।' भारत में जहाँ साधारण जनता धनी और निर्धन, ब्राह्मण और शूद्र एवं ऊँच-नीच के भेद को मानती है और इसे पूर्व जन्म के कर्मों का फल, विधाता का विधान अथवा तकदीर समझती है, वहाँ केवल धनवानों के विरुद्ध कैसे इकट्ठी हो सकती है ? और यदि नहीं इकट्ठी हो सकती, तो ऐसी आर्थिक क्रांति का होना ही असंभव है। यदि किसी कारण ऐसी क्रांति हो भी गई, तो ब्राह्मण-शूद्र, ऊँच-नीच और वर्ण-जाति के भेद-भाव को उत्पन्न करनेवाले पक्षपातों से युद्ध किए बिना मार्क्सवादी शासन यहाँ चल सकना संभव नहीं। आप किसी भी ओर मुँह कीजिए वर्ण भेद और जाति भेद एक ऐसा राक्षस है जो सब ओर से आपका मार्ग रोके हुए है। जब तक आप इस राक्षस का वध नहीं करते, आप न यहाँ राजनैतिक सुधार कर सकते हैं और न आर्थिक सुधार !

क्या चातुर्वर्ण श्रम का विभाजन है ?

कुछ लोग कहा करते हैं कि चातुर्वर्ण व्यस्वस्था श्रम का विभाजन है। परंतु यह बात निराधार है। वस्तुतः चातुर्वण व्यवस्था का आधार भोगैश्वर्य की सुलभता, समाज पर प्रभुता और श्रेष्ठता, श्रम से बचना, आराम और लौकिक सुविधा का स्वार्थ है। यही कारण है कि इसे राष्ट्रीयता विघातक समझते हुए भी सवर्ण हिंदू नेता इसका विध्वंस सहन नहीं कर पाते। धनी और निर्धन की विषमता मिटा कर सापेक्षिक

समता लाने का राग अलापनेवाला सोशलिस्ट हिंदू भी वहाँ चातुर्वणी मर्यादा की रक्षा के लिए एड़ी-चोटी का जोर लगाता देखा जाता है। सवर्ण हिंदू को मानो जन्म में ऊँचाई का पट्टा मिला हुआ है, जिसके भोग में वह ऐसा प्रसक्त है कि वह शूद्रों के अभाव-ग्रसित कष्टमय जीवन का अनुभव ही नहीं कर सकता। एक अहीर या चमार-मजदूर ब्राह्मण-मजूदर के शाप से डर कर उसका पूजन करता एवं उसकी गाली, डींगें और बदतमीजी बरदाश्त करता है। ब्राह्मण और भंगी के बीच परंपरागत धार्मिक कुसंस्कारों के कारण कल्पित उच्चता और पवित्रता की दीवार खड़ी है। खेद है, भारत में आज तक जितने सुधारक हुए, वे सब भी सवर्ण हिंदुओं में ही पैदा हुए। यही कारण है कि वर्ण व्यवस्था द्वारा होनेवाली घोर हानि की वे अनुभूति नहीं कर सके।

वर्ण व्यवस्था और जाति भेद वस्तुतः श्रम का नहीं, श्रमिकों का विभाजन है। यही कारण है कि यहाँ नीचे गिराई गई जाति का मनुष्य ऊपरवाली जाति का पेशा नहीं कर सकता । यहाँ भंगी हलवाई का काम नहीं कर सकता, परचूनी नहीं कर सकता, चाय और पान की दुकान नहीं रख सकता। पुरोहित नहीं बन सकता। ऐसा कोई सामाजिक कार्य नहीं, जिसमें भंगी से ब्राह्मण तक समान भाव से लग सकें। हिंदुओं को एकता या एक-राष्ट्रीयता के सूत्र में बाँधनेवाली एक भी बात नहीं, सब अपने को अलग-अलग अनुभव करते हैं। हिंदू का जन्म से मरण पर्यंत सारा जीवन अपने वर्ण और जाति की तंग चहारदीवारी के भीतर ही सीमित रहता है। एक जाति और एक वर्ण का मुनष्य दूसरी जाति और दूसरे वर्ण से घृणा और द्वेष रखता है। यहाँ तक कि लोगों ने एक-दूसरे की जाति के विरुद्ध निंदा और घृणापूर्ण कहावतें बना रखी हैं। जैसे कि—

बनिया, बंदर, अग्नि, जल, कुटी, कटक, कलार।
ये दशों अपने नहीं, सूची सुधा सुनार।
बनिया किसका यार, उसको दुश्मन क्या दरकार।
अहिर मिताई तब करै जब सबै मीत मर जाएँ।

पसिया मीत बबुर की छाहीं, छिन माँ आपन छिन माँ नाहीं।
जहाँ चार अहिर तहाँ बात गहिर, जहाँ चार कोरी तहाँ बात मोरी।
जाट मरा तब जानिए जब तेरहवीं होय।
यह कायथ की खोपड़ी मरे पै धोखा देय।

करिया बाम्हन गोर चमार, इनके साथ न उतरे पार।

ठाकुर मानें कहे-सुने ते, बाम्हन मानै खाये।
कागज मानैं लिहे-दिहे ते, सूद जाति लतियाये।

बाम्हन कुत्ता हाथी, नहीं किसी के साथी।

खत्री-पुत्रं कभी न मित्रं, जब मित्रं तब दगिमदगा।

गगरी दाना, सूद बताना।

ढोल, गँवार, सूद्र, पशु, नारी, ये सब ताड़न के अधिकारी।

इस दुनिया में तीन कसाई, खटमल पिस्सू, बाम्हन भाई।

जे वर्णाधम तेलि कुम्हारा, स्वपच किरात कोल कलवारा।

अंग्रेजों के पूर्वज भी 'वार ऑफ रोजेज' और क्रामवेल के युद्ध में एक-दूसरे के विरुद्ध लड़े थे, परंतु उनके वंशजों में अब किसी प्रकार का वैर भाव नहीं है। इसके विरुद्ध भारत का ब्राह्मणेतर आज भी ब्राह्मणों को किसी प्रकार क्षमा करने को तैयार नहीं, क्योंकि उनके पूर्वजों ने शिवाजी का अपमान किया था—तेली, कुम्हार, कलवार, कायस्थ और अहीर को वर्णाधम, शूद्र और अघरूप लिखा। इस अनुलोम-प्रतिलोम वर्ण भेद और जाति भेद ने हिंदू समाज को पारस्परिक कलह, घृणा और भिन्नता के भावों से ऐसा जर्जरित बना रखा है कि हिंदू एक जाति या एक राष्ट्र के रूप में संगठित नहीं हो सकते।

आर्य समाज की वर्ण व्यवस्था

आर्य समाज ने वर्ण व्यवस्था को आकर्षक बनाने के लिए यह दावा पेश किया कि वर्ण जन्म से नहीं, गुण-कर्म-स्वभाव से होता है। वह यह भी कहता है कि भारत की चार हजार जातियों और उपजातियों को गला कर चार वर्णों में ढाल देना चाहिए। ये दोनों बातें सम्भव नहीं हैं। पहली यह है कि यदि व्यक्ति को गुणों के अनुसार समाज में आदर मिलता है, तो फिर चार वर्णों का आग्रह कैसा ? ब्राह्मण-क्षत्रिय-वैश्य-शूद्र नाम के गंदे लेबलों की आवश्यकता क्यों ? वर्णों का लेबुल न लगाने से क्या समाज में सम्मान नहीं मिल सकता ? दूसरा यह कि गुण क्या चार ही हैं ? यदि चार ही हैं, तो यदि एक ही व्यक्ति में ब्राह्मण-क्षत्रिय-वैश्य-शूद्र चारों के गुणों का विकास हो, तो वह किस वर्ण में रहेगा ? फिर, ऊँचे वर्ण में जनमे व्यक्ति को क्या गुण-कर्म के अनुसार नीचे वर्ण में जनमे व्यक्ति को गुण-कर्म के अनुसार ऊँचे वर्ण का माना जाने के लिए क्या समाज को मजबूर किया जा सकेगा ? अतः चार हजार जातियों को चार वर्णों में ढालना असंभव-सा है। फिर गुणों के अनुसार चार वर्णों का विभाग करने के लिए क्या म्युनिसिपैलिटी और काउंसिलों के इलेक्शन की तरह वर्णों का इलेक्शन हुआ करेगा अथवा परीक्षाएँ ले

कर यूनिवर्सिटी से वर्णों का सर्टीफिकेट बँटा करेगा ?

इसके सिवाय समाज में आधी आबादी स्त्रियों की है। क्या आज भी समस्त नारी जाति को 'शूद्रा' बना कर रखा जा सकता है ? यदि नहीं, तो क्या चातुर्वर्ण के अनुसार कुछ स्त्रियाँ पुरोहित बनेंगी, कुछ सिपाही का काम करेंगी और कुछ सेठ बन कर व्यापारी का काम करेंगी ? इतिहास-प्रसिद्ध प्लेटो ने भी गुणों के अनुसार विचारक, शूर और वणिक व श्रमिक—तीन श्रेणियों में समाज को बाँटने की व्यवस्था की थी, किंतु उसकी व्याख्या भंग हो गई। यह सिद्ध हो गया कि किन्हीं दो मनुष्यों को भी सदा एक श्रेणी में नहीं रखा जा सकता, क्योंकि गुण और स्वभाव परिवर्तनशील होते हैं। अतएव आर्य समाजी कल्पना से उद्भूत गुणों के अनुसार चातुर्वर्ण व्यवस्था हानिकर और अस्वाभाविक ही नहीं, वरन मूर्खतापूर्ण और असम्भव भी है।

वस्तुतः चातुर्वर्णी व्यवस्था चाहे गुण-कर्म के अनुसार हो, चाहे जन्म के आधार पर, दोनों रूपों में अस्वाभाविक है। स्वतंत्र मानव समाज को चार वर्णों में केवल कठोर कानून और राज-दंड के भय से ही ठूँसा जा सकता है, जैसा कि चातुर्वर्ण के रक्षक राम ने शूद्र हो कर तप करने के कारण शंबूक का शिरच्छेदन कर दिया। आज बीसवीं शताब्दी के स्वछन्द मानव समाज को मनुस्मृति की अंधकारयुगीन दण्डनाओं से अनुशासित नहीं किया जा सकता।

वर्ण व्यवस्था असाध्य और हानिकारक

चातुर्वर्ण व्यवस्था मानव समाज के लिए असाध्य ही नहीं, हानिकर भी है। इसका अर्थ है, कुछ इने-गिने मनुष्यों के भोगैश्वर्य के लिए बहुजन समाज को कंगाल बना दिया जाए एवं थोड़े-से लागों के प्रभुत्व के लिए बहुत-से लोगों को सर्वहारा बना दिया जाए। थोड़े-से लोगों के जीवन के विकास और प्रकाश के लिए बहुत-से लोगों को प्रवंचित, निःसत्व और अंधकारमय बना दिया जाए। भारत में यही हुआ। इस राक्षसी व्यवस्था ने यहाँ के बहुसंख्यक लोगों को निर्जीव और पंगु बना दिया। यही कारण है कि दूसरे समुन्नत देशों की तरह यहाँ कभी सामाजिक क्रांति नहीं हुई। यहाँ का खेतिहर हल के सिवाय तलवार नहीं चला सकता था। जनता के पास संगीनें न थीं। क्रांति के द्वारा दासता से मुक्त होने का कोई साधन न था। उसे समझाया गया था कि परमेश्वर ने ही तुम्हारे भाग्य में दासता लिखी है। इसके फलस्वरूप शूद्र बनाई गई जनता घोर दासता का दुःख भोगती थी। भारतीय इतिहास में केवल मौर्य सम्राज्य का काल ही वह काल था, जब चातुर्वर्ण विध्वंस हो गया था, शूद्र और दास होश में आ गए थे और देश के शासक बन गए थे।

महाभारत और पुराण ब्राह्मण-क्षत्रियों के संघष से पूर्ण हैं। कभी ब्राह्मण क्षत्रियों का विनाश करते पाए जाते हैं और कभी क्षत्रिय ब्राह्मणों का। यदि क्षत्रिय और

ब्राह्मण गली में मिल जाएँ तो कौन किसको पहले प्रणाम करे या रास्ता छोड़ दे, ऐसी छोटी बातों पर भी लड़ पड़ते थे। क्षत्रिय और ब्राह्मण एक-दूसरे की आँख के काँटा थे। भागवत में स्पष्ट लिखा है कि कृष्ण का अवतार क्षत्रियों का विनाश करने के लिए हुआ था और ब्रह्म-हत्या निवारण के लिए ही राम को अश्वमेध यज्ञ करना पड़ा था। इन सब बातों से सिद्ध हो जाता है कि चातुर्वर्ण व्यवस्था आदर्श रूप में कभी सफल नहीं हुई।

जो लोग कहते हैं कि वर्ण भेद केवल श्रम विभाग का दूसरा नाम है और प्रत्येक सभ्य समाज के लिए श्रम विभाग आवश्यक है, वे इसकी गहराई को नहीं देखते। भारतीय वर्ण भेद केवल श्रम विभाग नहीं, वरन श्रमिकों का विभाग है तथा श्रमिकों को एक-दूसरे के ऊपर श्रेणीबद्ध करके रखा गया है। बेचारे श्रमिकों को स्वयं अच्छा व्यवसाय चुनने की छूट नहीं है। ऐसा किसी भी सभ्य समाज में नहीं है।

स्वेच्छा से व्यवसाय न चुन सकने का परिणाम यह होता है कि लोगों को अपने पैतृक कामों से अरुचि उत्पन्न हो जाती है। इस अरुचि का कारण व्यवसायों पर लगा हुआ कलंक तथा इसे करनेवालों के प्रति ऊँच-नीच की सामाजिक भावनाएँ होती हैं। इस सबका परिणाम यह होता है कि उस व्यवसाय की उन्नति नहीं होती।

वर्ण भेद और प्रजनन विज्ञान

वर्ण भेद के हिमायती कुछ लोग इसे रक्त की पवित्रता और वंश की विशुद्धि कायम रखने का साधन कहते हैं; किंतु डॉ. भंडारकर ने अपनी प्रसिद्ध पुस्तक 'फॉरेन एलिमेन्ट्स इन द हिंदू पॉपुलेशन' (हिंदू लोगों में विदेशी तत्त्व) पुस्तक में तर्क और प्रमाणों ने सिद्ध कर दिया है कि भारत में ऐसी कोई श्रेणी नहीं जिसमें विजातीय अंश न हो। लड़ाकू राजपूत और मराठों में ही नहीं, ब्राह्मणों में भी शुद्ध रक्त नहीं है। वर्ण भेद वस्तुतः विभिन्न जातियों के रक्त और संस्कृति-सम्मिश्रण के बहुत पीछे बना। पंजाब और मद्रास के ब्राह्मणों अथवा बंगाल और मद्रास के अस्पृश्यों में ही एक वंश या एक ही रक्त नहीं है। वस्तुतः पंजाब के ब्राह्मण और पंजाब के चमार एवं मद्रास के ब्राह्मण और मद्रास के चमार में रक्त और वंश की एकता है। यदि विभिन्न वर्णों के लोगों में वर्णांतर विवाह होने दिया जाए, तो इससे हानि की अपेक्षा लाभ ही अधिक होगा। हाँ, पशु और मनुष्य में भेद अवश्य है। मनुष्य-मनुष्य में भेद नहीं है, क्योंकि विभिन्न वर्णों के विवाहों से संतान पैदा होती है, स्त्रियाँ बाँझ नहीं हो जातीं। थोड़ी देर के लिए यदि मान लिया जाए कि रक्त सम्मिश्रण की रुकावट सुप्रजनन या रक्त शुद्धि की दृष्टि से है, तो विभिन्न वर्णों के पारस्परिक सहयोग की रुकावट का उद्देश्य क्यां है ?

वर्ण भेद यदि सुप्रजनन शास्त्र के मौलिक सिद्धांतों के अनुसार होता, तो

इस पर अधिक आपत्तियाँ न होतीं, क्योंकि तब उसका उद्देश्य उत्तम संतान उत्पन्न कर नस्ल का सुधार करना होता। परंतु ऐसा पाया नहीं जाता। वृक्ष अपने फल से पहचाना जाता है। वर्ण भेद ने तो ऐसी नस्ल पैदा की जिसका न लंबा कद है, न बलिष्ठ शरीर। शारीरिक दृष्टि से हिंदू ठिगने और बौने लोगों की जाति है। एक ऐसी नस्ल, जिसका दसवाँ भाग सैनिक सेवा के अयोग्य है। ऐसी दशा में यह स्वीकार नहीं किया जा सकता कि वर्ण व्यवस्था का आधार वैज्ञानिक सुप्रजनन शास्त्र है। यह तो एक ऐसी सामाजिक पद्धति है जिसमें इसके व्यवस्थापकों का घमंड और स्वार्थ भरा है। इन्हें ऐसी शक्ति प्राप्त हो गई थी, जिससे ये ऐसा गर्हित व्यवस्था अपने से छोटों पर लाद सकें। इसने हिंदुओं को पूर्णतः असंगठित और नीति-भ्रष्ट बना दिया है।

हिंदू समाज एक काल्पनिक वस्तु

'हिंदू समाज' एक काल्पनिक वस्तु है। 'हिंदू' नाम भी एक विदेशी नाम है। यहाँ के निवासियों को अपने से अलग पहचानने के लिए मुसलमानों ने यह नामकरण किया था। मुस्लिम आक्रमण के पूर्व के किसी भी संस्कृत ग्रंथ में 'हिंदू' शब्द नहीं मिलता। शायद उस समय सत्ताधारियों को ऐसे किसी नाम की आवश्यकता की अनुभूति ही न होती थी, क्योंकि उन्हें इस बात की कल्पना ही न थी कि हम सब यहाँ के निवासी एक जाति, एक समाज या एक बिरादरी हैं। वस्तुतः भाईचारे के रूप में 'हिंदू समाज' का कोई अस्तित्व नहीं है—यह केवल वर्णों और उपवर्णों का संग्रह मात्र है। प्रत्येक वर्ण और उपवर्ण केवल अपने ही अस्तित्व का अनुभव करता है और उसे बनाए रखने के लिए वह प्रयत्नशील भी रहता है।

विभिन्न वर्ण-उपवर्ण या जाति-पाँति कोई संघ भी नहीं बनते, क्योंकि एक वर्ण कभी यह अनुभव नहीं करता कि वह दूसरे वर्णों के साथ संबद्ध है, सिवाय उस समय के जबकि हिंदू-मुस्लिम फसाद हो रहा हो। प्रत्येक वर्ण अपने ही भीतर खान-पान और ब्याह-शादी करता है और अपनी पृथकता का प्रकाश करने के लिए अपनी रस्मों और पहनावे में भी मित्रता रखता है। वस्तुतः आदर्श हिंदू वही है जो चूहे की तरह अपने ही बिल में घुसा रहता है। यही कारण है कि यहाँ 'सामूहिक जाति चेतना' नहीं है। अतएव हिंदू एक समाज या एक राष्ट्र नहीं कहला सकते।

हिंदू एक आकारहीन ढेर है, इस बात को कुछ देशभक्त मानना नहीं चाहते। वे कहते हैं, इस बाहर से दिखाई देनेवाली भिन्नता के नीचे कोई मौलिक एकता है। वह मौलिक एकता क्या है ? इसे लादी गई चीज के सिवाय कोई बता नहीं पाता। किसी संस्कृति के प्रसारक यदि सारे देश में फैल गए हों, तो उस प्रसारित संस्कृति से देश एक समाज नहीं बन सकता, जब तक कोई ऐसी चीज न हो, जिसमें सबका साझेदारी का अधिकार हो। देश में आदिम जातियों का एक समाज

अवश्य था, क्योंकि विविध आदिम जातियों के स्वभावों, रीतियों, विश्वासों और विचारों में एकसदृश्यता और मौलिक एकता पाई जाती है। जब तक किसी कार्य में लोग साझीदार नहीं बन जाते और उस काम की सफलता या विफलता को अपनी निजी सफलता या विफलता नहीं समझते, तब तक लोग एक समाज नहीं हो सकते। वर्ण भेद इस साझेदारी को रोकता है, इसी कारण देश कभी एकीभूत जीवनवाला राष्ट्र नहीं बन सका।

आदिवासी और जाति भेद

देश में आदिवासियों की एक खासी संख्या है, जो मानव समाज से अलग असभ्य जंगली हालत में पाए जाते हैं। इनमें कुछ ऐसे भी हैं जो विवश हो 'जरायमपेशा' हो गए हैं। हिंदू डींगे मारते हैं कि उनके वेद में सारे विश्व को 'आर्य' बनाने का आदेश है, तो फिर अपने ही देश में रहनेवाले इन आदिवासियों को उन्होंने अब तक सभ्य आर्य क्यों नहीं बनाया ? क्या यह शर्म की बात नहीं है ?

हिंदुओं ने इन आदिवासी मानवों को सभ्य बनाने का प्रयत्न क्यों नहीं किया, इसका सही उत्तर यह है कि हिंदू वर्ण और जाति के अहंकार से ग्रसित हैं, इसलिए वह इनसे संपर्क स्थापित नहीं कर सकता। इन्हें सभ्य बनाने में उसे इनके बीच बसना, इनसे प्रेम व सहानुभूति पैदा करना एवं इन्हें अपनाना पड़ता। यह सब उनके लिए संभव न था, क्योंकि ऐसा करने में हिंदू में वर्ण और जाति की पवित्रता नष्ट हो जाती। इसलिए वह इनसे दूर रहा। हिंदुओं को यह कल्पना नहीं हुई कि यदि अहिंदुओं ने इन जातियों को सुधार कर इन्हें अपने धर्म का साझीदार बना लिया, तो ये बहुसंख्यक आदिवासी उनके शत्रुओं की संख्या बढ़ा देंगे और तब हिंदुओं को अपने जाति भेद और वर्ण भेद को ही धन्यवाद देना पड़ेगा।

केवल यही नहीं कि हिंदुओं ने इन जंगलियों को सभ्य बनाने का यत्न नहीं किया, ऊँचे वर्णवाले हिंदुओं ने अपने से नीचे वर्णवालों के सांस्कृतिक विकास को रोका है। महाराष्ट्र के सुनारों और पठारे प्रभुओं के साथ बलपूर्वक ऐसा किया गया। बेचारे सुनारों को शौक हुआ कि वे भी ब्राह्मणों की तरह चुनी धोती और त्रिपुंड धारण कर परस्पर 'नमस्कार' किया करें, तो उन्हें पेशवाओं ने दबाव डाल कर ऐसा करने से रोक दिया और पठारे प्रभु जब ब्राह्मणों की नकल कर विधवाओं को बिठलाने लगे (क्योंकि विधवा विवाह अनार्य प्रथा है, आर्य हिंदुओं में विधवा विवाह नहीं होता), तो उनको कानूनन रोका गया।

हिंदू लोग मुसलमानों और ईसाइयों की हमेशा निंदा किया करते हैं, किंतु ये दोनों धर्म मानवता के अधिक निकट पाए जाते हैं। ये गिरे हुओं को उठाते और ज्ञान का प्रकाश फैला कर लोगों की उन्नति का मार्ग खोलते हैं, जबकि हिंदुओं का जातीय राग-द्वेष दुर्बलों को सदा अज्ञानांधकार में रख कर उन्हें दासता का सबक

सिखाने और उन्हें दलित व पीड़ित, प्रवंचित व शोषित करने में ही अपना परम पुरुषार्थ समझता है।

शुद्धि और संगठन

ईसाई मिशनरियों की देखा-देखी हिंदुओं में भी विधर्मियों की शुद्धि करके संख्या बढ़ाने का शौक पैदा हुआ। उन्होंने यह नहीं सोचा कि हिंदू धर्म मिशनरी (प्रचारक) धर्म नहीं है, अतः शुद्धि आंदोलन एक मूर्खता और व्यर्थ चेष्टा सिद्ध होगा।

वस्तुतः हिंदू समाज वर्णों और उपवर्णों (जातियों) का संग्रह मात्र होने से प्रत्येक वर्ण एक ऐसा संगठित संघ है, जिसमें बाहर से भीतर आने का द्वार बन्द है। हिंदू संस्कृति के अनुसार किसी जाति विशेष में जन्म लेनेवाला ही उस जाति का सदस्य माना जा सकता है। किंतु जब कोई व्यक्ति किसी दूसरे धर्म में जाता है, तो उसके सामने केवल सिद्धान्तों और दर्शनों को ही दिमाग में ठूँस लेने का प्रश्न नहीं होता, वह यह भी देखता है कि उस समाज में प्रवेश करने पर उसका स्थान क्या होगा, वह कहाँ रखा जाएगा, किस बिरादरी में उसे जगह मिलेगी, किन लोगों में उसके बच्चों के ब्याह होंगे इत्यादि। हिंदुओं का जाति भेद इन प्रश्नों का उत्तर देने में विमूढ़ है।

जिन कारणों से शुद्धि संभव नहीं है, प्रायः उन्हीं कारणों से संगठन भी असंभव है। जातिवाद होने से हिंदू शारीरिक शक्ति रखते हुए भी भीरु, कायर, दब्बू और अकेला है। उसे विश्वास नहीं है कि संकट पड़ने पर दूसरी जाति का हिंदू उसकी सहायता करेगा। मुसलमानों और सिखों की तरह वह किसी संकटग्रस्त को अपने घर में छिपा कर रोटी नहीं खिला सकता, न विभिन्न जातियों के हिंदू एक परिवार की तरह संगठित होकर एक घर में रह सकते हैं। यही कारण है कि जब एक हिंदू पिटता या लुटता है, तो दूसरा उसे बचाने के लिए अपनी जान जोखिम में डालने की हिम्मत नहीं करता। किसी हिंदू लड़की का अपहरण हो जाने पर हिंदू उसे वापस लाने में इसलिए उदासीन रहता है कि उसकी शादी कहाँ करेगा ? बिरादरी में तो उसे कोई अच्छा घर-वर मिलेगा नहीं।

वर्ण भेद और जाति भेद से ग्रस्त होने के कारण हिंदू समझता है कि भाग्य ने उसे अकेला पैदा किया है। हिंदू के रहन-सहन, खान-पान और पूजा-उपासना में कोई ऐसी बात नहीं है, जो उसे मुसलमानों और सिखों की तरह एकनिष्ठ करके परस्पर सहानुभूति उत्पन्न करे, न ऐसा कोई सामाजिक बंधन है जिससे एक हिंदू दूसरे हिंदू को अपना भाई समझे। इसीलिए हिंदू संगठित भी नहीं हो पाता।

जाति भेद और सदाचार

वर्णवाद और जातिवाद ने इस देश में मानवी सदाचार का भी संहार कर दिया है,

जो अत्यंत खेदजनक है। मानवीय सदाचार का अर्थ है सार्वजनिक सद्‌गुण और सार्वजनिक सदाचार। मनुष्यों के केवल दो विभाग किए जा सकते हैं : अच्छे और बुरे, ज्ञानी और अज्ञानी, धर्मात्मा और धर्महीन, विद्वान और मूर्ख। किंतु वर्ण और जाति की भावना ने हिंदुओं की दृष्टि को ऐसा संकुचित बना दिया है कि अन्य मनुष्य कितना ही सद्‌गुणी और सदाचारी क्यों न हो, यदि वह किसी वर्ण-विशेष या जाति-विशेष का व्यक्ति नहीं है, तो उसकी कोई सुनेगा ही नहीं। एक ब्राह्मण किसी अब्राह्मण को अपना नेता और गुरु नहीं मानेगा। इसी तरह कायस्थ कायस्थ को और बनिया बनिए को ही अपना नेता मानेगा। वर्ण और जाति का विचार छोड़ कर मनुष्यों के सद्‌गुणों की कद्र वह तभी करेगा, जब वह व्यक्ति उसका जाति-भाई हो। वहाँ मानवीय सदाचार 'कबायली सदाचार' बन गया है। सद्‌गुण और सदाचार की प्रधानता नहीं है, वर्ण और जाति की प्रधानता है। (महात्मा गांधी भी तभी तक 'राष्ट्रपिता' रहे थे, जब तक आजादी नहीं मिली थी। आजादी मिल जाने पर उनकी नहीं चली, और अंत में वह एक ब्राह्मण की गोली का निशाना बन गए !)

मेरा आदर्श समाज

आप पूछ सकते हैं, यदि आप वर्ण और जाति नहीं चाहते, तो आपका आदर्श समाज क्या है ? मैं कहूँगा, एक ऐसा समाज, जिसमें न्याय, बन्धुता, समता और स्वतंत्रता हो। मैं समझता हूँ, किसी भी विचारवान को इससे इन्कार न होना चाहिए। बन्धुता का अर्थ यह है कि देश में उत्पन्न सभी व्यक्ति परस्पर भाई-भाई हैं और सभी का पिता की संपत्ति की भाँति देश की संपत्ति पर समान अधिकार है। जीवन के लिए आवश्यक भोजन, वसन, औषधि और शिक्षा के लिए सभी बराबर के हकदार हैं। इसी का नाम बन्धुता या भाईचारा है। इसका दूसरा नाम है जनतंत्र या लोकतंत्र।

'समता' शब्द पर फ्रांसीसी राज्य क्रांति के समय बहुत विवाद हुआ, क्योंकि सब मनुष्य समान नहीं होते। कोई प्रतिभाशाली है। कोई जड़-बुद्धि; कोई कलाकार है, कोई लंठ, कोई बलिष्ठ है, कोई दुर्बल, कोई वीर है, कोई भीरु, कोई पुरुषार्थी है कोई आलसी, कोई कर्मिष्ठ है और कोई आरामतलब ,कोई सर्वांग-सुन्दर है और कोई कुरूप इत्यादि। प्राकृतिक असमानता के कारण व्यवहार में भी असमानता न्यायसंगत है। किंतु प्रत्येक व्यक्ति को, उसके अन्दर निहित शक्ति के पूर्ण विकास में, समान भाव से प्रोत्साहन और सुविधा मिलना आवश्यक है। इसमें जाति, वंश, खानदान, पारिवारिक ख्याति, सामाजिक संबंध इत्यादि बातें बाधक नहीं होनी चाहिए। जनतंत्र में वोट सबके समान होते हैं, वोटों का वर्गीकरण नहीं होता। अतः सबके उन्नति के अधिकार और व्यवहार में भी समता होना अनिवार्यतः आवश्यक है।

स्वतंत्रता समय की माँग और युग-धर्म हैं। जैसे उठने-बैठने, चलने-फिरने, हिलने-डुलने, सोने-जागने की स्वतंत्रता सभी को प्राप्त है, उसी तरह प्रत्येक व्यक्ति को अपनी इच्छानुसार व्यवसाय चुनने और आचरण करने की स्वतंत्रता होनी चाहिए। दूसरों की इच्छानुसार जीविका अर्जन करने और अपने जीवन का कर्तव्य स्थिर करने की विवशता होना तो दासता है। वर्ण विधान अर्थात कल्पित वर्णों के अनुसार कर्मों की व्यवस्था तो एक वैधानिक 'दास प्रथा' मात्र है। खान-पान, रहन-सहन, धर्माचरण, चिंतन-भाषण, लेखन-मुद्रण इत्यादि की स्वतंत्रता सभी को होनी चाहिए।

इस प्रकार न्याय, बन्धुता, समता और स्वतंत्रता से युक्त समाज ही मेरा आदर्श समाज है।

अहिंदुओं की जात-पाँत

जाति भेद की बात चलने पर कुछ लोग सिखों, मुसलमानों और ईसाइयों के अन्दर जात पाँत का नाम ले कर संतोष की साँस लेते हैं। इन लोगों से मेरा निवेदन है कि अहिंदुओं की जात पाँत में हिंदुओं की जाति-पाँति से मौलिक भिन्नता है। हिंदुओं में कोई ऐसी संयोजन शक्ति नहीं है जो वर्ण भेद से उत्पन्न होनेवाली भिन्नता का इलाज हो, जबकि अहिंदुओं में सबको एकत्र रखनेवाले अनेक बंधन हैं एवं जातियों का उनके यहाँ कोई महत्व नहीं है। आपके यह पूछने पर कि तुम कौन हो, जब कोई अहिंदू कहता है कि वह मुसलमान या ईसाई है, तो आप उसके उत्तर से संतुष्ट हो जाते हैं, उससे यह नहीं पूछते कि मुसलमानों में तुम शेख, सैयद, जुलाहा– कौन हो ? परंतु जब कोई मनुष्य कहता है कि वह हिंदू है, तो इतने से आपको संतोष नहीं होता और आपको उसकी जाति पूछने की आवश्यकता रहती है, क्योंकि हिंदू होने की दशा में जाति इतनी आवश्यक है कि उसके जाने बिना आप यह स्थिर नहीं कर सकते कि आपको उसके साथ किस तरह बरतना चाहिए।

दूसरी बात यह कि मुसलमानों, सिखों और ईसाइयों में जात-पाँत का कोई सामाजिक महत्त्व न होने के कारण वे जाति तोड़नेवाले का बहिष्कार नहीं करते; परंतु हिंदू अपनी जाति तोड़ने पर बहिष्कृत हो जाता है। इससे हिंदुओं और अहिंदुओं की जात-पाँत के महत्त्व का अंतर साफ समझ में आ जाता है।

तीसरी बात यह है कि हिंदुओं का जाति भेद उनके धर्म का अंग है। व्यास आसन पर बैठ कर कथा केवल ब्राह्मण ही बाँच सकता है, कायस्थ या कलवार नहीं बाँच सकता, चाहे कितना ही विद्वान क्यों न हो। अहिंदुओं की जातियाँ उनके धर्म का अंग नहीं। धर्म हिंदुओं को बाध्य करता है कि वे जातियों की पृथकता को सद्‌गुण और सदाचार समझें। अहिंदुओं को ऐसा समझने के लिए धर्म बाध्य नहीं करता। हिंदू यदि अपनी जाति को तोड़ना चाहे, तो धर्म रास्ते में खड़ा हो जाता है, अहिंदुओं में धर्म बाधक नहीं। अतएव अहिंदुओं में जात-पाँत देख कर

हिंदुओं को संतोष की साँस नहीं लेनी चाहिए।

कुछ लोग ऐसे भी हैं जो मानते ही नहीं कि वर्ण भेद से हिंदुओं की हानि हुई। ये लोग केवल इस बात से सांत्वना पा रहे हैं कि हिंदू अभी तक जीवित हैं, मिट नहीं गए। डॉ. राधाकृष्णन ने भी अपनी पुस्तक 'हिंदू व्यू ऑफ लाइफ' में इसी मत का समर्थन किया है। किंतु मेरा निवेदन है, क्या अब तक जीता रहना भविष्य में भी जीवित रहने का प्रमाण है ? प्रश्न यह है कि आप किस अवस्था में जीते हैं ? केवल जीने और उपयुक्त रीति से जीने में बड़ा अन्तर है। समाज में लड़ कर विजय-कीर्ति के साथ जीना एक प्रकार का जीना है और रण में पीठ दिखा कर अधीनता स्वीकार कर जीना दूसरे प्रकार का जीना है। इतिहास साक्षी है कि हिंदू जीवन निरंतर पराजय का जीवन रहा है। यह बच कर जीवित रहना तो ऐसा तरीका है, जिसके लिए प्रत्येक विचारमान हिंदू को, जो सत्य को स्वीकार करने से नहीं डरता, लज्जा और शर्म का अनुभव करना चाहिए।

जाति भेद मिट कैसे सकता है

अब प्रश्न यह है कि जाति भेद या वर्ण भेद कैसे मिट सकता है ? हिंदुओं की सामाजिक व्यवस्था दूषित है, उसका सुधार आवश्यक है। कुछ सुधारकों का मत है कि उपजातियों को, जो हजारों की संख्या में हैं, घटा कर चार वर्णों में कर देना चाहिए। इनका खयाल है कि जिन उपजातियों में रस्म-रिवाज जिस वर्ण या प्रमुख जाति से मिलते हों, उसको उसमें मिला देना आसान तरीका है। मेरी समझ में यह कल्पना ही गलत है, क्योंकि पहले तो प्रमुख वर्णों में ही सदृशता नहीं है। जैसे कि उत्तरी और मध्य भारत के ब्राह्मण अधिकतर 'रसोइए' और 'पानी पांडे' तथा कश्मीर और बंगाल के ब्राह्मण प्रायः मांसाहारी हैं, इनकी अपेक्षा बंबई और मद्रास के ब्राह्मणों का खान-पान और सामाजिक स्थिति बहुत ऊँची है। इनका यह भेद कैसे मिटेगा ? इसी तरह उत्तर भारत, बिहार और बंगाल के कायस्थ योग्यता में दक्षिण भारत के ब्राह्मणों के समकक्ष हैं तथा निरामिषता की दृष्टि से गुजराती, मारवाड़ी और जैनी दक्षिणी ब्राह्मणों के समतुल्य हैं। ऐसी दशा में किसको किस वर्ण में ठूंसा जाएगा ? फिर, आधुनिक समाज के इंजीनियर, डॉक्टर, प्रोफेसर, लेक्चरर, शायर, एडिटर, लेखक, कलाकार, टेकनीशियन, वैज्ञानिक इत्यादि—जिनमें सभी उपजातियों के लोग हैं—इन सबको किस वर्ण में घुसेड़ा जाएगा ? क्षण भर के लिए मान भी लिया जाए कि हजारों उपजातियाँ चार वर्णों में ठूँस दी गईं, तब भी चार का जाति भेद बना रहा और यह प्रमुख जाति भेद प्रबल होकर क्या और अधिक अनिष्टकारी न हो पाएगा ? फिर, उपजातियों के टूटने के साथ ही क्या इनके द्वारा होनेवाले सामाजिक काम बन्द हो जाएँगे ? इसीलिए यह खयाल गलत ही नहीं, अनिष्टकारी और असंभव भी है।

कुछ लोगों का मत है कि अन्तरजातीय सहभोज होने चाहिए। इससे जाति भेद मिटेगा। मेरे विचार में यह उपाय भी अपर्याप्त है, क्योंकि सहभोज अर्से से हो रहे हैं। इसका जाति भेद मिटने पर कोई असर नहीं हुआ।

मेरे विचार में जाति भेद मिटाने का वास्तविक उपाय अन्तरज़ातीय और अंतर-वर्णीय विवाह हो सकते हैं। केवल रक्त-मिश्रण ही स्वजन, आत्मीय और मित्र होने का भाव पैदा कर सकता है। जब तक यह आत्मीयता, बन्धुता और मित्रता का भाव प्रधान नहीं होता, जब तक जाति भेद द्वारा उत्पन्न किया हुआ मित्रता का दुर्भाव दूर नहीं होगा। जाति भेद मिटा कर हिंदुओं के सामाजिक जीवन को तेजस्वी बनाने का यही एक सही उपाय है।

इस दृष्टि से लाहौर के जात-पाँत तोड़क मंडल का कार्य सराहनीय है। यह सही और सीधा रास्ता है। जाति भेद के रोग का सही निदान ढूँढ़ लेने के लिए मंडल धन्यवाद का पात्र है। परंतु क्या कारण है कि हिंदुओं की बड़ी संख्या इस आंदोलन के साथ सहयोग नहीं कर रही है ?

हिंदू इसलिए जाति भेद तोड़ना नहीं चाहता, क्योंकि उसे अपना धर्म प्राणों से भी अधिक प्यारा है। वस्तुतः जाति भेद बनाए रखने में लोगों की उतनी अधिक भूल नहीं है, जितनी हिंदू धर्मशास्त्रों की। हिंदू धर्मशास्त्र जाति भेद का समर्थन करते हैं, वर्ण संकरता को पितरों को नरक में ढकेलने वाली कुल-घातिनी कहते हैं। अतएव यह कहना गलत नहीं है कि वर्ण भेद और जाति भेद की रक्षा के लिए ही हिंदू-शास्त्रों की रचना हुई है।

जो सुधारक अस्पृश्यता मिटाने का यत्न कर रहे हैं, जिनमें महात्मा गांधी भी शामिल हैं, वे इस बात को नहीं समझ पाते कि लोगों के आचरण का मूलाधार धर्मशास्त्र हैं। जाति भेद, वर्ण भेद, अधिकार भेद, अस्पृश्यता इत्यादि बुराइयों को मिटाने का मौलिक उपाय हिंदू शास्त्रों का विरोध और उनके विरुद्ध घृणा का प्रचार करना है। व्याकरण और तर्क द्वारा शास्त्रों का अर्थ बदलना उपयुक्त नहीं। हममें यह कहने का साहस होना चाहिए कि सारी खराबी की जड़ हिंदू धर्म ग्रंथ हैं, जिन्होंने जाति भेद और वर्ण भेद की पवित्रता का प्रचार किया।

हिंदू रोम-रोम शास्त्रों से बँधा है

वर्णाश्रम हिंदू धर्म की रीढ़ होने के कारण वर्णों और जातियों के कर्मों, अधिकारों और भोगों की अलग-अलग व्यवस्था ही हिंदू शास्त्रों का उद्देश्य है तथा एक हिंदू, जिसे धार्मिक होने का अभिमान है, शास्त्रों से ऐसा बँधा है कि वह उनके विरुद्ध कुछ भी सोचने और करने को स्वतंत्र नहीं है। धर्म के जिज्ञासुओं के लिए वेद ही प्रमाण है। श्रुति वेद हैं और धर्मशास्त्र स्मृतियाँ। ये दोनों संपूर्ण अर्थों में निर्विवाद हैं और इन्हीं से धर्म का प्रकाश हुआ है। मनु का स्पष्ट आदेश है–

योऽवमन्येत ते मूले हेतुशास्त्राश्रयात् द्विजः
स साधुभिर्बहिष्कार्यो नास्तिको वेदनिंदकः।

जो द्विज (ब्राह्मण-क्षत्रिय-वैश्य) इन धर्म-मूलों का कुतर्क से अपमान करे, उसका सज्जन पुरुषों को बहिष्कार कर देना चाहिए, क्योंकि वेद निंदक नास्तिक होता है।

श्रुतिद्वैधं तु यत्र स्याप्तत्र धर्मावुभो स्मृतौ।

यदि कहीं पर दो श्रुतियों में अन्तर हो, तो दोनों को प्रमाण मान कर किसी एक का पालन करना चाहिए।

या वेदबाह्याः स्मृतयो याश्च कश्चि कुदृष्टयः।
सर्वास्ता निष्फलाः प्रेत्य तमोनिष्ठा हि तः स्मृताः।

यदि श्रुति और स्मृति में परस्पर विरोध हो, तो श्रुति को प्रमाण मानना चाहिए। यह कुतर्क न करना चाहिए कि इन दोनों में ठीक कौन है। वशिष्ठ कहते हैं–

वेदायत्वोपनिबंधृत्वत् प्रामाणगं हि मनोःस्मृतं।
मन्वर्थविपरीता तु या स्मृतिः सा न शस्यते।

यदि कहीं स्मृतियों में परस्पर विरोध हो, तो वहाँ मनुस्मति को प्रमाण मानना चाहिए। मनु के अर्थ के विरुद्ध कोई स्मृति मान्य नहीं है।

धर्म क्या है, इसके लिए मनु का स्पष्ट आदेश है–

वेदः स्मृतः सदाचारः स्वस्थ च प्रियमात्मनः
एतच्चतुर्विषं प्राहुः साक्षात् धर्मस्य लक्षणम्।

वेद, स्मृति, सदाचार तथा जिससे अपना संतोष हो, यह चार प्रकार का साक्षात धर्म का लक्षण कहा गया है।

मतलब यह है कि हिंदू धर्म का निर्णय वेद और शास्त्र में है, उसके आगे या उससे भिन्न सोचना वेद-शास्त्र का अपमान और निंदा करना है। ऐसे कुतर्की निंदक का समाज से बहिष्कार कर देना चाहिए। यदि दो श्रुतियों में कहीं पर अंतर पाया जाए, तो दोनों को ठीक मान कर किसी एक का पालन करना चाहिए और यदि श्रुति और स्मृति में अंतर हो, तो कुतर्क न कर श्रुति के आदेश को मान लेना चाहिए। बृहस्पति कहते हैं, यदि दो स्मृतियों में परस्पर विरोध हो, तो यहाँ मनु को मानना चाहिए, क्योंकि मनु के अर्थ के विरुद्ध कोई स्मृति मान्य नहीं है। यदि कोई ऐसा मसला हो, जिसके लिए श्रुति और स्मृति–दोनों में कोई स्पष्ट आदेश न मिलता हो, तो सदाचार से उसका निर्णय करना चाहिए या फिर अपने को जो प्यारा लगे या जिससे अपना संतोष हो, उसे मानना चाहिए।

श्रुति और स्मृति के आदेश तो उन ग्रंथों में मौजूद ही हैं, सदाचार किसे कहते हैं, यह समझना शेष है। सदाचार को समझने में कहीं लोग शास्त्र-मर्यादा

का उल्लंघन न कर बैठें, इसलिए मनु ने सदाचार की भी परिभाषा कर दी है—

> यस्मिन् देशे य आचारः पारंपर्यक्रमागतः
> वर्णानां किल सर्वेषां स सदाचार उच्यते।

जिस देश में (ब्राह्मण-क्षत्रिय-वैश्य-वर्णशंकर शूद्रादि) सभी वर्णों का परंपरा क्रम से जो आधार चला आ रहा है, शास्त्र उसी को सदाचार (सदा का आचार) कहते हैं।

'सदाचार' का अर्थ यह यह नहीं है कि 'अच्छा आचरण' या 'अच्छे पुरुषों का आचरण'। 'आत्मा को प्यारा' तो वही होगा, जिससे राहत और आराम मिले ! लेकिन मनु ने सदाचार उसे कहा है जो परंपरा से समर्थित है।

इन धर्मादेशों में कहीं भी हिंदू को स्वतंत्र चिंतन की गुंजाइश नहीं है। स्वतंत्र भाव से सोचने-विचारनेवाला नास्तिक और समाज-बहिष्कृत करने योग्य है। कुछ समस्याएँ ऐसी आ जाती हैं, जैसे कि रेल या जहाज की यात्रा, अनार्य देशों या विदेशों में गमन और निवास तथा शूद्र, अति-शूद्र अनार्यों के साथ सहभोज, सो शास्त्रों में इनकी 'आपद्धर्म' संज्ञा है और इनके लिए 'प्रायश्चित' का विधान है।

इस तरह शास्त्रों में रोम-रोम बँधे हुए बेचारे हिंदू को जाति भेद विनाश की हिम्मत कहाँ से हो सकती है, जब तक उसे उन शास्त्रों से ही घृणा न हो आए, जो जाति भेद के समर्थक हैं। शास्त्रों का अर्थ बदल कर जनता को धोखा देना व्यर्थ है।

जाति भेद क्यों नहीं मिट सकता

मेरी समझ में हिंदू समाज से जाति भेद मिटना इस कारण भी असम्भव है क्योंकि ब्राह्मणों ने इस आन्दोलन के विरुद्ध शत्रुता का भाव दिखाया है। ब्राह्मण राजनीति के और कुछ-कुछ आर्थिक सुधार के नेता तो बने हुए हैं, परंतु वे जाति भेद मिटाने के नाम से भी चिढ़ते हैं। यह बात नहीं कि ब्राह्मण इस बात को समझते न हों कि जाति भेद राष्ट्रीयता-विघाती एवं सारी बुराइयों की जड़ है, परंतु वे इसे मिटाना इसलिए नहीं चाहते क्योंकि इसके मिटने से उनका हजारों वर्षों से चला आ रहा सामाजिक प्रभुत्व मिट जाएगा।

आप जानते हैं, ब्राह्मण दो तरह के हैं; एक याचक जो यजमानों की पुरोहिताई, पूजा-पाठ और कर्म-कांड कराते हैं, दूसरे लौकिक जिनकी जीविका ब्राह्मणी वृत्ति से नहीं है। किंतु याजक और लोकिक दोनों एक ही शरीर की दो भुजाएँ हैं। दो में से कोई भी इस आंदोलन का अगुआ बन कर ब्राह्मण जाति की शक्ति और विशेषाधिकार को हानि पहुँचाना नहीं चाहता।

प्रोफेसर डाइसी ने अपनी पुस्तक 'इंगलिश कांस्टिट्यूशन' में इस बात का तात्त्विक विवेचन करते हुए स्पष्ट कह दिया है कि 'क्रांतिकारी मनुष्य वैसा नहीं होता जो पोप बनता है, और जो पोप बनता है, वह कभी सामाजिक क्रांति की

इच्छा नहीं करता।' ठीक यही बात ब्राह्मणों पर लागू है। जो मनुष्य ब्राह्मण के घर जन्म लेता है और जिसे ब्राह्मण होने का गर्व है, उसे सामाजिक क्रांतिकारी बनने की इच्छा नहीं हो सकती। ब्राह्मणों से सामाजिक क्रांति की आशा करना, लेजली स्टीफन के शब्दों में, उतना ही व्यर्थ है जितना ब्रिटिश पार्लियामेंट से सभी नीली आँखोंवाले बच्चों को मार डालने का कानून पास कराने की आशा करना।

आपमें से यदि कोई यह कहे कि जाति भेद मिटाने के आंदोलन में ब्राह्मण आगे आएँ, न आएँ, इसकी क्या परवाह है, तो मेरी समझ में ऐसी धारणा उस महत्त्व से आँखें बंद कर लेना है जो किसी समाज में बुद्धिजीवी श्रेणी को प्राप्त होता है। प्रत्येक देश में बौद्धिक श्रेणी ही नेतृत्व करती है, चाहे वह शासक न भी हो। साधारण जनता बुद्धिजीवी लोगों के पीछे चलती और उनका अनुकरण करती है। बुद्धिमान मनुष्य धर्मात्मा हो सकता है और दुरात्मा भी आसानी से हो सकता है। बुद्धिजीवी श्रेणी महापुरुषों के ज्ञान की प्रसारक भी हो सकती है और बड़ी आसानी से दुष्टों का दल अथवा भोगैश्वर्य में प्रसक्त व्यक्तियों से वृत्ति पानेवाले चाटुकारों का जत्था भी।

भारत में ब्राह्मण जाति ही यहाँ की बौद्धिक श्रेणी है। किंतु यहाँ की बौद्धिक श्रेणी 'ब्राह्मण जाति के हितों की रक्षा करना' अपना प्रथम कर्त्तव्य समझती है और देश के हितों की रक्षा करना अन्तिम कर्त्तव्य। ब्राह्मण जाति हिंदुओं की बौद्धिक श्रेणी ही नहीं, वरन एक ऐसी श्रेणी है जिसे शेष हिंदू सम्मान की दृष्टि से देखते हैं। हिंदू शास्त्रों का आदेश है कि 'ब्राह्मण सब वर्णों का गुरु है' (वर्णानां ब्राह्मणो गुरुः)। मनु ने तो यहाँ तक लिखा है–

अनाम्नातेषु धर्मेषु कथं स्यादिति-चेद्भवेत्
यं शिष्टा ब्राह्मणा ब्रूयुः स धर्मः स्यादशंकितः।

अर्थात् धर्म की जिन बातों का शास्त्रों में विधान नहीं है, उनके संबंध में शिष्ट ब्राह्मण जो कहें, निःसंदेह वही धर्म है।

ऐसी बौद्धिक श्रेणी, जिसकी मुट्ठी में सारा समाज है, यदि जाति विनाशी आंदोलन में सहयोग नहीं करती, तो उसकी सफलता की संभावना बहुत कम है।

हिंदुओं में जाति भेद के दो रूप हैं : एक रूप में तो वह जनता को अलग करता है और दूसरे रूप में उन सब जातियों को एक-दूसरी पर क्रमबद्ध (चढ़ा-उतार) रूप में रखता है। इस क्रमविन्यास की बाहरी पहचान उनके धार्मिक और सामाजिक अधिकार हैं। इन अधिकारों का नाम 'संस्कार' है। जिस जाति का पद जितना ऊँचा है, उसके संस्कारों की संख्या भी उतनी ही अधिक है और जिस जाति का पद जितना नीचा है, उसके संस्कारों की संख्या भी उतनी ही कम है। यही नीच-ऊँच का भाव उन्हें जाति भेद के विरुद्ध संगठित नहीं होने देता। यदि कोई जाति अपने से ऊँची जाति के साथ रोटी-बेटी का संबंध स्थापित करना चाहती है, तो धूर्त लोग

उसे यह कह कर निरस्त कर देते हैं कि तुम्हें भी अपने से छोटी जाति के साथ रोटी-बेटी का संबंध करना पड़ेगा।

जाति भेद के सभी दास हैं। किंतु सभी दासों का दुख एक समान नहीं। जिस तरह आर्थिक क्रांति के लिए कार्ल मार्क्स ने सर्वहारा वर्ग को समझाया था कि 'इस क्रांति से तुम्हारी हथकड़ियाँ कट जाने के सिवाय तुम्हारी और कोई हानि नहीं होगी,' ऐसा कोई नारा या युद्ध-नाद हिंदुओं को जाति भेद के विरुद्ध उत्तेजित करने के लिए नहीं है। जाति भेद तो एक राज्य के भीतर दूसरा राज्य है। इसके मिटने से कुछ जातियों के अधिकार और प्रभुता की अधिक हानि होगी और कुछ की कम। इसलिए जाति भेद के किले को मिसमार करने के लिए सेना में सब हिंदुओं के भरती होने की आशा आप नहीं कर सकते।

सुधार का पहला कदम : पुरोहितशाही पर नियंत्रण

मैं इस विचार से सहमत नहीं हूँ कि मानव समाज के लिए धर्म की आवश्यकता नहीं है। इस विषय में महान विचारक बर्क के इस कथन का मैं समर्थन करता हूँ कि सच्चा धर्म समाज की बुनियाद होता है, जिसके आधार पर सच्ची हुकूमतें बनती हैं तथा जनता एवं सरकार दोनों फूलती-फलती हैं। मेरे विचार में, प्रचलित पुराने हिंदू विचारों के स्थान पर सुविचारित कल्याणकारी सिद्धांतों को धर्म के रूप में प्रचलित करना चाहिए। हिंदू जनता को जाति भेद की बुराई से मुक्त करने की दिशा में पहला कदम यह उठना चाहिए कि पुरोहितशाही पर नियंत्रण हो। इस नियंत्रण के लिए आवश्यक है कि–

(1) अनेक पुस्तकों को छोड़ कर केवल एक धर्म-ग्रंथ रखा जाए जो सभी हिंदुओं को मान्य हो। उसके सिवाय जो लोग अन्य पुस्तकों में लिखित विरुद्ध सिद्धांतों को 'धर्म-सिद्धांत' बना कर प्रचार करें, उन्हें दंडनीय ठहराया जाए।

(2) अच्छा हो कि हिंदुओं की पुरानी पुरोहितशाही को खत्म कर दिया जाए : उसके स्थान पर प्रत्येक ऐसे व्यक्ति को, जो अपने को 'हिंदू' कहता हो, पुरोहित बनने का अधिकार दिया जाए। यह कानून बन जाना चाहिए कि कोई हिंदू तब तक पुरोहित न बन सकेगा, जब तक वह राज्य द्वारा निर्धारित परीक्षा पास नहीं कर लेगा और जब तक उसके पास राज्य से प्राप्त पुरोहित का काम करने की सनद न हो।

(3) जिस पुरोहित के पास सनद न हो, उसके द्वारा कराया हुआ कोई संस्कार वैध न समझा आए और सनद के बिना पुरोहित का काम करनेवाले व्यक्ति को दंडनीय ठहराया जाए।

(4) पुरोहित भी लोक सेवकों की भाँति राज्य का नौकर हो, उसे राज्य से वेतन मिले और दूसरे नागरिकों के साथ देश के साधारण राज-नियम के अधीन

होने के अतिरिक्त वह अपने आचार, विश्वास और पूजा-पाठ के विषयों में राज्य-नियंत्रण के अधीन हो।

(5) आई.सी.एस. की तरह पुरोहितों की संख्या भी राज्य की आवश्यकता के अनुसार राज नियम द्वारा सीमित होनी चाहिए।

कुछ लोगों को शायद ऐसी व्यवस्था विचित्र मालूम हो, किंतु इसमें क्रांतिकारी कुछ भी नहीं है। पुरोहिती एक व्यवसाय मात्र है और किसी व्यवसाय का नियंत्रित होना उसकी उन्नति का द्योतक है। भारत में अनेक व्यवसाय नियंत्रित हैं। इंजीनियरों, डॉक्टरों, वकीलों आदि सभी को पहले अपने व्यवसायों में दक्षता प्राप्त करना होता है, तब कहीं उन्हें अपने पेशों में प्रैक्टिस करने की इजाजत मिलती है। यही नहीं, इन्हें अपने कार्य-काल में केवल कानूनी पाबंदी ही नहीं, वरन अपने व्यवसायों के लिए निर्धारित सदाचार का पालन भी करना पड़ता है। किंतु हिंदू पुरोहित परम स्वतंत्र है। उस पर कोई पाबंदी नहीं है। वह मूर्ख, प्रमेह, उपदंश आदि घृणित रोगों से पीड़ित सदाचारहीन, नशेबाज और जुआरी ही क्यों न हो, परंतु वह पवित्र संस्कार कराने, देवताओं के पवित्र स्थानों में प्रवेश करके देव-पूजा करने योग्य समझा जाता है। हिंदू के यहाँ इन बातों का कोई विचार नहीं, केवल ब्राह्मण के घर में जन्म लेना काफी है। वह किसी राज-नियम या समाज-नियम के अधीन नहीं, केवल अपने अधिकार और प्रभुता को जानता है। यह तरीका समाज के लिए हानिकारक है। पुरोहित व्यवसाय को कानून के द्वारा नियंत्रण में लाना आवश्यक है। इस व्यवसाय पर एक जाति विशेष का अधिकार होना उचित नहीं है। इस व्यवसाय के द्वार सबके लिए खुला होना चाहिए। इसे जनतांत्रिक होना चाहिए। ऐसा होने से जातिवाद और जाति भेद खत्म करने में सहायता मिलेगी। जाति भेद का मूलाधार ब्राह्मणवाद के सिवाय और कुछ नहीं। गुण-कर्मवादी आर्य समाज को इस क्षेत्र में आगे आना चाहिए, क्योंकि यह व्यवस्था गुण-कर्म के सिद्धान्त की पोषक है।

हिंदू धर्म का युगानुरूप कोई सैद्धांतिक आधार होना आवश्यक है और वह आधार समता, स्वतंत्रता और बन्धुता जैसे लोकमान्य जनतंत्र के अनुरूप हो। इसके लिए सारी सामग्री उपनिषदों में मौजूद है। उपनिषदों के एकात्मवादी विचार के आधार पर व्यवस्था बनाई जा सकती है। इस सुधार का अर्थ होगा जीवन की मौलिक भावना में परिवर्तन तथा एक नवजीवन में प्रवेश। किंतु यह जीवन नवीन शरीर में प्रवेश करेगा। इसके लिए पुराने शरीर का मर जाना आवश्यक होगा।

हिंदुओं के लिए कुछ विचारणीय प्रश्न

मैंने आपका बहुत अधिक समय ले लिया। अब मैं अपना भाषण समाप्त करना चाहता हूँ। हिंदुओं के संबंध में, हिंदू जनता के सामने, शायद यह मेरा अंतिम

भाषण है। इसलिए समाप्त करने से पहले यदि आप मुझे अनुमति दें, तो मैं कुछ प्रश्न उपस्थित करूँ, जिन पर, मेरा खयाल है, हिंदुओं को गंभीरतापूर्वक विचार करना चाहिए। वे प्रश्न ये हैं–

(1) हिंदुओं को यह सोचना चाहिए कि क्या उन्हें केवल इतना समझ कर ही संतोष कर लेना है कि संसार की भिन्न-भिन्न जातियों के लोगों के विश्वासों, स्वभावों, नैतिकता और जीवन के ध्येय में भिन्नता है या यह मालूम करने का प्रयत्न करना आवश्यक है कि किस प्रकार नैतिक चरित्र, विश्वास, स्वभाव और जीवन का ध्येय समाज को फूलने-फलने, मजबूत बनाने, पृथ्वी को बसाने और सुराज्य-स्थापन करने की शक्ति रखता है और किस प्रकार का नहीं।

(2) हिंदुओं को सोचना चाहिए कि क्या उन्हें अपने समस्त पैतृक सामाजिक धर्म और भावनाओं का उत्तराधिकार अपनी भावी संतति को सुरक्षित रखने के लिए देना ठीक है अथवा उसमें जो उपयोगी है, केवल उतना ही देना आगे उचित है।

(3) हिंदुओं को सोचना चाहिए कि क्या उन्हें अपने अतीत काल के समस्त आदर्शों की पूजा आँख बंद करके करते रहना लाभदायक है अथवा उनकी पूजा बंद कर वर्तमान युग में जो उत्तम, उपयोगी एवं उन्नति के शिखर पर ले जाने वाले आदर्श हैं, उनकी पूजा करना हितकारी है।

(4) हिंदुओं को सोचना चाहिए कि क्या अभी तक उनके लिए यह स्वीकार करने का समय नहीं आया है कि कोई भी वस्तु स्थिर नहीं है, कोई भी वस्तु अपरिवर्तनीय नहीं है, कोई भी वस्तु सनातन नहीं है, प्रत्युत प्रत्येक वस्तु बदल रही है, अतएव परिवर्तन ही व्यक्ति और समाज के जीवन का नियम है। संसार की बदली हुई परिस्थिति के अनुकूल जो व्यक्ति या समाज अपने जीवन में परिर्वतन नहीं लाता, वह संसार के समुन्नत समाज के समक्ष सिर ऊँचा करके जीवित नहीं रह सकता।

मेरी धारणा है, इन प्रश्नों के सही हल पर आरूढ़ होना कल्याणकारी सिद्ध होगा।

उपसंहार

मैं समझता हूँ, मेरा यह भाषण बहुत लंबा हो गया है। किंतु जाति भेद की विषम समस्या पर जितनी बातें मुझे कहनी थीं, उन्हें कह देना भी आवश्यक था।

भारत में जाति भेद मूलतः हिंदुओं के भीतर से निकली हुई वह गंदगी है जिसने सारे देश के वायुमंडल को विषाक्त बना दिया है। और यह विष सिख, मुसलमान, ईसाई आदि अहिन्दू लोगों में भी फैला पाया जाता है। अतएव, लाहौर का जात-पाँत तोड़क मंडल को केवल हिन्दुओं का ही नहीं, सिख, मुसलमान, ईसाई आदि सभी का समर्थन मिलना चाहिए। मंडल का काम राष्ट्र की एक महान सेवा है और मंडल का यह प्रयत्न स्वराज्य के लिए किए गए प्रयत्नों से कहीं अधिक

कठिन है, क्योंकि स्वराज्य संग्राम जब आप लड़ते हैं तो सारा राष्ट्र आपके साथ होता है, किंतु इस जाति भेद विनाशक संग्राम में स्वयं मंडल को सारे राष्ट्र से संघर्ष करना होगा और वह राष्ट्र भी कोई दूसरा नहीं–स्वयं अपना ही। मेरे विचार में तो मंडल का यह काम स्वराज्य से अधिक महत्वपूर्ण है। उस स्वराज्य से क्या लाभ, यदि हम उनकी रक्षा नहीं कर सकते।

मेरी सम्मति में हिंदू समाज से जाति भेद के महारोग के विनाश से ही उसमें अपनी आजादी की रक्षा करने की शक्ति उत्पन्न होने की आशा की जा सकती है। इस भीतरी शक्ति के अभाव से स्वराज्य का महल सदा हिलता ही रहेगा।

इतिहास की चुनौती

सच्चिदानंद सिन्हा

अपनी दीर्घकालीन निरंतरता में मिथक एक स्वतंत्र अस्तित्व ग्रहण कर लेता है और यह अस्तित्व, जो किसी मानव समुदाय की सामूहिक कल्पना से ज्यादा कुछ नहीं होता, आदमी के जीवन के रोज-ब-रोज के ठोस अनुभवों की अपेक्षा अधिक प्रभावशाली ढंग से उनके व्यवहारों और संबंधों को निर्धारित करता है। इस तथ्य का सबसे जीता-जागता नमूना हमारी वर्ण व्यवस्था और जाति व्यवस्था से जुड़ा मिथक है, जो भारतीय समाज के सबसे गहरे विभेद और विभाजन की जड़ में है।

जाति विभाजन धार्मिक विभाजन और वर्ग विभाजन से कहीं अधिक गहरा होता है। विडंबना यह है कि वर्गीय अनुभूति, जो ठोस आर्थिक आधार पर खड़ी होती है, सबसे सतही भी होती है। इसका कारण यह है कि वर्ग आदमी की आर्थिक परिस्थिति पर निर्भर करता है और इस वजह से आदमी की वर्गीय स्थिति सतत परिवर्तनशील रहती है। आज का मजदूर निजी प्रयासों या सामाजिक कारणों से मध्य वर्ग में दाखिल हो सकता है या मध्य वर्ग का आदमी स्थिति खराब होने से मजदूर की श्रेणी में गिर सकता है। इसी तरह कुछ लोग गरीब वर्गों में पैदा हो पूँजीपति तक बन जाते है और पूँजीपति दिवालिया हो मध्य वर्ग या मजदूर वर्ग तक में शामिल हो जाते हैं। चूँकि वर्गीय आरोहण की संभावना बनी रहती है, ज्यादातर लोग अपनी आकांक्षा और भावना में भी अपने से ऊपर के वर्ग के साथ जुड़ने की कोशिश करते है। यही कारण है कि बर्तानिया में, जहाँ का मजदूर वर्ग कभी वर्ग चेतना का क्लासिकी नमूना समझा जाता था, अब मजदूर यह चेतना खोने लगे हैं और बड़ी संख्या में अपने को मध्य वर्ग से जोड़ने लगे हैं। मार्क्स की उस कल्पना के विपरीत, जिसके अनुसार वर्ग चेतना राष्ट्रीय या अन्य सामूहिक वफादारियों के ऊपर हावी हो जाएगी, संसार भर के अनुभव यही बतलाते हैं कि राष्ट्रीय, जातीय, धार्मिक और मूल की चेतना ही वर्ग चेतना को खंडित कर मानव समुदायों पर हावी होती है।

धार्मिक तादात्म्य बोध वर्ग चेतना से अधिक गहरा होता है, क्योंकि आदमी का जन्म किसी विशेष धार्मिक समुदाय में ही होता है और उसका लालन-पालन, विवाह तथा मौत के बाद के संस्कार सभी अपने समुदाय के भीतर ही और इसी की संहिता के अनुसार होते हैं। फिर भी चूँकि धर्म निजी विश्वासों का भी क्षेत्र है, व्यक्तियों के धार्मिक विश्वासों में परिवर्तन हो सकते हैं—आदमी अनीश्वरवादी बन सकता है या अपना धर्म छोड़ कोई दूसरा धर्म कबूल कर सकता है। इसलिए धार्मिक तादात्म्य गहरा होता हुआ भी आदमी को संपूर्ण रूप से अपने घेरे में नहीं रख पाता।

लेकिन जातीय तादात्म्य इतना गहरा होता है कि यह न सिर्फ आदमी के जन्म के साथ जुड़ा हुआ है और उसके विभिन्न संस्कारों पर हावी है, बल्कि उसके विश्वासों से निरपेक्ष है। इसलिए अपने विश्वास-परिवर्तन से भी आदमी अपनी जाति से निकल नहीं सकता। कोई लाख कोशिश करे, अपनी जाति को उस तरह नहीं बदल सकता, जैसे अपने धर्म को। अपनी जाति को छोड़ कर आदमी दूसरी जाति का नहीं बन सकता, वह सिर्फ अजात बन सकता है—यानी सभी जातियों से बहिष्कृत। किसी भी व्यक्ति के लिए यह पूर्ण रूप से निराश्रित एकाकीपन की स्थिति है। इसीलिए कबीले से बहिष्कार की तरह जाति से बहिष्कार भी जाति के सदस्यों के लिए आत्यंतिक दंड बन जाता है।

मूल से तादात्म्य की तरह जातीय तादात्म्य भी इस विश्वास पर आधारित है कि प्रत्येक जाति का उद्‌भव प्राचीन काल में अलग-अलग मानव कुलों से हुआ और हजारों वर्षों से प्रत्येक जाति अपने रक्त की शुद्धता को बरकरार रखती रही है। इसलिए रक्त और बीज की शुद्धता का भाव गहराई से लोगों की भावना में बैठा हुआ है। इसी विश्वास से यह मान्यता पैदा होती है कि जातियों का मिश्रण अनैतिक है और ऐसे मिश्रण से वर्णसंकर पैदा होते हैं। मनुस्मृति ने, जिसे अंग्रेजों ने हिंदुओं के सिविल कोड का दरजा दे दिया, इस मान्यता को और भी बल दिया।

लेकिन भारत के इतिहास के तथ्यों पर एक सरसरी निगाह दौड़ाने से भी हम इस निष्कर्ष पर पहुँचते हैं कि यह मान्यता असल में एक मिथक से ज्यादा कुछ नहीं, भले ही भारतीय समाज इसे एक अटल सत्य की तरह ढोता चला आ रहा हो। जातियों के संबंध में इस विश्वास के कायम रहने का एक कारण यह भी है कि लोग अक्सर जातियों के अस्तित्व और वर्ण व्यवस्था को अलग करके नहीं देखते, हालाँकि जातियों का अस्तित्व एक सामाजिक असलियत है, जबकि वर्ण एक खास विचारधारा के तहत वर्गीकरण की एक परंपरा मात्र। जातियाँ हजारों हैं, लेकिन वर्ण मात्र चार और पाँचवीं कोटि अंत्यजों की है। जातियों को इन्हीं चार वर्णों एवं अंत्यज में वर्गीकृत किया जाता है। चूँकि वर्ण पारिभाषित विशेषण हैं, जिन्हें जातियों के साथ जोड़ा जाता है, इसलिए वर्ण अपरिवर्तनशील होते हैं,

ठीक उसी तरह जैसे 'चतुर' और 'मूर्ख', 'तीव्र' और 'मंद' जैसे विशेषण अपरिवर्तनशील होते हैं, क्योंकि ये पारिभाषित हैं। लेकिन विशेषणों से जुड़नेवाले तत्व अनेक हो सकते हैं और परिवर्तनशील हो सकते हैं—जैसे आज का चतुर कल मूर्ख हो जा सकता है, या 'अ', 'ब', 'स' कोई भी आदमी या जंतु इन विशेषणों से युक्त हो सकता है। इस तरह वर्णों यानी वर्गीकरण की कोटियों की अपरिवर्तनशीलता से यह अनुमान लगाया जाता रहा है कि इन वर्णों के साथ जुड़ी जातियाँ भी अतीत काल से वर्ण की उन्हीं कोटियों में रही हैं, जिनमें उन्हें हम आज पाते हैं। लेकिन इतिहास बताता है कि जहाँ वर्णों का वर्गीकरण अपरिवर्तित रहा है, वहीं इनके दायरे में आनेवाली जातियाँ लगातार बदलती रही हैं। और अक्सर ऐसा हुआ है कि जिन जातियों को आज हम वर्ण व्यवस्था के ऊपर के स्तरों में पाते हैं, वे कभी बहुत नीचे के स्थान पर थीं और दूसरी जातियाँ, जो आज अंत्यज या चौथे वर्ण में हैं, कभी वर्ण व्यवस्था के ऊपरी स्तरों पर मौजूद थीं। वर्णों में कुछ जातियों का प्रवेश और अन्य जातियों का निष्कासन वैसे ही होता रहा है, जैसे पूँजीपति वर्ग में व्यक्तियों का प्रवेश या निष्कासन होता है, हालाँकि वर्ग और वर्ण में प्रवेश और निष्कासन की प्रक्रियाएँ भिन्न रही हैं। पूँजीपति वर्ग में प्रवेश या इससे निष्कासन व्यक्तियों का होता है और यह प्रक्रिया सरल होती है, जबकि वर्णों में प्रवेश सामूहिक रूप से हुए हैं और इसकी प्रक्रिया काफी जटिल और समय लेनेवाली रही है।

विभिन्न समुदायों की वर्णोन्नति का सबसे महत्वपूर्ण नमूना है राजपूत जाति का क्षत्रिय वर्ण में समावेश। राजपूत जाति का उद्भव उस काल में हुआ, जब राजसत्ता पर क्षत्रिय वर्ण की प्रधानता करीब-करीब समाप्त हो चुकी थी। तीसरी शताब्दी ईसा पूर्व से सातवीं शताब्दी तक लगभग हजार वर्षों में भारत में अनेक मूलों के लोगों का आगमन बड़ी संख्या में खासकर उत्तर-पश्चिम से हुआ था। इसमें यवन, शक, हूण, पठान, गुर्जर, जाट आदि अनेक समूह थे, जिन्होंने या तो छोटे-मोटे राज्य कायम कर लिये थे या यहाँ के राजवंशों के साथ वैवाहिक संबंध स्थापित कर लिये थे। इसके अलावा ऐसे कबाइली या जातीय समूह खुद देश के भीतर थे जो वर्ण व्यवस्था की निचली सीढ़ियों पर थे, लेकिन विभिन्न जगहों पर अपना शासन कायम करने लगे थे। ऐसे समूहों के लोग आठवीं और नौवीं शताब्दी से राजपूत जाति के नाम से क्षत्रिय वर्ग में स्थान पाने लगे। उच्च वर्णों में शामिल होने और उससे निष्कासित होने की प्रक्रिया तो इसके काफी पहले से शुरू थी, लेकिन राजपूत जाति के अभ्युदय के बाद से यह प्रक्रिया काफी तेज हुई और राजसत्ता प्राप्त कर अनेक निम्न वर्ण के समुदाय और कबीले राजपूत बनकर क्षत्रियों की श्रेणी में दाखिल होने लगे। यह प्रक्रिया उन्नीसवीं शताब्दी तक चलती रही। इस प्रक्रिया में डोम और भर से ले कर जाट, गुर्जर, कुरमी (कुनभी), खरबार, चेरो

अनेक मूलों के निम्नवर्गीय जातियों के लोग राजपूत बन कर क्षत्रिय वर्ण में दाखिल हो गए। यहाँ तक कि स्वयं शिवाजी कुनभी या किसी अन्य शूद्र जाति में जनमे थे, लेकिन राजसत्ता प्राप्त करने के बाद राज्याभिषेक के समय यथाविधि मराठा नाम से क्षत्रिय वर्ण में शामिल कर लिये गए। इसके पहले हेमू, जो अकबर के खिलाफ अनेक राजाओं के संयुक्त युद्ध अभियान का नेता था, इसी तरह जन्म से नमक बेचनेवाली धूसर जाति का था। लेकिन सिकंदर शाह का फौजी अफसर बन कर राजपूत बन गया और इस तरह क्षत्रिय वर्ण में शामिल हो क्षत्रिय होने का दावा करनेवाले अनेक राजपूत राजाओं में अग्रणी स्थान पर पहुँच गया। इसी प्रक्रिया से बिहार के पलामू ज़िले में चेरो लोग और रामगढ़ के खरबार लोग राजपूत बन गए। इन लोगों को राजपूत बन क्षत्रिय वर्ण में दाखिला हाल ही में, यानी 19वीं शताब्दी में, हुआ। चेरो और खरबार जाति की बिरादरी के बाकी लोग अब भी अंत्यज की श्रेणी में हैं।

इस तरह जो जातियाँ या कबाइली जमातें राजसत्ता पर कब्जा जमा क्षत्रिय वर्ण में दाखिल हो जाती थीं, उनके पुरोहित ब्राह्मणों की श्रेणी में दाखिल हो जाते थे। विभिन्न ब्राह्मण समुदायों के उद्भव की भिन्नता इस बात में भी जाहिर होती है कि ब्राह्मण होने का दावा करने के बावजूद अलग-अलग वंशों के ब्राह्मणों में शादी-ब्याह का संबंध नहीं होता। चितपावन, मैथिली, कान्यकुब्ज, सरयूपारीय आदि नामों से जानेवाले ब्राह्मण एक-दूसरे के कुलों में शादी का संबंध स्थापित नहीं कर सकते। उनमें अधिकांश एक-दूसरे को निम्न कोटि का ब्राह्मण मानते हैं।

समाज में ब्राह्मणों की श्रेष्ठता कायम होने के दो कारण थे। एक कारण तो यह था कि जन्म से ले कर मृत्यु तक के विभिन्न संस्कारों में उनकी उपस्थिति अनिवार्य मानी जाती थी। ये संस्कार इतने महत्व के माने जाते थे कि इनके बिना सामाजिक जीवन के बिखराव का खतरा था। यानी ब्राह्मणों के हाथ समाज के उन मूल्यों का धरोहर था जो मूल समाज को बाँध कर रखते हैं और संस्कार जिनके प्रतीक थे। यह एक आम कारण है, जिससे सभी समुदायों के धर्म में एक पुरोहित या पुजारी वर्ग का महत्व होता है। दूसरा कारण यह था कि ब्राह्मण ही नवोदित राजवंशों की वंशावली तैयार कर उन्हें उच्च वर्णों में प्रतिष्ठित करते थे। जब तक वर्ण व्यवस्था की मान्यता रही, नवोदित राजवंशों के लिए अपनी सत्ता की स्वीकृति (लेजिटिमेसी) के लिए यह वंशावली अत्यंत महत्व की थी, जिससे लोगों को यह विश्वास होता था कि उनका राजा या शासक उस वर्ण का है जो शास्त्रों के अनुसार शासन करने का हकदार है। कोई भी नवोदित शासक यह नहीं चाहता था कि प्रजा उसके शासन करने के औचित्य पर शंका करे। इसलिए ऐसे शासक दान-दक्षिणा देकर ब्राह्मणों को खुश रखते थे और बदले में ब्राह्मण उन्हें चंद्रवंशी, सूर्यवंशी जैसे उदात्त वर्णों के साथ जोड़ कर उनकी स्थिति को मजबूत बनाते थे।

बुद्धिमान ब्राह्मण शासकों की कुलीनता के दावे को अस्वीकार कर जान जोखिम में डालने के बजाय उनकी कुलीनता का यशगान कर धन अर्जित करना अधिक समझदारी की बात मानते थे। साथ ही, सभी शास्त्रों के इजारेदार होने के कारण ब्राह्मण कहीं-न-कहीं यह सच्चाई भी तो जानते ही थे कि कुलीनता का आधार उन जैसे ब्राह्मणों द्वारा अन्वेषित मिथक से अधिक कुछ नहीं है। इस तरह ब्राह्मणों और राजाओं के बीच का यह सामाजिक संबंध वर्ण व्यवस्था के मिथक को बनाए रखने में काफी हद तक जिम्मेदार रहा कि भारत के कुलीन लोग (यानी द्विज) वास्तव में कुलीन हैं, जबकि असलियत है यह कि इस देश की सभी जातियों में और सबसे अधिक राजवंशी राजपूतों में देश की सभी जातियों और कबीलों का लहू प्रवाहित होता है। मनुस्मृति की कसौटी मान लेने पर भारत के सभी द्विज वर्णसंकरों के भी वर्णसंकर में गिने जाएंगे। इतना व्यापक अंतर्जातीय और अंतर-कबायली यौन संबंध इनके उद्भव के अतीत में हैं।

अंग्रेजों की प्रभुसत्ता की स्थापना के बाद जो राजे-महाराजे देश में बच गए, वे इतने शक्तिहीन थे कि अपनी कुलीनता के दावे को आसानी से लोगों पर लाद नहीं सकते थे। इसलिए गैर-क्षत्रिय राजवंशों के क्षत्रिय वंश में प्रवेश के प्रयास विफल हुए, अगर ये प्रयास अंग्रेजी शासन के स्थापित होने के बाद किए गए। इसी तरह का विफल प्रयास कूचबिहार के राजवंशियों (कोच) का था। आजादी के बाद कूचबिहार के राज का अंत होने के बाद वहाँ के शासकों के कुल के राजवंशियों की सामाजिक स्थिति में और भी गिरावट आई और वे आज पश्चिम बंगाल में तफसीली जाति की कोटि में हैं, जबकि एक समय असम समेत बंगाल के बड़े भू-भाग पर उनका शासन था।

हालाँकि अंग्रेजी शासन की स्थापना के बाद ऊँचे वर्णों में प्रवेश का परंपरागत मार्ग यानी राजसत्ता पर अधिकार प्राप्त कर पदोन्नति का मार्ग प्रायः रुक गया। फिर भी, चूँकि उच्च वर्णों के साथ सामाजिक प्रतिष्ठा जुड़ी थी, ऊपर उठने की आकांक्षा बनी रही। इस आकांक्षा की पूर्ति के लिए इस शताब्दी के शुरू के काल से एक दूसरे तरह का प्रयास होता रहा है, जिसे समाजशास्त्री एम.एन.श्रीनिवास 'संस्कृतीकरण' कहते हैं। इस प्रक्रिया की तुलना वे आधुनिकीकरण (मार्डनाइजेशन) से करते हैं। जिस तरह आधुनिक कहलाने की ललक में हिंदुस्तानी पश्चिमी देशों के लिबास, बोलने-चालने के तौर-तरीके, भोजन आदि की नकल करते हैं और आपस की बात-चीत में भी अंग्रेजी भाषा का प्रयोग करते हैं, उसी तरह अद्विज पिछड़ी जातियों ने अपना सामाजिक स्थान ऊंचा करने के लिए द्विज के रहन-सहन की नकल करना शुरू किया। अद्विज जातियों में अनेक ने जनेऊ पहनना शुरू किया और इस गलतफहमी में कि द्विज शाकाहारी और शुद्ध खान-पानवाले हैं, कई जातियों के लोगों ने मांस-मछली खाना तथा ताड़ी-दारू आदि पीना बंद कर दिया।

(हालाँकि वास्तव में द्विजों पर ऐसा कोई प्रतिबंध नहीं था और अतीत काल के द्विज, खासकर ब्राह्मण, तो गोमांस भी बड़े चाव से खाते थे)। भले ही इन प्रयासों से इन जातियों के अपने रहन-सहन में काफी बदलाव आया और आत्मसम्मान की भावना बढ़ी, लेकिन द्विजों ने इन्हें अपने कुल में शामिल नहीं किया। कारण यह था कि इसके लिए राजनैतिक सत्ता की जैसी जरूरत थी (वर्णों में उन्नति का परंपरागत माध्यम यही था), वह इनके पास नहीं थी। नतीजा यह हुआ कि ऊपर के वर्ण में गिने जाने का पिछड़ी जातियों का प्रयास विफल हुआ। अगर कहीं स्तरों की उन्नति हुई भी तो नीचे के वर्ण में, अपने ही वर्ण में स्थित जातियों की तुलना में। धीरे-धीरे पिछड़ी जातियों में ऊपर उठने का यह प्रयास खत्म होता गया।

संस्कृतीकरण के माध्यम से ऊपर उठने के प्रयास से पिछड़ी जातियों के विमुख होने का सबसे अहम कारण था–अंग्रेजी शासन के कायम होने से वर्णों के माध्यम से वरीयता प्राप्त करने के आधार का ही ध्वस्त हो जाना। धर्मशास्त्रों की मान्यता चाहे जो रही हो, अंग्रेजी हुकूमत के आने और उनकी शिक्षा पद्धति लागू होने से पैदा वस्तुस्थिति यही बतलाती थी कि नयी शिक्षा के प्रणेता अंगेज विद्वान ही नए ब्राह्मण थे और विजेता तथा शासक अंग्रेज ही नए क्षत्रिय भी थे। अंग्रेजों ने न सिर्फ नयी शिक्षा का जाल फैलाया, बल्कि इसमें प्रशिक्षित भारतीय शिक्षाविदों, अफसरों और व्यापारियों आदि का एक ऐसा वर्ग पैदा किया, जिसने ब्राह्मण, क्षत्रिय और वैश्य तीनों के परंपरागत पेशों–शिक्षा-दीक्षा, शासन-प्रशासन और युद्ध तथा व्यापार आदि को अपने हाथों में ले लिया। इस तरह पुरानी वर्ण व्यवस्था का सामाजिक और आर्थिक आधार नष्ट हो गया।

लेकिन इससे यह निष्कर्ष निकालना गलत होगा कि परिस्थिति के इस बदलाव से वर्णगत विषमताएँ भी मिट गयीं ! हुआ यह कि परंपरा से शिक्षा के क्षेत्र में अग्रणी वर्णों में शामिल जातियाँ–ब्राह्मण, राजपूत, बनिया और कायस्थ (जो शूद्र वर्ण में गिने जाने के बावजूद मध्य युग से तो लिखा-पढ़ी के क्षेत्र में काफी आगे आ गए थे)–अंग्रेजी शिक्षा ग्रहण करने में भी आगे आ गईं और इस शिक्षा के बल पर प्रशासनिक सेवाओं, व्यवसाय और व्यापार में अपना स्थान बनाने लगीं। दूसरी ओर, शूद्र और दलित प्रायः नयी शिक्षा और इससे संबद्ध नौकरियों तथा व्यवसायों से वंचित रहे।

अंग्रेजों के आने से एक दूसरी तरह का विकास भी हो रहा था जिससे शूद्रों तथा दलितों की स्थिति बदतर होती गई। भारत का आर्थिक आधार यहाँ का परंपरागत शिल्प था, जिसमें उत्पादन संपूर्ण रूप से यहाँ के अद्विज जातियों के हाथों में था। अंग्रेजों ने जब अपना शासन भारत पर कायम किया तो अपने देश के कारखानों के माल को इस देश पर लाद कर यहाँ के परंपरागत शिल्पों और उद्योगों को नष्ट कर दिया। प्रारंभ में यह काम मुख्य रूप से शक्ति प्रयोग के जरिए

किया गया, बाद में कारखाने के बने सामान के सस्ता होने से प्रतिस्पर्धा में पारंपरिक शिल्प पर आधारित यहाँ के कुटीर उद्योग नष्ट हो गए। चूँकि इन उद्योगों में लगे लोग उन जातियों के थे, जिन्हें शूद्र वर्ण या अंत्यजों में गिना जाता था, अंग्रेजी शासन का सबसे विनाशकारी फल इन्हीं जातियों के लोगों को भोगना पड़ा। अपने पारंपरिक उद्योगों के नष्ट हाने से इन जातियों के लोग बड़ी संख्या में आजीविका के लिए अकुशल मजदूरों की श्रेणी में आ गए। इनमें कुछ औद्योगिक और प्रशासनिक केंद्रों के इर्द-गिर्द विकसित हो रहे नए नगरों में मजदूरी करने चले गए। बाकी लोग गांवों में भूमिहीन खेत-मजदूरों की श्रेणी में। ततवा (बुनकर), नुनियाँ (नमक, शोरा आदि बनानेवाले), जुलाहा (बुनकर), शिकलगढ़ (धुनकर), लोहार, बढ़ई, तेली, चमार (चमड़े का सामान बनानेवाले), धोबी, बड़ई (पान का रोजगार करनेवाले), ठठेरा (बर्तन बनानेवाले), कुम्हार, रंगसाज, सोनार आदि सभी औद्योगिक जातियों के लोग बड़ी संख्या में अब अकुशल मजदूरों में पाए जा सकते हैं। इस विकास का नतीजा यह हुआ कि जहाँ वर्णों की परंपरागत विषमता का महत्व घटने लगा, वहीं शिल्पी जातियाँ अपनी आजीविका के प्रतिष्ठित परंपरागत साधनों को खो कर अपनी सामाजिक प्रतिष्ठा भी खोने लगीं। कभी इस देश के शूद्र-शिल्पी काफी संपन्न थे और इनकी श्रेणियों (गिल्डों) ने अनुदान दे कर महत्वपूर्ण कलाकृतियों का निर्माण कराया था। अब ये घोर विपन्नता की स्थिति में आ गए। इस तरह अंग्रेजी शिक्षा में प्रशिक्षित हो अंग्रेजी नौकरियों और अंग्रेजी शिक्षा से उपलब्ध नए व्यवसायों (जैसे वकालत, डॉक्टरी आदि) में घुस तथा उद्योगों के ऊँचे तकनीकी वाले स्थानों पर पहुँचे, जहाँ द्विजों और बनियों ने अपनी आर्थिक और सामाजिक हैसियत को पहले से भी अच्छी कर ली, वहाँ शूद्रों और अंत्यजों की स्थिति पहले से कहीं बदतर हो गई। इस तरह सामाजिक और आर्थिक दृष्टि से अगली और पिछली जातियों के बीच की खाई और भी गहरी होती गई। यह ठीक है कि सामाजिक दृष्टि से परंपरागत समाज में ब्राह्मण पुरोहितों की वरीयता मानी जाती थी, लेकिन आर्थिक दृष्टि से ब्राह्मण पुरोहित प्रायः गरीब और याचक ही थे। सिर्फ महाराष्ट्र या दक्षिण के कुछ राज्यों में वे आर्थिक दृष्टि से भी संपन्न थे और सत्ता में भी खास स्थान रखते थे। लेकिन वे द्विज, जो नयी शिक्षा के माध्यम से ऊँचे अफसर बन गए थे, आम लोगों से आर्थिक स्थिति और रहन-सहन सभी मामले में इतना भिन्न हो गए थे कि यह सोचना मुश्किल हो गया कि ये लोग और आम लोग एक ही समाज के हैं।

अंग्रेजी शासन के अंतिम चरण में जब देश में विभिन्न तरह के आधुनिक उद्योग लगाए जाने लगे और आजादी के बाद जब आधुनिकीकरण के नाम पर देश में पश्चिमी ढंग का उद्योगीकरण तेजी से शुरू हुआ, तब परंपरागत उद्योगों का नाश और भी तेजी से हुआ। इसके फलस्वरूप तुलनात्मक दृष्टि से नव-अभिजात

वर्ग, जो मूलतः अगली जातियों के नयी शिक्षा पद्धति और नए औद्योगिक और प्रशासनिक व्यवस्था में प्रवेश से पैदा हुआ, टूटते परंपरागत पेशों में विपन्नता की जिंदगी व्यतीत करनेवाले पिछड़ी जातियों से और भी अधिक शक्तिशाली और संपन्न बन गया।

नयी प्रशासनिक सेवाएँ शक्ति और संपन्नता के स्रोत हैं, यह समझ कर अद्विजों में यह चाहत पैदा हुई कि वे भी इन सेवाओं में प्रवेश पाएं। इसी चेतना के फलस्वरूप दक्षिण में जस्टिस पार्टी ने पहले पहल प्रशासनिक सेवाओं में अद्विजों के लिए आरक्षण की माँग की। दलितों में एक धुँधला एहसास इस बात का हो रहा था कि राजसत्ता को प्रभावित करने की क्षमता के साथ उनका उत्थान गहराई से जुड़ा हुआ है। इसी एहसास से शुरू में बाबा साहब आंबेडकर के नेतृत्व में विधायिकाओं में दलितों के अलग प्रतिनिधित्व की माँग शुरू हुई। लेकिन इस मांग का अंग्रेज 'विभाजन करो और शासन करो' की नीति के तहत उपयोग करना चाहते थे, ताकि असली सत्ता सदा वे अपने हाथों में रखें। पहले भी अंग्रेज मुसलमानों को हिंदुओं से अलग करने के लिए अलग प्रतिनिधित्व के हथियार का इस्तेमाल कर चुके थे। दलितों की समस्याओं के प्रति गहरी संवेदना के बावजूद इस मांग के इसी पहलू के कारण महात्मा गांधी ने अलग प्रतिनिधित्व की माँग का विरोध करने में अपनी जान की बाजी लगा दी और आमरण अनशन पर बैठ गए। बाद में 1932 का पूना पैक्ट हुआ, जिसमें अलग प्रतिनिधित्व की माँग को तो छोड़ दिया गया, लेकिन दलितों को उनकी संख्या के अनुपात में प्रशासनिक सेवाओं और विधायिकाओं में प्रतिनिधित्व देने का सिद्धांत कबूल किया गया। बाद में जब डॉ. आंबेडकर ने भारतीय संविधान की रूप-रेखा बनाई, तब इस समझौते की मूल शर्तों को हमारे संविधान में शामिल किया गया।

जैसा कि ऊपर बतलाया गया है, इतिहास का सबक यही रहा है कि जातियों की वर्णोन्नति उनकी राजनैतिक हैसियत के साथ अभिन्न रूप से जुड़ी रही है और इस दृष्टि से दलितों द्वारा आरक्षण की माँग, जो शासन और प्रशासन में उचित प्रतिनिधित्व दिलाता, खास अहमियत रखती है। शासन और प्रशासन में कम से कम अपनी संख्या के अनुपात में स्थान पाने के साथ उनका सामाजिक सम्मान जुड़ा हुआ है। जिस दिन सवर्ण लोग शासन और प्रशासन के उच्चतम स्थानों पर दलितों की उपस्थिति को सहज भाव से स्वीकार करने लगेंगे, उस दिन परंपरा से प्राप्त यह भावना मिट जाएगी कि खास-खास पद और पेशे खास-खास वर्णों के लिए सुरक्षित हैं। समय के साथ आरक्षण से यह निष्पत्ति अनिवार्य रूप से आएगी।

लेकिन इससे वर्णों के साथ जुड़े सम्मान और अपमान बोध का लोप तो अवश्य होगा, लेकिन विभिन्न जातियों के बीच की आर्थिक विषमता और नवअभिजात वर्ग और आम लोग के बीच की गहराती आर्थिक और सामाजिक खाई

को नहीं पाटा जा सकता।

नए ढंग की उद्योग नीति और देश पर लादी जानेवाली नयी शिक्षा नीति परंपरा से चली आ रही विषमता को मिटानेवाली नहीं, बल्कि और तेजी से बढ़ानेवाली है। आधुनिक उद्योग का ढाँचा पिरामिड का होता है, जिसमें लगे लोगों को कई स्तरों में विभाजित कर दिया जाता है। इस पिरामिड की चोटी के समीप उपस्थित लोग अत्यधिक शक्ति और सुविधाओं से संपन्न होते हैं और नीचे के लोग कम वेतन पाते हैं और मशीन के पुर्जे की तरह व्यवहार में लाए जाते हैं। इनका काम ऐसा होता है कि जरूरत पड़ने पर इन्हें काम से हटा कर इनका काम मशीनों से लिया जा सकता है। ऊपर के स्थानों पर (यानी तकनीकी विशेषज्ञ, प्रबंधन विशेषज्ञ आदि के स्थानों पर) पहुँचने के लिए लंबे समय के विशेष तरह के प्रशिक्षण की जरूरत होती है। इस तरह के प्रशिक्षण हेतु चयन के लिए भी बचपन से ही खास तरह के प्रशिक्षण की जरूरत होती हैं। ऐसा प्रशिक्षण वैसे ही परिवारों के बच्चों को प्राप्त हो सकता है, जिन परिवारों के लोग पढ़े-लिखे हैं या जिनमें इतनी संपन्नता है कि खर्चीले स्कूलों में खास तरह की शैक्षणिक तैयारी के लिए अपने बच्चों को भेज सकें। चूँकि अभी देश में दो तरह के स्कूल हैं—एक—सरकारी, जहाँ आम आदमियों के बच्चे पढ़ते हैं और दूसरे—पब्लिक स्कूल, जहां संपन्न लोगों के बच्चे पढ़ते हैं, आम आदमी का बच्चा उच्च तकनीकी या प्रबंधकी की शिक्षा प्राप्त करने की दौड़ से ही पहले छँट जाता है। यह स्थिति नवोदय विद्यालयों के खुलने से नहीं बदली है, क्योंकि इन विद्यालयों में भी उन्हीं के बच्चे चुने जाते हैं, जो अपने बच्चों को अच्छा प्रारंभिक प्रशिक्षण देने की योग्यता या प्रशिक्षण दिलवाने की आर्थिक क्षमता रखते हैं। नतीजा यह हुआ है कि उन जातियों के लोग, जो पहले से शिक्षित हैं या प्रशासन तथा उद्योगों में ऊँची जगहों पर हैं, अपने बच्चों को भी इन स्थानों के योग्य शिक्षा दिला देते हैं। बाकी लोग ऐसी शिक्षा से वंचित हो जाते हैं। इस वजह से एक नई जाति व्यवस्था पैदा हो रही है, जिसमें एक जाति में नई शिक्षा प्राप्त औद्योगिक-तकनीकी विशेषज्ञ, प्रबंधकी विशेषज्ञ तथा प्रशासक शामिल हैं और बाकी जातियों में वे लोग हैं, जो इन उद्योगों की निचली सीढ़ी पर अर्धकुशल या कुशल मजदूर हैं। इससे भी नीचे असंगठित उद्योगों, सेवाओं और खेती आदि के कामों में लगे हैं, जो किसी तरह अपना गुजारा चला रहे हैं। नई औद्योगिक सभ्यता में इस आखिरी वर्ग के लिए कोई स्थान नहीं है। वे इस सभ्यता के अंत्यज हैं।

अगर हम गौर से देखेंगे तो पाएँगे कि इस आखिरी श्रेणी में अपनी कुल संख्या के हिसाब से सबसे बड़ा अनुपात दलित, आदिवासी एवं अति पिछड़ी जातियों के लोगों का है, जो उद्‌योगीकरण के प्रारंभिक काल से ही नई सभ्यता में प्रवेश की दौड़ में पीछे छूट गये है। उनके लिए अब इस औद्योगिक सभ्यता में कोई प्रतिष्ठित जगह नहीं है। इसमें संदेह नहीं कि इन समूहों के थोड़े-से लोग, जो

आरक्षण के जरिए इस सभ्यता की ऊँची जाति में प्रवेश पा चुके हैं, अपने वंशजों के लिए भी इस व्यवस्था में स्थान बना लेंगे। लेकिन इससे दलितों से निकले इन अभिजात लोगों और आम दलितों के बीच का संबंध टूटता जाएगा और ये 'दलित अभिजात' दूसरे अभिजातों की बिरादरी में शामिल हो जाएँगे। इसका एक परिणाम यह हो सकता है कि दलितों का वह मुखर हिस्सा, जो इस विषमतापूर्ण व्यवस्था के खिलाफ दलितों को संगठित कर समतामूलक समाज की ओर बढ़ने की दिशा दे सकता था, इस नई सभ्यता का हामी बन जाएगा और आम दलित नेताविहीन हो जाएँगे। चूँकि वर्तमान विकास दिनोदिन विशेष सुविधाएँ बढ़ाता जाता है, लेकिन इनका दायरा छोटा करता जाता है और ऐसे लोगों की संख्या बढ़ाता जाता है जो इस विकास के लिए अप्रासंगिक हैं। इससे नई तरह का ध्रुवीकरण समाज में हो रहा है। इसमें एक ध्रुव पर सभी जातियों से भरता एक छोटा-सा अति सुविधाप्राप्त समुदाय पैदा हो रहा है और दूसरे ध्रुव पर पैदा हो रही है एक ऐसी विशाल जनसंख्या, जो नयी अर्थव्यवस्था के लिए अप्रासंगिक है, क्योंकि वह वैसी शिक्षा से वंचित है जो नयी व्यवस्था से उसे जोड़ सके।

लेकिन इस त्रासदिक स्थिति में परिवर्तन की एक नई संभावना भी छिपी है। समता के अपने संघर्ष में, जो इस पूरी व्यवस्था के विकल्प की तलाश में निहित है, दलित अब अकेले नहीं रहेंगे। दलितों के अलावा सभी वर्णों का भारी बहुमत, जो नयी औद्योगिक व्यवस्था के द्वारा सभ्यता के कूड़ेदान में डाला जा रहा है, विकल्प की तलाश में उसका साथी हो सकता है। समाज का सबसे शोषित वर्ग होने के कारण इस तलाश में दलित अगुआ का काम कर सकते हैं। इसमें उन्हें वर्णों के उस इतिहास से सबक लेना पड़ेगा, जिस इतिहास का जिक्र ऊपर किया गया है। जातियों द्वारा वर्णों में अपनी हैसियत ऊपर करने में राजसत्ता पर अधिकार का महत्वपूर्ण हाथ रहा है। आज भी यह सच्चाई ज्यों की त्यों है। सदियों बाद एक ऐसी स्थिति आई है जब सत्ता पर अधिकार करने के अपने प्रयत्न में दलित अकेले नहीं होंगे, क्योंकि आधुनिक औद्योगिक सभ्यता ने विभिन्न वर्णों के लोगों के बहुमत को अंत्यजों की एक ही कतार में खड़ा कर दिया है। आज परंपरागत दलितों के संघर्ष में यह नव दलितों की विशाल सेना भी शामिल होगी और विशाल बहुमत होने के कारण लोकतंत्र के माध्यम से एक ऐसी नयी व्यवस्था के निर्माण में सहायक होगी जो समता पर आधारित हो। आज की स्थिति में एक बुनियादी परिवर्तन यह हुआ कि जहाँ प्राचीन काल में नीचे स्थित जाति या कबाइली समूह सत्ता हासिल कर उच्च वर्णों में स्थान पा लेते थे, लेकिन वर्ण-व्यवस्था ज्यों की त्यों रहती थी, अब इतिहास ने पूरी वर्ण व्यवस्था को अप्रासंगिक बना दिया है। इसलिए नया परिवर्तन समतामूलक समाज की दिशा में ही संभव है। वर्णों का इतिहास हमारी शताब्दी के वर्तमान मोड़ पर दलितों के सामने यही चुनौती प्रस्तुत कर रहा है।

गाँव से शहर तक

बालेश्वर राय

एक

आज भी बिहार के रहने वाले यह बात गर्व से बताते हैं कि उनके गाँव में ऊँची और पिछड़ी जातियों के लोगों के अलावा चमार, धोबी, डोम, बढ़ई, लोहार जैसी पेशेवर जातियों के लोग एक साथ रहते हैं। गर्व का कारण शायद अपने गाँव को एक पूरी इकाई के रूप में पेश करना होता है, लेकिन यह गर्व जातियों के आपसी संबंधों में कहीं नजर नहीं आता। इस गर्व का उद्देश्य शायद दूसरे गाँवों को अपने गांव से हेय ठहराना होता है। इसी गर्व का एक उलटा रूप उन गाँवों में दिखाई देता हैं, जहाँ ब्राह्मण नहीं हैं। ऐसे गाँवों के लोगों के बारे में यह मान लिया जाता है कि वे संस्कारहीन होंगे। मानो गाँव के लोगों के संस्कारी होने के लिए ब्राह्मणों का होना जरूरी है।

बिहार में राजनैतिक समीकरण अब बहुत बदल गए हैं, पर ये पुरानी मान्यताएँ समाप्त हो गई हैं—ऐसा कोई नहीं कह सकता। अपमानजनक जातिवादी बातें पहले की तरह निर्द्वंद्व भाव से भले ही न कही जाती हों, पर जब भी कहीं थोड़ी-सी भी आक्रामक स्थिति पैदा होती है, तो वही पुराना रूप दिखाई पड़ने लगता है। कुछ दिन पहले की एक बात याद आती है। हमारे गाँव के आठ-दस लड़के टोली बना कर स्कूल से आ रहे थे। हाई स्कूल हमारे गाँव से तीन किलोमीटर दूरी पर है। एक भूमिहार लड़के से पिछड़ी जाति के एक लड़के का झगड़ा हो गया। भूमिहार लड़का पिछड़ी जाति के लड़के को कहने लगा कि उसकी माँ का किसी भूमिहार के साथ संबंध रहा होगा, इसलिए वह देखने में इतना अच्छा है और उसमें पढ़ने-लिखने का भी संस्कार आ पाया है। किसी भी पिछड़ी जाति के होनहार बच्चे को देख कर ऊँची जाति के लोग यह तो कहते ही हैं कि हो न हो, वह किसी ऊँची जाति के पुरुष के वीर्य से पैदा हुआ है।

हमारे गाँव की आबादी डेढ़-दो हजार है। ब्राह्मण, राजपूत, यादव, नाई, बढ़ई,

मल्लाह, अमात्य, कोइरी, चमार और डोम जातियों के लोग गाँव में हैं। थोड़ी दूर हट कर मुसलमानों की भी बस्ती है। प्रत्येक वर्ष गाँव में दुर्गा पूजा होती है और वह सारी जातियों के सहयोग से मनाई जाती है। लेकिन प्रत्येक बार किसी न किसी बात पर झमेला होता है और एक जाति दूसरी जाति पर दोषारोपण करती है। चुनाव आते हैं तो मतदान के दिन विभिन्न जातियों के लोग अपने पड़ोसियों को दुश्मन मानते लगते हैं और मरने-मारने के लिए तैयार रहते हैं।

मैं जब सात-आठ वर्ष का था, तभी से देखता आया हूँ कि मेरे पड़ोसी भूमिहार हैं। घर की औरतों के रास्ते पर पानी फेंकने पर या बरसात का पानी चौखट तक आ जाने पर जब किसी ने किसी को कुछ कहा है तो उसकी परिणति जातिवादी गाली-गलौज और झगड़े में हुई है और अमात्य और भूमिहार—दोनों जातियों की ओर से लोगों ने लाठी-बल्लम तक निकाल लिये हैं और इसमें गाँव की अन्य जातियों के लोग दो खेमों में बंट कर उकसाने का काम करते रहे हैं। यहाँ तक कि किसी दुकानदार के साथ किसी ग्राहक से किसी बात पर तकरार हो गई है, तो उसका भी हश्र इसी तरह का ही होता है।

पेशे के मामले में यह माना जाता है कि यदि ब्राह्मण हल चलाएँगे तो अकाल पड़ जाएगा। इसलिए ब्राह्मण हल नहीं जोतते। लेकिन अब गाँव जाने पर सुनने में आता है कि अमुक ब्राह्मण का 'हलवाहा' पंजाब चला गया। दूसरा हलवाहा नहीं मिला तो 'ब्राह्मण देवता' ने अपने से हल जोतने का काम किया है। अधिकतर ऊँची जातियों के लोगों को कुछ काम आज भी पिछड़ी जातियों के लोगों से करवाने ही पड़ते हैं। जैसे—हल जुतवाना, घर छवाना, मिट्टी कटवाना या दीवार जुड़वाना आदि। इन सब कामों को करने में किसी पेशेवर जाति के व्यक्ति ने कभी ना-नुकर की है तो इसकी भी किसी न किसी प्रकार के जातिवादी झगड़े के रूप में ही परिणति हुई है। इस प्रकार गाँव में हमेशा ही जातिवाद का वातावरण बना रहता है। चूँकि गाँव में साथ रहने को लोग बाध्य हैं, इसलिए थोड़े दिन बाद तनातनी की प्रत्यंचा ढीली पड़ने लगती है और 'सामान्य' स्थिति कुछ उसी प्रकार कायम हो जाती है, जिस प्रकार दंगों और उपद्रवों के बाद।

हाँ, अब तेजी से परिवर्तन हो रहा है। इसके चलते ही लालू प्रसाद यादव लगातार दो बार मुख्यमंत्री बने। भारतीय राजनीति में अब सभी दल और नेता यह अच्छी तरह से जान गए हैं कि पिछड़ी जाति के लोगों की उपेक्षा कर राजनीति नहीं की जा सकती। लेकिन राजनैतिक सत्ता प्राप्त कर पिछड़ी जाति के लोग जब वही काम करने लगते हैं जो अगड़ी जाति के लोग कर रहे थे तो लगता है कि कहीं कोई बदलाव नहीं आया है। अपने गाँव में ही देखता हूँ— जिस तरह ऊंची जाति के लोग पिछड़ी जातियों को लड़वाकर अपनी खुशामद करवाया करते थे, उसी तरह राजनैतिक दल और नेता भी करवा रहे हैं। अखबार में कभी यह भी पढ़ने

को मिलता है कि किसी पिछड़ी जाति के नेता ने कहा है कि ऊँची जाति के लोगों ने पिछड़ी जातियों को सताया है, उसका बदला जरूर ही लिया जाएगा। इस बदले से जातिवाद की समस्या का हल किस तरह से होगा, यह बात कोई नहीं बताता।

वैसे, अधिकतर लोगों का मानना है कि जाति प्रथा की भयावहता पहले से कम हुई है और राजनीति का जातिकरण न हुआ होता तो जाति प्रथा अपनी मौत मरती जाती। लेकिन उसे मारने में तो किसी को भी दिलचस्पी नहीं है। यह तो गड़ा धन है, जिससे हमेशा कुछ प्राप्त किया जा सकता है। जाति का राजनीति में पग-पग पर प्रवेश हो रहा है। लोग यह मानने लगे हैं कि यदि संसद में उनकी जाति के लोग पहुँचते हैं तो उनकी जाति का विकास होगा, उन्हें नौकरी मिलेगी, वे यह कह सकेंगे कि उनकी भी जाति से संसद सदस्य हैं, मंत्री हैं। लोग यह समझने लगे हैं कि वोट के माध्यम से ही वे अपनी जाति के प्रतिनिधि भेज सकते हैं। सो वे किसी भी तरह से अपने जाति के लोगों को लोक सभा में हो या विधान सभा में हो या पंचायत में हो, भेजने में लगे हैं।

छोटे-छोटे स्तरों पर यह देखा जाता है कि यदि कोई नौकरी का इंटरव्यू देने जाता है, तो पहले यह पता करता है कि इंटरव्यू बोर्ड में उसकी जाति का आदमी है या नहीं। यदि रहता है तो फिर मनोबल बढ़ जाता है और यह उम्मीद होने लगती है कि नौकरी मिल सकती है। हाल में एक लड़का पुलिस सब इंस्पेक्टर के लिए इंटरव्यू देकर आया। वह बता रहा था कि उसकी नौकरी हो सकती है, क्योंकि उसकी जाति के ही बड़े अफसर ने उसका इंटरव्यू लिया है और वह उसे जानता भी है। मैंने इस पर इतना जरूर कहा कि अब सिर्फ जाति से काम नहीं चलता। पूरा पैसा देना पड़ेगा, तभी हो सकता है। पर उसे पूरा विश्वास था कि उसकी जाति का अफसर वहाँ है, इसलिए उसकी नौकरी हो ही जाएगी।

जब जातिवाद की पकड़ इतनी मजबूत है तो कोई भी अपनी जाति के आदमी की तरफदारी करेगा ही—भले ही उसमें योग्यता हो या न हो। निर्णय का कोई न कोई आधार तो होना आवश्यक है, जाति वह आधार बन जाती है।

मुझसे पहले मेरे पिता कलकत्ता में नौकरी करते थे। जब वे घर आते थे तो मेरी दादी और दादा उनको किसी भी उत्सव या पर्व में देवता की पूजा करने से मना करते थे। उनका कहना होता—'जो पूत परदेश गेल, देव पीतर से सब चल गेल' (जो बेटा परदेश चला गया, वह देवता व पितरों आदि से भी चला गया)। आशय यह था कि उसने किसी के भी हाथ का छुआ हुआ खाया होगा और न जाने क्या-क्या खाया होगा। ऐसे व्यक्ति द्वारा देवता की पूजा होने से देवता नाराज ही होंगे।

आज भी गाँव में कोई पिछड़ी जाति का आदमी भी गंगा सागर जाता है और

जब घर लौटता है तो उसे देवता की पूजा तब तक नहीं करने दी जाती है, जब तक वह पूजा-पाठ करके दस-बीस लोगों को आमंत्रित कर खिला नहीं देता। इस तरह के आयोजन करने पर ही गंगा सागर जानेवाला व्यक्ति अपवित्र से पवित्र होता है। मैं छोटा था तो मेरी दादी और दादा को इसी तरह का आयोजन करना पड़ा था और पूछने पर बताया गया था कि रास्ते में पता नहीं, छोटी जातियों से स्पर्श हुआ होगा और उनके हाथ का खाना खाया होगा, इसलिए अपवित्र हो गए हैं। इस तरह भोज का आयोजन करने से आदमी पवित्र हो जाता है। यह सिलसिला आज भी हमारे गाँव में चल रहा है।

गांव से 1979 में दिल्ली गया था। उस वक्त मेरी उम्र 16 की थी। दूसरी बात, पहली बार गाँव से बाहर गया था। संयोगवश जाते ही एक कारखाने में नौकरी करने लगा था। रोटी बना कर टिफिन में ले जाया करता था और सब्जी जहाँ कारखाना था, वहीं एक होटल से ले लिया करता था। कभी उसी होटल में जा कर ही खा लिया करता। दिन वह होटल बंद था तो बगल के ही एक होटल से कीमा माँगा और जब पैसे देने लगा तो वहाँ बारह आने की जगह पर साढ़े तीन या चार रुपए मुझे देने को कहा गया। मुझे कुछ समझ में नहीं आ रहा था, क्या करूँ। बारह आने लगेंगे इस होटल में भी, यह समझ कर कीमा माँगा था। जेब टटोलने लगा तो उतने पैसे किसी तरह पूरे हो गए। उसके बाद जान पाया कि जिस होटल से मैं कीमा लेता था, वह मुसलमानी होटल था और मैं जो बारह आने में कीमा खाता था, वह गाय या भैंस के मांस का था। मेरी उस वक्त जो हालत हुई थी, वह मैं ही जानता हूँ। कई बार उलटी हुई। एक सप्ताह एक पश्चात्ताप होता रहा कि मैंने गाय का मांस खा लिया है। मेरी जाति नष्ट हो गई है, मेरा कोई धर्म नहीं रहा। मैं जब घर लौटा, तो दो-तीन सप्ताह बाद मैंने अपनी मां को यह बात बताई। माँ ने तुरत ही देवतावाले घर से गंगा-जल ले आ कर मुझ पर छिड़का और मुझे सख्त निर्देश दिया कि मैं कभी भी घर के देवता की पूजा नहीं करूँ। मैं आज भी घर के देवता की पूजा नहीं कर सकता।

यह सब लिखने का उद्देश्य यह बताना है कि पिछड़ी जातियों में वही सारे कुसंस्कार पल रहे हैं। लेकिन कोई पिछड़ा नेता इन कुसंस्कारों की ओर ध्यान तक नहीं दिलाता। उनसे मुक्त करने की चेष्टा का तो कोई सवाल ही नहीं उठता। कलकत्ता जैसे महानगर में 18 वर्ष से रह रहा हूँ। साल में एक या दो बार गाँव जाना होता है। बारह महीनों में मुश्किल से एक महीना गाँव में बीतता है। जब गाँव में रहता था, तब सोचता था जातिवाद और छुआछूत की बीमारी बिहार में ही सबसे ज्यादा है। शहर का अनुभव भिन्न जरूर है, पर ऐसा नहीं कि वह जातिवाद विरोधी हो। कलकत्ता में जातिवाद का प्रकोप तो है ही, ऊपर से प्रांतीयता का भी काफी असर है। जिस तरह हमारे गाँव में छोटी-सी बात पर चमार को 'चमरा'

कहा जाता है, उसी तरह कलकत्ता में बिहारी को 'खोट्टा', मारवाड़ी को 'मेड़ो', पंजाबी को 'बाँधा गोभी' (पत्ता गोभी), उड़िया को 'उड़े' कहा जाता है। बंगाली आपस में भी पूर्वी बंगाल के लोगों को 'बांगाल' कहते हैं। इस तरह के संबोधनों के पीछे अन्य प्रांतों और क्षेत्रों के लिए तिरस्कार और अपमान निहित है। ऐसा आचरण अशिक्षित लोगों के बजाय पढ़-लिखे ऊँची जातियों के भद्रजन ही ज्यादा करते हैं। यह प्रकारांतर से मध्यवर्गीय सवर्ण मानसिकता का भी द्योतक है जिसमें दूसरों को हेय मानना स्वाभाविक होता है।

मैं जिस दफ्तर में काम करता हूँ, उसमें कई बंगाली मित्र हैं। इनमें से एक महिला मुझे राखी भी बाँधती हैं, पर बातचीत और बहस में वह मुझे बिहारी होने के नाते 'खोट्टा' जरूर ही कहती है। हिंदी बोलनेवालों को तो सारे बंगाली 'हिंदुस्तानी' कहते हैं। बंगाल के बड़े से बड़े लेखक, यहाँ तक कि रवीन्द्रनाथ और शरत चंद्र भी ऐसा करते थे। शिक्षित बंगाली आज तक यह नहीं जान पाए हैं कि 'हिंदुस्तानी' का अर्थ भारतीय होता है और हिंदुस्तानी तो वे खुद भी हैं। आम धारणा यह है कि बंगाल में बिहार की तरह जातिवाद नहीं है। शायद कुछ हद तक इसमें सच्चाई भी है, क्योंकि जातिवाद का एकदम नंगा रूप उतना नजर नहीं आता, जितना बिहार में, जहाँ मिनटों में जाति के नाम पर लोग मरने-मारने पर उतारू हो जाते हैं।

कलकत्ता में बहुत-से दफ्तरों में लड़के-लड़कियाँ और स्त्री-पुरुष एक साथ काम करते हैं। ऐसे में उनके बीच रिश्ते बनते ही हैं, पर अधिकांश लड़कियाँ यह देखती हैं कि लड़का उनकी जाति का है या नहीं, क्योंकि तभी विवाह होने की संभावना ज्यादा रहती है। इस तरह होनेवाले विवाहों को 'प्रेम विवाह' कहा जाता है, पर ये कितने प्रेम पर आधारित हैं और कितने जाति पर, यह तो खुदा ही जानता होगा। जिस तरह ऊँची जाति के लोग अनादि काल से दलित औरतों के साथ सोते आए हैं, लेकिन उनसे विवाह करना वर्जित मानते हैं, उसी का एक आधुनिक रूप कलकत्ता में देखने को मिलता है—साथ घूमने-फिरने या प्रेम करते रहने में कोई हर्ज नहीं माना जाता, परंतु विवाह करने के मामले में निश्चय ही माना जाता है।

बिहार में शायद ही कोई गाँव ऐसा हो, जहाँ अपनी जाति के बाहर किसी का विवाह होता हो। गाँव से बाहर रहनेवालों में कभी-कभी कोई व्यक्ति विवाह करके गाँव में लड़की जरूर ले आता है। लेकिन गाँव में इसे सहज स्वीकार नहीं किया जाता। अपनी जाति से सरोकार रखने के लिए ऐसे 'प्रेमी' को बड़े भोज का आयोजन करना पड़ता है। तब कहीं जा कर वह अपनी जाति से हाथ धोने से बचता है। भोज का आयोजन एक प्रकार की सजा ही है।

मैं 15-16 वर्ष की उम्र में ही जीविका की तलाश में पहले दिल्ली और उसके बाद कलकत्ता आ गया था। 1981 में कलकत्ते में एक नौकरी लगी। उस समय

150 रुपए तनख्वाह थी। इसमें निर्वाह कर पाना मुश्किल था। किसी ने बताया कि यूनियन करने से तनख्वाह बढ़ जाएगी और नौकरी की भी गारंटी होगी। इसलिए ट्रेड यूनियन के नेताओं से मेरा संपर्क हुआ। एक नेता ने पहले दिन ही कहा कि सारे लोग एक साथ बैठक करें, उस दिन वे (नेता) सारे लोगों से बात करेंगे। रविवार छुट्टी के दिन बैठक हुई। नेता ने उस दिन कहा था : हमारे संगठन में रहने के लिए दो ही जाति मानने वाले लोग चाहिए—एक मालिक और दूसरा मजदूर ! चूँकि मैं बिहार का ठहरा, जहाँ जाति प्रथा के चलते और परिवार के गरीब होने के नाते काफी परेशानी में रहा हूँ, इसलिए नेता की बात से काफी प्रभावित हुआ। नेता ने यह भी कहा, "तुम लोग बिहार, उत्तर प्रदेश के रहने वाले हो, जहाँ जाति प्रथा के कारण लोग आपस में बँटे रहते हैं और लड़ते रहते हैं। यदि संगठन में भी ऐसी बात रही तो हम मालिक से कुछ भी हासिल नहीं कर सकते।" बहरहाल, यूनियन बन गई। पर इतना सच है कि नेता खुद ही यूनियन में जातिवाद और प्रांतीयतावाद चलाते रहे। इस तरह के आचरण का नतीजा यह हुआ कि हम कभी भी मजबूती के साथ लड़ कर अपनी माँग पूरी नहीं करवा सके। यह एक मिथक है कि वामपंथी यूनियनें जातिवाद और प्रांतीयतावाद से मुक्त होती हैं।

घर-परिवार के गाँव में रहने के कारण कभी-कभी कलकत्ता में अकारण ही मन बड़ा अशांत हो जाता है। उस वक्त कहीं भी कुछ भी अच्छा नहीं लगता और किसी तरह अशांति को दूर करने की बात सोचता हूँ। ऐसी स्थिति में सात-आठ साल पहले एक दिन एक व्यक्ति से परिचय हुआ। उसको अपनी अशांति की बात बताई तो उसने कहा कि उसका संबंध निरंकारी मिशन से है। वहाँ जाया करूँ तो मेरी परेशानी दूर हो सकती हैं। मैं 'शांति की तलाश' में उसके साथ निरंकारी मिशन चला गया। वहाँ प्रवचन हो रहा था। थोड़ी दूर पर जाकर बैठ गया। एक-दो व्यक्ति मेरे पैर छूने लगे, तो मैंने हाथ पकड़ कर रोक दिया। उस पर उन्होंने कहा कि मिशन में कोई बड़ा-छोटा नहीं माना जाता। इस मिशन में दो ही जाति के माननेवाले लोग आते हैं—एक 'नर' और दूसरे 'नारायण'। इसके अलावा और कोई जाति नहीं होती। कुछ देर तक तो मुझे कुछ भी समझ में नहीं आ रहा था। लेकिन तब तक मुझे ट्रेड यूनियन के नेता ने जो कहा था, उसकी बात याद आ गई। मिशन की बात ट्रेड यूनियन के नेता से बड़ी जरूर लगी थी। कुछ दिनों तक मिशन में जाता भी रहा, लेकिन ट्रेड यूनियन नेता से धोखा खाया था, इसलिए मिशन में विश्वास जमा नहीं पाया और उससे अलग ही रहने का फैसला किया।

बहरहाल, यूनियन में रहने के कारण किसी भी जुलूस में जाना ही पड़ता है। 6 दिसम्बर 1992 को बाबरी मस्जिद ढहाने पर कलकत्ता में जो दंगा हुआ, उसके बारे में यह कहा जाता है कि वामपंथियों ने भी मुसलमानों को सताया। हाँ, सद्भावना जुलूस वामपंथियों की ओर से ही निकले और मुझे उनमें रहना पड़ा।

लेकिन जुलूस में शामिल लोग मुसलमानों को कितना अपना मानते थे और बाबरी मस्जिद के ढहाए जाने से उनको कितनी पीड़ा थी, यह नहीं जानता।

दक्षिण अफ्रीका की रंगभेद नीति के खिलाफ लड़नेवाले नेता नेल्सन मंडेला कलकत्ता आए हुए थे। नेताजी इन्डौर स्टेडियम में उनका स्वागत समारोह था। महीने भर से स्वागत की तैयारियाँ चल रही थीं। जगह-जगह नुक्कड़ों पर भाषण दिए जा रहे थे—"जात-पाँत का भेदभाव मिटाने से हमारे देश का भविष्य उज्ज्वल हो सकता है, सो हम नेलसन मंडेला से कुछ सीखें !' एक ट्रेड यूनियन नेता हमारे दफ्तर आकर कह गए कि परसों जुलूस निकलेगा, उसमें शामिल होना अनिवार्य है। मैंने अनिवार्यता का कारण जानना चाहा, तो नेता ने कहा : गोरे लोगों की रंग भेद नीति के खिलाफ लड़ाकू नेता नेल्सन मंडेला लड़ रहे थे। उनकी जीत हुई है। इस खुशी में हमारी सरकार ने उन्हें बुलाया है। मैंने बिना सोचे-समझे यह कह दिया कि हमारे देश से तो अच्छा दक्षिण अफ्रीका ही है। वहाँ कम से कम जाति पहचानने में सुविधा रहती है। हमारे हिंदुस्तान में तो हजारों जातियाँ हैं, इसके खिलाफ क्यों नहीं नेल्सन मंडेला की तरह के लड़ाकू नेता बन रहे हैं ? दक्षिण अफ्रीका में आदमी को देखते ही जाति का पता चल जाता है और हमारे यहाँ इसका रहस्य हमेशा बना ही रहता है। इसलिए मैं हिंदुस्तान से अच्छा दक्षिण अफ्रीका को ही मानता हूँ।

मेरी इच्छा नहीं थी कि जुलूस में भाग लूँ, पर नेता काफी नाराज हुए और कहने लगे, बिहारियों को समझाना कठिन है, बिहारी को कुछ आता-जाता नहीं, वह अभी भी पुराने जमाने में ही रह रहा है। उन्होंने कहा, दक्षिण अफ्रीका में काले लोगों के लिए रास्ते तक अलग बनाए हुए हैं। इससे ज्यादा अपमान और क्या हो सकता है। इस पर मैंने उनसे कहा : हम वर्षों से साथ रहते हैं, लेकिन जिस दिन इस बात का पता चलता है कि जिसके साथ वर्षों का संबंध है, वह जाति का चमार या मेहतर या धोबी है तो उसी दिन दोस्ती खत्म हो जाती है और उससे अलग भी हो जाते हैं। क्या यह काले लोगों का दक्षिण अफ्रीका में जो अपमान होता है, उससे किसी भी तरह कम है ! मैंने कहा कि काले लोगों के लिए रास्ते अलग बनाए गए हैं तो उनकी दुनिया अलग बन गई होगी। इसलिए उनको इस अपमान का शायद बोध ही नहीं होता होगा। यह बात इसी तरह की है— जो सामान बाजार में नहीं है, उसे पाने के लिए किसी प्रकार की होड़ लगाने की जरूरत नहीं। अपमान तो तब होता है जब हम जिन चीजों को जानने लगते हैं और उनको पाने की इच्छा रहने पर भी वंचित रहना पड़ता है। दक्षिण अफ्रीका में काले लोगों की दुनिया बिलकुल ही गोरों से अलग होती होगी। कम से कम जिस तरह घरेलू नौकर को मालिक को खाने की अच्छी-अच्छी चीजे परोसने के बाद उन्हें वापस फ्रिज में रख देना पड़ता है और उन्हें खाने की मनाही होती है, उसी तरह की बात

हमारे यहाँ जाति प्रथा में भी होती है। हिंदुस्तान में जितना अपमान जाति प्रथा के कारण होता है, उतना दक्षिण अफ्रीका के काले लोगों के साथ नहीं होता होगा। मेरी बातों से नेता काफी नाराज हो गए। ज्यादा बहस करना उचित नहीं लगा। मैंने उनसे कहा : परसों दल-बल के साथ जुलूस में जाऊँगा।

हमारे गाँव का एक चमार लड़का कलकत्ता में घरेलू नौकर का काम करता था। एक दिन वह मेरे पास आया कि उसे आज ही घर जाना है। सो कहीं से भी तीन सौ रुपयों की व्यवस्था कर दूँ, मेरे घर आने पर रूपये वापस लौटा देगा। अचानक घर जाने का सबब यह था कि उसके मालिक को किसी तरह से यह पता चल गया था कि वह चमार है। यदि वह अब मालिक के पास जाता है तो मालिक उसे डाँटे-फटकारेगा कि उसकी जाति चमार है, यह उसने पहले क्यों नहीं बताया। इस अपराध के लिए उसे मार खानी पड़ेगी और जेल जाना पड़ेगा। मैंने उससे कहा कि जेल जाने का तो सवाल ही नहीं उठता और फिर पूछा, मालिक पढ़ा-लिखा है न ? उसने बताया कि अंग्रेजी बोलता है, तो मैंने कहा कि जेल तो भेज ही नहीं सकता, क्योंकि चमार होने पर किसी को किसी भी हालत में डिसमिस नहीं किया जा सकता और फिर, यह शहर है, नहीं मारेगा। ज्यादा से ज्यादा नौकरी से हटा देगा, उसने जितने दिन काम किया है, उतने दिनों का पैसा तो ले आए। लेकिन वह किसी भी हालत में मालिक के पास जाने को राजी नहीं हुआ और उसी दिन घर चला गया।

मेरे एक अविवाहित मित्र हरिजन हैं। उनके विवाह के लिए कभी-कभी सोचता हूँ कि किसी परिचित लड़की को, जो विवाह की ही प्रतीक्षा कर रही होती है, कहूँ, पर हिम्मत नहीं होती, क्योंकि विवाह की बात आगे बढ़ने पर जाति की बात आएगी ही और संबंध नहीं होगा और तब मेरे मित्र की निराशा और बढ़ जाएगी। संपन्न वर्ग के लोग हरिजनों और आदिवासियों को किस नजर से देखते हैं, इसका प्रमाण तो रोज ही मिलता है। मेरे एक परिचित का बेटा कलकत्ता के एक नामी-गिरामी इंस्टीट्यूट में पढ़ता है। वह एस.सी. और एस.टी. कोटे से आए अपने सहपाठियों को जिस हिकारत से देखता है, उसकी कल्पना भी मैं नहीं कर सकता था, क्योंकि मेरे परिचित देश के एक ऐसे परिवार से हैं जिसमें अंतर्जातीय और अंतर्प्रांतीय ही नहीं, अंर्तधर्मीय विवाह भी हुए हैं। अभी हाल में अखबारों में एक मरीज के आपरेशन के दौरान उसके पेट से 6 इंच की चिमटी निकलने की खबर छपी थी—यह इस मरीज के तीन साल पहले किए गए एक और आपरेशन के दौरान रह गई थी। खबर मुझे एक मित्र ने पढ़ कर सुनाई और कहा— पहले आपरेशन करने वाला सर्जन जरूर ही एस.सी.कोटे से आया होगा।

शहर में पढ़े-लिखे लोगों में पता नहीं, कितने लोग अपनी जाति छिपाते हैं—न जाने कितने ही एस,बी,आर,आदि अंग्रेजी वर्णमाला वाले कुमार नामधारी, चमार,

रजक, कुम्हार होते हैं। वे निश्चय ही यह जानते हैं कि शहर में जाति की श्रेष्ठता के सिद्धांत का विलोप नहीं हुआ है। हमारे देश में तथाकथित पढ़ा-लिखा वर्ग टालस्टाय, चेखव, मोपासाँ आदि को अंग्रेजी का लेखक मानता है। यह तथाकथित पढ़ा-लिखा वर्ग जानकारी प्राप्त करने और सोचने के बजाय अपने भ्रमों को ही तथ्य मान लेता है। एक सज्जन ने हिटलर की आत्मकथा (मीन केम्फ) पढ़ने के बाद मुझे यह जानकारी दी कि हिटलर मोची था। इत्त्फाक से मैंने भी कुछ दिन पहले इस किताब को पढ़ा था। मैंने उन सज्जन से कहा कि हिटलर मोची नहीं था, उसका बाप जरूर मोची था, तो उन्होंने कहा, आप तो मेरी ही बात को स्वीकार कर रहे हैं, जब बाप मोची हुआ तो बेटा कैसे मोची नहीं होगा! अंत में मैंने उनसे सिर्फ इतना ही कहा : आपको अपने देश की विशेषता का पता तक नहीं है।

शहर में रहते हुए मुझे सबसे बड़ा संताप तब होता है, जब मैं किसी रिक्शेवाले को हिंदी और बंगला में बात करनेवालों को उपेक्षा की दृष्टि से देखता और अंग्रेजी बोलने वाले को इज्जत देता हुआ पाता हूँ। कई बार देखता हूँ कि दुकान पर सामान लेने के लिए खड़ा रहता हूँ तो मुझसे पीछे कोई ग्राहक दुकानदार से अंग्रेजी में बोलता है तो पहले अंग्रेजी बोलनेवाले को ही वह सामान देने लग जाता है। इस तरह हर जगह अंग्रेजी बोलनेवाले को तरजीह प्राप्त करते हुए देखता हूँ तो सोचने लगता हूँ कि आत्मसम्मान बचाने के लिए अंग्रेजी बोलने वालों की जाति में शामिल होना जरूरी है। सारी जगहों पर अंग्रेजी जानने वालों की एक अलग जाति बड़े पैमाने पर बन रही है। ऐसे लोग कहते हैं कि दुनिया को जानने के लिए अंग्रेजी ही एक- मात्र माध्यम हो सकती है। शहर में रहने वाले हर जाति के लोग अपनी संतान को इसी फार्मूले के तहत अंग्रेजी पढ़ाने-सिखाने में लगे हैं कि अंग्रेजी आ गई तो बहुत सारी भव बाधा स्वतः दूर हो जाएगी। शहरों में पिछड़ी जातियों के लोग और हरिजन भी यह मानने लगे हैं कि अगर किसी भी तरह अंग्रेजी आ जाए तो जातीय अपमान की पीड़ा से निजात पाई जा सकती है।

मेरी जाति

जयप्रकाश कर्दम

'अच्छी-खासी बिक्री कर विभाग में नौकरी थी और घर के घर में। घर से साइकिल उठा कर चलता और बीस मिनट में दफ्तर। समाज से भी जुड़ा था और यारों-प्यारों से भी। छोटे-मोटे कार्यों के लिए छुट्टी लेने की जरूरत भी नहीं पड़ती थी। परिवार की देखभाल भी ठीक से हो रही थी। फिर क्यों वहाँ की नौकरी छोड़ मैं यहाँ चला आया इस अनजान शहर में ठोकरें खाने के लिए, जहाँ कदम-कदम पर अपमान और उपेक्षा का शिकार होना पड़ता है, हर मोड़ पर जाति के राक्षस से दो-चार होना पड़ता है।'

जब-जब भी जाति के कारण मुझे उपेक्षा मिलती और मन आहत होता, मैं यह सब सोचने को विवश हो जाता। ऐसा नहीं है कि जाति के इस राक्षस से मेरा मुकाबला पहली बार हुआ था। बचपन से ही एक साए की तरह जाति का यह राक्षस मेरे साथ-साथ चला है तथा जब और जहाँ भी अवसर मिला है, इसने पूरी ताकत से मुझ पर प्रहार किया है। मैं हर बार तिलमिलाया हूँ, कसमसाया हूँ, इसके समूल नाश की कामना करता आया हूँ, किंतु नाश तो दूर, उलटे एक सार्वभौमिक सत्य की तरह इसे हमेशा अपने सामने देखता आया हूँ।

इलाहाबाद में आए तीन-चार दिन मुझे हो गए थे। अभी तक मैं अपने गाजियाबाद के एक मित्र राधाचरण विद्यार्थी के एक रिश्तेदार देवीदयाल जी के घर पर ठहरा हुआ था। इन तीन-चार दिनों में देवीदयाल जी तथा बैंक के अपने सहकर्मियों के साथ अनेक जगह कमरे की तलाश में मैं गया था। यह जान कर कि मैं बैंक में नौकरी करता हूँ, लोग कमरा देने को तैयार हो जाते, कमरा भी दिखा देते और अपनी शर्तें भी बता देते। किंतु किराएदार के विषय में पूरी जानकारी जरूरी है, इसलिए वे मेरे बारे में जानकारी लेते। मेरा गाँव और जिला पूछते, परिवार के बारे में पूछते, फिर नाम और अंत में जाति पर आते। और जब मैं बतलाता कि मैं जाटव हूँ, शेड्यूल्ड कास्ट हूँ, तो लोगों के रूप में अचानक परिवर्तन आ

जाता। उनका तीसरा नेत्र खुल जाता। सारी गर्मजोशी गायब हो जाती और थोड़ी देर पहले तक जो कमरा खाली होता और मुझे किराए पर दिया जा सकता था, तुरंतु स्मरण हो आता कि उस कमरे के लिए वे पहले ही किसी को हाँ कर चुके हैं या कि उनके बेटे या बेटी की शादी होनेवाली है और उस कमरे की उनको ही खुद जरूरत है।

मेरे दो साथी और थे। उन्होंने भी मेरे साथ ही ज्वाइन किया था। उनमें से एक रामहेत आगरा (उ.प्र.) जिले में टुंडला के पास पहाड़पुर गाँव का रहनेवाला था और दूसरा चंद्रपुर (महाराष्ट्र) का था एस.एस. पोद्दार। रामहेत अपने नाम के साथ 'निगम' टाइटल लगाता था और चूँकि 'निगम' ब्राह्मणों का गोत्र होता है, इसलिए रामहेत से कोई उसकी जाति नहीं पूछता था। पोद्दार को एक तो बंगला आती थी और इसके चलते वह बंगालियों के बीच घुल-मिल गया था; दूसरे, उसका टाइटल 'पोद्दार' भी उसके सवर्ण होने का सूचक था। इसलिए उससे भी कोई उसकी जाति नहीं पूछता था। यदि सामनेवाले को यह पता चल जाए कि आप सवर्ण हैं, तो फिर आप चाहे किसी भी जाति के हों, आपसे आपकी जाति नहीं पूछी जाएगी। किंतु यदि सामनेवाले को यह स्पष्ट न हो कि आप सवर्ण हैं, तो आपसे आपकी जाति अवश्य पूछी जाएगी। वस्तुतः जाति पूछने के पीछे मुख्य मंशा यह जानने की होती है कि आप सवर्ण हैं या अवर्ण। चूँकि उनके 'निगम' या 'पोद्दार' कहने भर से यह स्पष्ट हो जाता था कि वे सवर्ण हैं, इसलिए सवर्ण मकान मालिकों के लिए उन्हें मकान किराए पर देने में कोई दिक्कत नहीं हुई। किंतु मेरा टाइटल 'कर्दम' था। मेरा टाइटल सुन कर ही समझ जाते थे कि मैं शेड्यूल्ड कास्ट अर्थात् अवर्ण हूँ। जिन लोगों को इस बात की जानकारी नहीं होती और 'कर्दम' से वे यह स्पष्ट नहीं समझ पाते थे कि मैं सवर्ण हूँ या अवर्ण, वे तुरंत मेरी जाति पूछते थे और मैं साफ-साफ बतलाता था, इसलिए मुझे मकान नहीं मिल रहा था।

बैंक के मेरे साथी मुझसे कहते, 'तुम क्यों कहते हो कि तुम शेड्यूल्ड कास्ट हो ? अरे भाई, तुम्हें कमरा लेना है, अपना समय निकालना है, निकाल लो जैसे-तैसे। लोग पूछते ही हैं, तो बता दो कोई भी जाति, क्या फर्क पड़ता है ! कम से कम कमरा तो मिल जाएगा।' लेकिन मेरा स्वाभिमानी मन इस बात से समझौता करने को तैयार नहीं हुआ और मुझे कमरा नहीं मिला। ऐसा नहीं है कि पोद्दार या रामहेत में सामाजिक जागरूकता नहीं थी। सामाजिक चेतना उनमें भी थी, किंतु कमरे के लिए उन्होंने अपने सिद्धांतों से समझौता कर लिया था। मुझसे ऐसा नहीं हो सका था।

कई दिन इधर-उधर धक्के खाने के बाद मैंने अपने बैंक के सफाई कर्मचारी मेवालाल से बात की। मेवालाल 'हेला' जाति का था। 'हेला' लोग परंपरागत रूप

से वही काम करते हैं, जो हमारे यहाँ भंगी करते हैं। 'हेला' शब्द संभवतः 'हेल' से बना है। हेला अर्थात् 'हेल ढोनेवाला'। उल्लेखनीय है कि कूड़ा-करकट, मल-मूत्र या गोबर और उससे बने उपले आदि से भरे टोकरे को ही 'हेल' कहा जाता है। यह महाराष्ट्र के 'मेला' के समरूप है, जो 'मैला' का अपभ्रंश है। महाराष्ट्र के प्रसिद्ध संत 'चोखा' मेला जाति के ही थे।

मेवालाल ने एक कमरा अपनी बस्ती में मेरे लिए ढूँढ़ा और मुझे अपनी जाति के एक सामाजिक कार्यकर्ता एस. रावसंजीवन नाथ जी से मिलवाया। रावसंजीवन नाथ जी से मिलकर मुझे बहुत अच्छा लगा। वह न केवल एक जागरूक सामाजिक कार्यकर्ता थे, अपितु बाबा साहब आंबेडकर के अनुयायी तथा बौद्ध धर्म के प्रति निष्ठावान भी थे। वह अपने नाम के साथ 'बौद्धाचार्य' लगाते थे। बौद्धाचार्य जी 'डॉ. आम्बेडकर नवयुवक महासभा' नामक एक संस्था तथा भजन मंडली के संयोजक थे। इस संस्था की ओर से छोटी-छोटी गोष्ठियाँ और संवाद तथा सांस्कृतिक कार्यक्रमों के आयोजन के जरिए अपनी जाति के लोगों में सामाजिक चेतना जाग्रत करने के प्रति वह क्रियाशील थे।

कोई बुद्ध विहार उनके यहाँ नहीं था, किंतु अपने निवास पर ही बुद्ध वंदना एवं धर्म देशना का आयोजन भी वह कराते थे। गढ़ी राजपुर में बुद्ध विहार था और वहाँ पर भारतीय बौद्ध महासभा, इलाहाबाद के अध्यक्ष श्री एल.एन. संखवार के संयोजन में प्रत्येक रविवार को सामूहिक बुद्ध वंदना तथा बाबा साहब आंबेडकर की पुस्तक 'भगवान बुद्ध और उनका धर्म' का पाठ होता था। बाद में बौद्धाचार्य जी और संखवार जी के अलावा सामाजिक-सांस्कृतिक गतिविधियों में रुचि रखनेवाले अन्य कई लोगों से भी मेरा अच्छा परिचय हो गया था और इलाहाबाद में आयोजित होनेवाले धार्मिक-सामाजिक आयोजनों में धीरे-धीरे मेरी भागीदारी होने लगी थी।

मैंने मेवालाल द्वारा ढूँढ़े कमरे में रहने का पूरा मन बना लिया था और अगले ही दिन मैं अपना सामान देवीदयाल जी के घर से उठा कर उस कमरे में ले जाने वाला था कि उसी दिन श्री बांकेलाल जी मेरे बैंक में आए और मुझे अपने साथ अपने घर ले गए। बाँकेलाल जी सी.डी.ए. पेंशन कार्यालय में क्लर्क थे। वह बुलंदशहर जिले में जलालपुर गाँव के रहनेवाले थे और मेरे चाचा हरपाल सिंह के मित्र लाल सिंह के बड़े भाई थे। बांकेलाल जी सुलेम सराय में 'भोला का पुरा' मुहल्ले में रहते थे। उनके परिवार में पत्नी के अलावा तीन लड़कियाँ और एक लड़का था। ये सभी बच्चे छोटे-छोटे थे और ठीक इतने ही बड़े, जितने बड़े मेरे अपने छोटे भाई-बहन थे। बाँकेलाल जी का बड़ा बेटा बॉबी (सत्येंद्र) जलालपुर में ही अपने चाचा लाल सिंह के पास रह कर पढ़ रहा था। बांकेलाल जी के परिवार में आने पर कुछ घंटों में ही सबसे ऐसा घुल-मिल गया कि लगा, मैं अपने ही परिवार में आ गया हूँ। चाचा जी के मित्र के भाई होने के नाते मैं उनको 'चाचा'

और उनकी पत्नी को 'चाची' कहता। उनके बच्चे तो मेरे लिए छोटे बहन-भाई जैसे थे ही। उस रात मैं बाँकेलाल जी के ही घर पर रुका। रात में हमारी बहुत सारी बातें हुईं। उन्होंने बताया, 'यहाँ जातिवाद का जहर बहुत ज्यादा फैला है। सवर्णों के घरों में दलितों को मकान मिलना सरल नहीं है। जाति छिपा कर ही यहाँ मकान मिल सकता है। मैं यहाँ वर्मा बन कर रह रहा हूँ।' मकान के लिए जाति छिपाना मुझे जातीय स्वाभिमान को गिरवी रखने जैसा लगा था और मैंने बांकेलाल जी से कहा था, 'आप अपनी जाति छिपाते क्यों हैं ? साफ-साफ क्यों नहीं कहते कि आप जाटव हो। कोई सवर्ण मकान नहीं देगा, न सही, किसी पासी या हेला का मकान तो मिलेगा ! वहाँ रहा जा सकता है। जहाँ भी रहा जाए, स्वाभिमान से रहना चाहिए।'

उन्होंने मुझे समझाया, 'देखो जयप्रकाश, मेरे अंदर अपनी जाति को लेकर किसी तरह की कोई हीनता नहीं है और मुझे अपनी जाति के बारे में सच बोलने में कोई संकोच भी नहीं है। लेकिन कुछ बातें होती हैं, जिनके कारण न चाहते हुए भी कभी-कभी हमें सच से बच कर चलना पड़ता है।' उन्होंने आगे कहा, 'देखो, हम परदेश में हैं। हमें अपने काम से काम रखना चाहिए। लेकिन केवल अपने काम से काम रखने से भी काम नहीं चलता है, कई और दूसरे सरोकार भी होते हैं। यहाँ के माहौल और सच्चाई से अभी तुम पूरी तरह वाकिफ नहीं हो। धीरे-धीरे बहुत कुछ जान जाओगे तुम भी।'

उस दिन मैंने बाँकेलाल जी से इस विषय में और अधिक कुछ नहीं कहा था। लेकिन उस एक रात की बातचीत में हम दोनों ने एक-दूसरे को काफी कुछ समझ लिया था। बाँकेलाल जी को भी मुझसे अपनापन-सा हो गया था। उन्होंने कहा था, 'अपनी तरफ के हम दो आदमी यहाँ हैं, साथ-साथ रहेंगे तो अच्छा रहेगा। तुम्हें अकेलापन नहीं खलेगा और हमें भी सहारा रहेगा। वक्त-जरूरत पर एक-दूसरे के काम आएँगे।' उनका यह विचार मुझे अच्छा लगा था और मैंने उनके साथ रहना स्वीकार कर लिया था। अगले ही दिन मैं अपना सामान उठा कर बांकेलाल जी के घर चला आया था। मैंने अपने लिए अलग कमरे की व्यवस्था के लिए कहा था, किंतु उन्होंने कहा था, 'अभी हम लोग गाँव जाएँगे, छोटे भाई की शादी है। इस बीच तुम हमारे घर पर ही रहो। वहाँ से लौटने पर कमरा देख लिया जाएगा। इतने दिन के लिए व्यर्थ में किराया देने से क्या फायदा।' उनका सुझाव मुझे 'एक बड़ी ही नेक सलाह' लगा था और उनके लौटने तक मैं उनके घर पर ही रहा था।

एक रविवार को सायं के समय मैं बाहरवाले कमरे में बैठा पढ़ रहा था कि मकान मालिक सुरेंद्र श्रीवास्तव मेरे पास आए। थोड़ी देर उन्होंने इधर-उधर की बातें की और फिर पूछा, "तुम किस कास्ट के हो ?"

मन किया कि दूसरों की तरह इनको भी स्पष्ट बता दूँ कि मैं जाटव हूँ,

लेकिन तभी मुझे बाँकेलाल जी का यह कथन याद हो आया कि यदि मकान मालिक को पता चल जाए कि हम शेड्यूल्ड कास्ट हैं, तो कोई मकान नहीं देगा। मैंने सोचा, जहाँ केवल जाति के आधार पर मकान मिलना या न मिलना निर्भर करता हो, वहाँ यदि मैं सच बता दूँ कि मैं जाटव–शेड्यूल्ड कास्ट हूँ, तो कहीं ऐसा न हो कि बाँकेलाल जी से मकान खाली करवा लिया जाए। दूसरे, बांकेलाल जी अपनी जाति छिपा कर रह रहे थे। सुरेंद्र श्रीवास्तव सहित बहुत-से परिवारों के साथ उनका उठना-बैठना और खाना-पीना था। ऐसे में यह भेद खुल जाने पर कि वह सवर्ण नहीं, शेड्यूल्ड कास्ट हैं और झूठ बोल कर रह रहे हैं, उनकी पोजीशन खराब हो जाने का खतरा था। और एक बार व्यक्ति की पोजीशन खराब हो जाए, वह लोगों की नजरों में गिर जाए, तो उसके लिए बड़ी कठिनाई पैदा हो जाती है। यों मैं अपने जातीय स्वाभिमान का पक्षधर रहा हूँ। जातीय हीनता मेरा स्वभाव नहीं रहा, किंतु यहाँ मेरे सच बोलने से बाँकेलाल जी के लिए संकट खड़ा हो सकता था, इसलिए मैंने न चाहते हुए भी, अपने मन की आज्ञा के खिलाफ, झूठ बोला और कहा, 'मैं जाट हूँ।'

मैंने दो बातें सोच कर ही स्वयं को जाट बताया था। एक तो यह कि कुछ जाट लोग भी अपना टाइटल वर्मा लिखते हैं और दूसरे यह कि जाटव और जाट में सिर्फ 'व' का अंतर है। यदि भविष्य में कभी सुरेंद्र श्रीवास्वत को यह पता चल भी गया कि मैं जाट नहीं, जाटव हूँ, तो मैं कह सकूँगा कि मैंने तो जाटव ही कहा था, उनके सुनने में कहीं गलती हुई होगी।

'और वर्मा जी ?' श्रीवास्तव जी का अगला प्रश्न था।

उनका यह प्रश्न सुन कर मैं चौंक गया। श्रीवास्तव जी को शायद इस बात पर संदेह था कि बाँकेलाल जी सवर्ण हैं। उनके इस प्रश्न ने मुझे धर्म-संकट में डाल दिया था। मुझे यह पता नहीं था कि बाँकेलाल जी ने स्वयं को कौन-सा वर्मा बताया हुआ था–जाट वर्मा, सुनार वर्मा, कायस्थ वर्मा या कोई अन्य, क्योंकि जाट लोग भी अपना टाइटल 'वर्मा' लगाते हैं, सुनार भी और कायस्थ भी। स्वयं सुरेन्द्र श्री वास्तव का बड़ा भाई अपना टाइटल वर्मा लगाता था। मेरे लिए सुरेंद्र श्रीवास्तव के इस प्रश्न का उत्तर देना एक टेढ़ी खीर था। इसलिए मैंने केवल यही कहना उचित समझा, 'उनके विषय में मैं नहीं जानता। दरअसल, वह मेरे चाचा जी के एक परिचित के बड़े भाई हैं। और फिर मैं गाजियाबाद का हूँ और वह बुलंदशहर जिले के हैं।'

'अरे, हम तो समझे थे, आप लोग एक गाँव के हैं, इसीलिए आप लोगों में इतनी घनिष्ठता है।' श्रीवास्वत जी को मेरे उत्तर पर आश्चर्य हुआ था।

'जी नहीं, किंतु परदेश में आ कर सौ कोस दूर के लोग भी घर के-से लगते हैं।' बड़े भोलेपन से यह कह कर बड़ी सफाई से मैं एक सच्चाई को छिपा गया था।

'हाँ, यह तो है।' श्रीवास्तव जी ने कहा था और थोड़ी देर इधर-उधर की बातें कर वह चले गए थे।

हालाँकि मुझे अपने लिए नहीं, बाँकेलाल जी के लिए झूठ बोलना पड़ा था, लेकिन बहुत दिनों तक यह बात मुझे कचोटती रही।

और आज भी जब कभी इस घटना का स्मरण होता है या ऐसी कोई घटना सामने आती है, मेरा मन आहत होता है कि कुत्ते-बिल्ली और जानवरों तक से स्नेह-स्पर्श करनेवाला सवर्ण समाज दलितों के साथ ऐसा अमानवीय और घृणास्पद व्यवहार क्यों करता है ? सहिष्णुता और वसुधैव कुटुम्बकम की बात करनेवाला समाज दलितों के प्रति इतना असहिष्णु क्यों है ? देश में लोकतंत्र की स्थापना के इतने वर्षों के पश्चात भी दलितों को मनुष्यवत व्यवहार क्यों नहीं मिलता ? दलितों में स्वाभिमान की वह भावना क्यों नहीं विकसित हो पाई कि वे बेहिचक अपनी जाति बता सकें ? यह जातीय हीनता पूरे व्यक्तित्व को प्रभावित करती है। हीनता बोध के रहते व्यक्तित्व कभी खिल नहीं सकता और व्यक्ति की सारी संभावनाएँ एक सीमा के भीतर कैद होकर रह जाती है। सामाजिक उत्थान और विकास के मार्ग में सवर्ण रवैये के साथ-साथ दलितों का यह हीनता बोध भी एक बहुत बड़ी बाधा है। ऊपर उठना है और सम्मानपूर्वक जीना है, तो इससे उबरना जरूरी है।

मुसलमानों में ऊँच-नीच

सुहेल वहीद

भारत में मुस्लिम समाज 'अशराफ' और 'अजलाफ' में बँटा हुआ है। अशराफ वे लोग हैं जो साधनसंपन्न, पढ़े-लिखे, सभ्य, सुसंस्कृत, चरित्रवान, भलेमानुस और 'गुड लुकिंग' होते हैं। यानी अशारफ वे हैं, जिनकी नस्ल ऊँची हो—वे खानदानी लोग, जिनका शजरा किसी प्रभावशाली या किसी बड़े व्यक्ति या किसी बड़ी धार्मिक संस्था से मिलता हो। बाकी सब अजलाफ हैं। अजलाफ का शाब्दिक अर्थ उर्दू के शब्दकोशों में 'कमीना' और 'घटिया' लिखा है यानी 'मुस्लिम शूद्र'।

फिर मामला आता है सादात का। सादात वे हैं, जो सैय्यद होते हैं या होने का दावा करते हैं। सैय्यद का शाब्दिक अर्थ भारत के उर्दू तथा अरबी-उर्दू शब्दकोशों में लिखा है, सरदार तथा हजरत फातमा और हजरत अली के खानदान की नस्ल के लोग (हजरत फातमा पैगम्बर हजरत, मुहम्मद साहब की बेटी थीं)। मुसलमानों में सैय्यद के घर पैदा होना बड़े गर्व की बात है। सैय्यद आज भी लगभग पूजनीय का दर्जा रखते हैं। मुस्लिम समाज (शिया-सुन्नी) में सैय्यद सबसे ज्यादा पवित्र और ऊँची श्रेणी के माने जाते हैं और इसीलिए हर सैय्यद खानदान अपने को असली सैय्यद साबित करने के लिए जमीन-आसमान के कुलाबे मिलाता नज़र आता है। उसकी वजह यह है कि सबसे ज्यादा घपला इसी 'सैय्यदवाद' में है। यह बात आसानी से गले के नीचे नहीं उतरती कि भारत के वर्ण व्यवस्था वाले माहौल में मुसलमानों ने जाति को महत्त्व नहीं दिया। लेकिन प्रचारित कर दिया गया है, बल्कि साबित कर दिया गया है कि मुसलमान सिर्फ मुसलमान होता है—कुछ और नहीं इसलिए दूसरे लोग कुछ कहते हुए जरा डरते हैं। लेकिन वास्तविकता यह है कि भारत और पाकिस्तान में ऊँची-नीची जात का चक्कर मुसलमानों में हिंदुओं से कम नहीं है।

'नदवा' विख्यात इस्लामी संस्था है। सैय्यद अबुल हसन अली नदवी यानी 'अली मियाँ' इस संस्था के प्रमुख हैं, जिनकी लिखी पुस्तकें पूरी दुनिया के

विश्वविद्यालयों के धर्मशास्त्र विभाग में पढ़ाई जाती हैं। इस संस्था के दो पाक्षिक मुखपत्र छपते हैं। एक उर्दू में 'तामीरे-हयात' और दूसरा अरबी भाषा में 'अरायद'। काफी समय तक दोनों तक संपादक मंडल एक ही रहा है ? लेकिन जब उर्दू में संपादक मंडल के नाम छपते थे तो सभी के नाम से पहले 'सैय्यद' लिखा होता था, लेकिन यही नाम जब अरबी में लिखे जाते थे, तो किसी नाम के आगे 'सैय्यद' शब्द नहीं लिखा जाता था। कारण यह है कि 'सैय्यद' शब्द का वास्तविक अर्थ 'श्री', 'मिस्टर' या 'जनाब' होता है। अरबी में अगर अपने नाम के पहले सैय्यद लिखेंगे, तो पूरी अरब दुनिया में इनकी स्थिति हास्यास्पद हो जाएगी। यही नहीं, अरब देशों से आनेवाले समाचार पत्र-पत्रिकाओं में भारतीय समाचारों में लिखा होता है : सैय्यद एल.के. आडवाणी, सैय्यद कांशीराम या सैय्यदा मायावती। नदवा के अरबी मुखपत्र में भी जहाँ कहीं आडवाणी या कांशीराम का नाम आता है, उससे पहले 'अल सैय्यद' अवश्य लिखा होता है। लेकिन भारत में 'सैय्यद' होना पवित्र होना है यानी सबसे उच्च जाति।

तर्क देनेवाले यह भी कहते हैं कि अरबी में 'अल सैय्यद' लिखा होता है, लेकिन इसका जवाब कोई नहीं देता कि अरबी में तो कुरान को भी 'अल कुरान' लिखा जाता है। वास्तव में अल का शाब्दिक अर्थ अंग्रेजी का 'द' होता है। अरबी के अखबार जब कांशीराम या एल.के. आडवाणी के नाम के पहले अल सैय्यद लगाते हैं, तो उसका सीधा मतलब 'श्री' ही होता है। इस तरह नदवा के मुखपत्रों में एक ही संपादक-मंडल के नामों में उर्दू में सैय्यद लिखा जाना और अरबी में न लिखा जाना इस घपले को साबित करता है, क्योंकि नदवा का अरबी मुखपत्र अरायद भी 'अल रायद' है, लेकिन रायद के अर्थों में ही प्रयुक्त होता है। इस संपादक मंडल में अभी भी मौलाना मुहम्मद राबे हसनी नदवी का नाम उर्दू में छपता है तो मौलाना के बाद 'सैय्यद' लिखा होता है, लेकिन जब अरबी में लिखा जाता है तो 'सैय्यद' गायब होता है।

अलीगढ़ मुस्लिम विश्वविद्यालय वर्षों तक मुस्लिम राजनीति का प्रमुख मुद्दा रहा, जिसे भुना कर कई लोग बड़े राजनीतिज्ञ बन गए। कुछ मंत्री भी बने और फिर खानदानी रईस हुए। वहाँ चले जाइए, बड़े से बड़े वामपंथी प्रोफेसर की जाति और उसका खानदान मालूम नहीं करना पड़ेगा। हर एक की ज़बान पर हर एक की जाति बोलती है और हर एक का माथा उसकी जाति की ऊँच-नीच से नीचा या ऊँचा है। यहाँ एक अजीबो-गरीब आरक्षण आज भी लागू है—5 'परसेंट' 'ओल्ड ब्वायज' के खानदानवालों के लिए। यानी अगर आप अलीगढ़ विश्वविद्यालय के 'ओल्ड ब्वायज' (गर्ल्स भी) रहे हैं और आपका बच्चा दुनिया के किसी भी हिस्से में किसी भी क्लास में 50 प्रतिशत अंक पाता है, तो अलीगढ़ विश्वविद्यालय में दाखिले के वक्त उसे 55 प्रतिशत माना जाएगा। 'ओल्ड ब्वायज' के बच्चों के लिए विश्वविद्यालय के हर

विभाग में 10 प्रतिशत, बीस, तीस, इतने पर भी पेट नहीं भरता, तो 50 प्रतिशत सींटे आरक्षित की जा सकती थीं, लेकिन नहीं, 'पांच परसेंट' में असीम संभावनाएँ हैं। यानी अगर संभव हो जाए तो अलीगढ़ विश्वविद्यालय में केवल ओल्ड ब्वायज के बच्चे ही दाखिल किए जाएँ। निश्चित रूप से ऐसा होता भी रहा होगा और विडंबना देखिए कि इसी अलीगढ़ विश्वविद्यालय के लिए पिछले पचास सालों में कितनी बार गरीब मुसलमान न जाने कहाँ-कहाँ दंगों का शिकार हुआ। पिछले दस-पंद्रह सालों में तो कुछ मध्य वर्ग भी 'ओल्ड ब्वायज' के रूप में सामने आया है। लेकिन उससे पहले 'ओल्ड ब्वायज' का सम्मान सिर्फ जमींदार-जागीरदार घरानों के लड़कों को ही प्राप्त हो पाता था और कोई भी जमींदार सैय्यद से बहुत कम होता था तो असली पठान होता था। जात-पाँत के इस तरह के 'सॉफिस्टीकेटेड खेल' मुसलमानों में बहुत पहले से प्रचलित हैं।

दरअसल, सर सैय्यद अहमद खाँ जात-पाँत की समाजी व्यवस्था के कट्टर समर्थक थे। अशराफ और अजलाफ के फर्क को बड़ी प्राथमिकता देते थे। अपने समय में अंग्रेजों के घोर समर्थक और विपत्ति में उनकी 'मेमों' को पनाह देनेवाले, 'मिस्टर बेक' के लेखों और विचारों को अपने नाम से कई वर्षों तक प्रकाशित करनेवाले सर सैय्यद अहमद खाँ ने मुसलानों में वर्ण व्यवस्था कायम कर देने में कोई कसर नहीं छोड़ी थी। अलीगढ़ मुस्लिम विश्वविद्यालय के स्वरूप और उससे निकल कर आनेवालों को देखने से ही पता चल जाता है कि भारत के किसी गरीब और कथित 'नीच कौम' खानदान के किसी छात्र को इस विश्वविद्यालय ने इज्जत की जिंदगी बसर करने लायक नहीं बनाया। चंद नवाबों की आला औलादों से पनपनेवाले घरानों के बिगड़े फरजंद यहाँ पढ़ने जाते थे। उनके लिए पंद्रह-बीस साल वहाँ रहना आम बात थी। उनके लिए सस्ता, लेकिन स्तरीय खाना और स्तरीय हॉस्टल रिजर्व रहता था और उकता जाने पर किसी इंजीनियरिंग की डिग्री उन्हें थमा दी जाती थी। निश्चित रूप से कुछ अपवाद भी रहे हैं और बड़े नामी-गिरामी लोग भी इसी विश्वविद्यालय से आए हैं। लेकिन इसके अल्पसंख्यक स्वरूप की बहाली के लिए गरीब मुसलमान सड़कों पर खींच-खींच कर मारे गए हैं। इस वर्ग के कितने बच्चे वहाँ पढ़ाए गए ? कौन-सी व्यवस्था लागू की गई कि गरीब मुसलमान का बच्चा भी अलीगढ़ में तालीम पा सके ? विश्वविद्यालय के कोर्ट के सदस्यों के नाम-पते देख लीजिए, नवाबों के खानदानों के सदस्य बेवजह अभी भी नियुक्त किए जाते हैं और यह सब उसी अल्पसंख्यक स्वरूप के कारण यह होता है, जिसके लिए गरीब मुसलमान मार जाता रहा है।

अलीगढ़ विश्वविद्यालय में वर्षों तक विभागाध्यक्ष रहे आले-अहमद सुरूर उर्दू के विख्यात लेखक हैं। अपनी किताब 'दानिशवर इकबाल' में उन्होंने पृष्ठ 20 पर लिखा है, 'सर सैय्यद के असर से पश्चिम की जहनी गुलामी नए जहन में

आम हो रही थी, इकबाल ने इससे आजाद होना सिखाया।' सुरूर साहब आगे लिखते हैं, 'सर सैय्यद मुसलमानों में तबकाती तफरीक (अशराफ-अलजाफ) के शिद्दत से क़ायल हैं।' यकीन नहीं होता कि वर्ण व्यवस्था के इतने कट्टर समर्थक सर सैय्यद ने मुसलमानों में समाज सुधार के लिए अलीगढ़ विश्वविद्यालय की स्थापना की। हाँ, वे मुसलमानों में एक 'फिरंगी नस्ल' तैयार करना चाहते थे, जिसमें वे एक हद तक कामयाब रहे। 'सर सैय्यद डे' पर आपको ये मुस्लिम फिरंगी काली शेरवानी में कहीं भी मिल जाएँगे। बताया जाता है कि सर सैय्यद अहमद खां का शजरा दसवें इमाम मोहम्मद नकी की आठवीं पीढ़ी से मिलता था। यानी वे बहुत पवित्र खानदान से थे। लेकिन इसी भारत में ख्वाजा मुईनुद्दीन चिश्ती थे, जिनका शजरा हजरत इमाम हुसैन की 12वीं पीढ़ी से मिलता था। उन्होंने न कभी अपने नाम में सैय्यद जोड़ा और न उच्च तबके की सुख-समृद्धि के लिए कार्य किया। उन्होंने यहाँ की गरीब जनता की भलाई और भाई चारे के लिए अपने आपको वक्फ कर दिया। पूरी दुनिया से हर मजहब के माननेवाले आज ख्वाजा की दरगाह पर अकीदत से सिर झुकाते हैं। आशय सिर्फ इतना है कि भारत में मुसलमानों ने हिंदुओं के सामानांतर जिस वर्ण व्यवस्था को अपने ऊपर लागू किया, सर सैय्यद ने उसे न सिर्फ परवान चढ़ाया, बल्कि ऐसी शैक्षिक व्यवस्था कायम कर दी कि यह नस्ल-दर-नस्ल लोगों के जहन में आसानी से समाती चली जाए।

भारत जैसे देश में, जहाँ सती प्रथा के तहत जवान औरतें जला डाली जाती हों और वर्ण व्यवस्था में आदमी-आदमी का भेद इतना गहरा है कि छुआछूत जैसी अमानवीयता लोगों को स्वीकार्य हो, वहाँ मुसलमानों में ख्वाजा मुईनुद्दीन चिश्ती जैसे लोगों की जरूरत थी, सर सैय्यद जैसे लोगों की नहीं, क्योंकि इस्लाम धर्म का बुनियादी आधार ही समाज सुधार है। लेकिन मुसलमानों ने यहाँ आ कर समाज सुधार करने के बजाय यहाँ के बेहूदा रस्मो-रिवाज को पूरी तरह से अपना लिया और इस्लाम का एक भारतीय स्वरूप पैदा किया, जिसमें सैय्यद, शेख, पठान नामक जातियाँ पैदा हुई। सभी जानते हैं कि भारत के अधिकतर मुसलमानों के पूर्वज यहाँ के गैर-मुस्लिम थे। धर्म परिवर्तन के समय वर्ण व्यवस्था के अनुसार ही इस्लाम कुबूल किया गया और कतिपय ऊँची जाति के लोग सैय्यद, शेख, पठान बन गए। भारत में जिस तरह का मुस्लिम समाज आज हमारे सामने है, उसमें कोई मुसलमान लगता ही नहीं। यह सब 'कलमागो आर्य समाजी' नजर आते हैं।

दरअसल, बुनियादी मामला धर्म-परिवर्तन का है। अवध के पहले नवाब बुरहानुल मुल्क ने शासन सँभालते ही लगभग एक लाख लोगों का धर्म परिवर्तन कराया था या लोगों ने स्वयं सत्ता के प्रभाव या लालच में धर्म परिवर्तन कर लिया था। फैजाबाद के अंसारी घरानों ने नवाब का शिया धर्म तो स्वीकार कर लिया, लेकिन 'अंसारी' लिखना नहीं छोड़ा। यही वजह है कि फैजाबाद के

पुराने शिया घराने आज भी अपने को अंसारी लिखते हैं। अंग्रेज लेखक डब्ल्यू. होव की किताब 'मेमोआएर्स ऑफ डेल्ही एंड फैजाबाद' में इसका जिक्र मिलता है। इसी तरह कश्मीर का मामला है। वहाँ के शिया संप्रदाय के बहुत से लोग अंसारी लिखते हैं। लखनऊ के शिया संप्रदाय के बारे में इतिहास की किताबों में स्पष्ट उल्लेख मिलता है कि यहाँ का खत्री समुदाय धर्म परिवर्तित कर शिया बन गया। भोलानाथ खत्री से बने तहसीन अली खाँ का जिक्र कई जगह मिलता है। अब्दुल हलीम शरर की विख्यात पुस्तक 'गुज़िश्ता लखनऊ' में भी इसका ज़िक्र मिलता है। आज भी खाँटी किस्म के शिया और कथित सैय्यद घरानों के बेटे-बेटियों की शादियाँ लखनऊ के शियों से नहीं की जातीं, क्योंकि इन्हें असली शिया या सैय्यद नहीं माना जाता। इसी तरह का मामला कथित पठानों या 'खाँ' लिखनेवालों का है। पुराने गजेटियर्स और विशेष रूप से एच.आर. नेविल के गजेटियर्स पढ़ने से स्पष्ट हो जाता है कि 12वीं-13वीं शताब्दी में अवध पर मुस्लिम शासकों के हमले के समय इस क्षेत्र के भर व पासी समुदाय के लोगों ने, जो बहुत लड़ाकू थे, इस्लाम धर्म स्वीकार किया तो झोझे कहलाए। धीरे-धीरे अपनी लड़ाकू प्रवृत्ति को पठानों से जोड़ते हुए, क्योंकि अब वे मुसलमान बन चुके थे, पठान कहलाने लगे और खाँ या खान लिखने लगे, जो वास्तव में बहादुरी का खिताब था। इतिहास की किताबें साबित करती हैं कि भारत के मुसलमान हिंदुओं की वर्ण व्यवस्था के तहत एक नई मुस्लिम वर्ण व्यवस्था प्रस्थापित कर चुके हैं। इसका सबसे जीता-जागता उदाहरण मेवात है, जहाँ इस्लाम धर्म तो स्वीकार किया गया, लेकिन हिंदू वर्ण व्यवस्था की एक-एक प्रथा के साथ। इटावा में एक पूरा मुहल्ला है जिसका नाम ही मेवाती टोला है। इसमें रहनेवाले मुसलमानों का रहन-सहन और शादी के समय होनेवाली रस्मों को देखने से कोई अंदाजा नहीं लगा सकता कि यह शादी मुसलमान की है। मेवातियों ने बाकायदा हिंदू वर्ण व्यवस्था को अभी भी अपना रखा है। इसी तरह का मामला राजस्थान का है, जहाँ के मुसलमानों को मुसलमान ही मुसलमान मानने को तैयार नहीं होते।

दरअसल, यह सब उसी सर सैय्यद प्रभाव के कारण है कि मुसलमान वह होता है जो देखने में जरा नफीस हो, खूबसूरत जबान बोलता हो, उसे उठने-बैठने के महफिली आदाब आते हों, वह हर बड़ी महफिल में अपनी अलग पहचान रखता हो, अंग्रेजी-उर्दू में दक्ष हो, अपने मजहब की मनमाफिक व्याख्या कर सकता हो वगैरह-वगैरह। इसीलिए बिहार के उस मुसलमान वर्ग ने जो आज सत्ता के बहुत करीब पहुँच चुका है, सबसे पहले इन्हीं सब चीजों से छुटकारा पाया। यही कारण है कि बिहार की उर्दू में वहाँ की भोजपुरी का भाव और अन्य स्थानीय भाषाओं का रंग दिखता है और वहाँ के मुसलमानों का रंग-ढंग अपने आस-पड़ोसी से बिल्कुल जुदा नज़र नहीं आता। यही कारण था कि भारत के मुसलमानों के सबसे बड़े वर्ग

बुनकर तथा अन्य पिछड़ों को हमेशा उपेक्षित रखा गया और सामाजिक स्तर पर उन्हें सबसे अधिक प्रताड़ित किया गया। आज उन्हीं सब चीजों को बिहार के मुसलमान ने अपना धर्म बना लिया और प्रत्येक क्षेत्र में सफल हो कर दिखा दिया।

'जुलाहा' शब्द मुसलमानों में बहुत हेय और निम्न अर्थ रखता है, बल्कि जलालत का पर्याय बन गया है। साहिर लुधियानवी ने एक नज़्म लिखी थी 'आओ कि कोई ख्वाब बुनें कल के वास्ते...' नज़्म सुन कर अमृता प्रीतम ने कहा था, 'जुलाहा'। खुशवंत सिंह ने अपने उपन्यास 'ए ट्रेन टू पाकिस्तान' में बग्गा डाकू की जिस रखैल को दिखाया है, वह 'जुलाहे की लड़की' है, उसका कोई नाम नहीं है। गुलजार की एक नज्म है 'आओ यार जुलाहे'। दिल्ली विश्वविद्यालय के एक प्रख्यात मार्क्सवादी आलोचक ने गोरखपुर विश्वविद्यालय के एक विभागाध्यक्ष के बारे में मुझसे कहा था कि उन्हें जुलाहा होने की ग्रंथि है, इसलिए वे हर चयन समिति में हमारे उम्मीदवार को खारिज कर देते हैं। इस तरह के सैकड़ों उदाहरण मिल जाएँगे। रोजाना की ज़िंदगी में 'जुलाहा' नामक गाली आम तौर पर सुनने को मिल जाएगी। यह जुलाहा कौम कोई और नहीं, भारत का बुनकर वर्ग है, जिसने पिछले पचास सालों में सबसे ज्यादा तरक्की की है। उद्योग हो या व्यापार या सरकारी नौकरी, इसी वर्ग का प्रतिनिधित्व सबसे ज्यादा मिलेगा। भिवंडी हो या भागलपुर, भदोही हो या मुरादाबाद , बनारस हो या मेरठ, इसी वर्ग ने अपनी कड़ी मेहनत और मशक्कत के बल पर पूरी दुनिया में अपनेपन का जादू जगाया है और आज करोड़ों रुपए का राजस्व भारत को इन्हीं बुनकरों के जरिए प्राप्त होता है और यही वह वर्ग है जिसने अधिक अत्याचार सहा है, क्योंकि ये जहाँ कहीं भी आगे बढ़े हैं, इन्हें दंगों को झेलना पड़ा है। उसके बावजूद इसी वर्ग के बच्चे सबसे ज्यादा तादाद में स्तरीय शिक्षा प्राप्त कर रहे हैं और सिविल सेवाओं से ले कर छोटी-मोटी नौकरियों में इसी वर्ग के लोग आगे हैं। कथित जुलाहों ने सबसे पहले धार्मिक शिक्षा में अपनी दक्षता साबित की, क्योंकि इसके बगैर सामाजिक स्तर पर उन्हें कोई पूछता भी नहीं। भारत की कोई भी बड़ी धार्मिक-शैक्षिक संस्था ऐसी नहीं है, जहाँ इस वर्ग के लोगों का वर्चस्व न हो या जल्द ही होने की संभावना न हो। कारण स्पष्ट है कि यह हाथ का कारीगर लुटते-पिटते हुए भी लगातार संघर्ष करता रहा और जिंदगी की जद्दोजहद में जीतता रहा, क्योंकि यही वह वर्ग था, जो विभाजन के समय पाकिस्तान नहीं गया था, क्योंकि पाकिस्तान का सपना सँजोने वाले लोग इसे बड़ी गिरी निगाह से देखते थे, क्योंकि पाकिस्तान का सपना चंद पढ़े-लिखे उच्च कुलीन घरानों ने ही देखा था, क्योंकि पाकिस्तान उन खाते-पीते लोगों ने बनाने की ठानी थी, जो भारत में रहकर अपना शाही अस्तित्व अलग कायम नहीं रख सकते थे, क्योंकि भारत में कुल मुस्लिम आबादी का 80 प्रतिशत यही दस्तकार बुनकर था, क्योंकि यह वर्ग जुझारू प्रवृत्ति का था तो कभी न कभी यह वर्ग उन

सभी शाही अस्तित्ववाले लोगों के सामने खड़ा हो सकता था जो धर्म, जाति और पेशे के हिसाब से ऊँचे थे, क्योंकि यही वह वर्ग था, जिसने 1857 में मेरठ में जन आंदोलन खड़ा कर दिया था जिससे स्वतंत्रता आंदोलन की चिनगारी फूटी थी, क्योंकि यही वह वर्ग था जिसने स्वदेशी आंदोलन के समय मलमल बुनने के कारण अपने हाथों के अँगूठे कटवाए थे, क्योंकि यही वह वर्ग था जो मूलतः भारत की जड़ों से गहराई तक जुड़ा था, क्योंकि इस वर्ग के पूर्वज भारत के गरीब लोग थे जो अपने समय में वर्ण व्यवस्था के कारण प्रताड़ित हुए थे, क्योंकि यही वह वर्ग था, जिसका शजरा किसी अरब खानदान से नहीं जा मिलता था। लेकिन जब 1947 में देश विभाजन के साथ आजाद हुआ तो भारत और पाकिस्तान के प्रधानमंत्री तथा भारत में सभी राज्यों के मुख्यमंत्री ब्राह्मण थे या उच्च जाति के थे और पाकिस्तान में भी सभी प्रांतों के प्रमुख बड़े खानदानों के शजरेवाले लोग थे। और यह सब उसी वर्ण व्यवस्था नामक संविधान की परिणति थी, जिसे इस देश में बड़ी मेहनत से लागू किया गया था।

दरअसल, मामला मुसलमानों में न शिया-सुन्नी का है और न बरेलवी-देवबंदी का। मामला सिर्फ है तो जात-पात की ऊँच-नीच का। इसीलिए देखिए, महाराष्ट्र में उत्तर प्रदेश से गए मुसलमानों ने वहाँ के मुसलमानों का सांस्कृतिक परिष्कार करना चाहा और वहाँ की सामाजिक जिंदगी में ये लोग वर्चस्व प्राप्त कर गए। इसी तरह का मामला पश्चिम बंगाल का है। वहाँ भी बिहार और उत्तर प्रदेश से गए मुस्लिम परिवारों ने सांस्कृतिक व धार्मिक क्षेत्रों में इसी सैय्यदवाद के चलते वर्चस्व बना लिया। बिलकुल 'ब्राह्मण के शाप' की तर्ज पर मुसलमानों में 'सैय्यद की बात' की बड़ी धाक है। सैय्यद जो कह दे या सैय्यद की बद्दुआ...वगैरह जुमले खूब प्रचलित हैं। प्रचारित किया गया है कि सैय्यद आग से जलता नहीं है। इस तरह सैय्यद, शेख, पठान होने के नाम पर अपने आपको पुजवाने का सिलसिला जगह-जगह निकाला गया और इसके लिए सबसे आसान रास्ता निकाला गया सूफियों की मजारों का। बड़े सूफियों के पाक मजारों पर इस तबके ने कब्जा जमा लिया और फिर समय के साथ दूसरे लोग भी सैय्यद बन-बन कर इस फिरके में शामिल होते गए। किछौछा शरीफ और बरेली की दरगाहों के बीच चल रहे शीत युद्ध के पीछे भी यही सैय्यदवाद है। किछौछा शरीफ के लोग सैय्यद होने का दावा करते हैं, इसीलिए उनका कहना है कि बरेलवी मसलक का मुख्यालय किछौछा शरीफ होना चाहिए, जबकि बरेली के लोगों का कहना है कि जब उनके आला हजरत का मजार यहाँ है तो वे वहाँ कैसे सब कुछ स्थानांतरित कर दें। देवबंद और नदवा के बीच आपसी सौहार्द न होने का कारण भी यही सैय्यदवाद है, क्योंकि नदवा शुद्ध किस्म के सय्यदों के हाथों में है, जबकि देवबंद में अब सिर्फ सैय्यद नहीं हैं और वहाँ छात्रों में बहुसंख्यक गरीब तबके के हैं। सबसे दिलचस्प यह

कि शिया कहते हैं कि कोई भी सुन्नी सैय्यद हो ही नहीं सकता, क्योंकि सैय्यद वहीं होते हैं जो हजरत फातमा और हजरत अली के वंशज हों और उनके वंशज शियों के अनुसार शिया ही थे।

मौलाना अशरफ अली थानवी की मशहूर धार्मिक पुस्तक 'बहिश्ती जेवर' का मुसलमानों में अभी भी प्रचलन है। इसमें साफ-साफ लिखा है कि रजीलों के साथ कैसा बरताव किया जाना चाहिए, औरतों को किस तरह अपने पतियों की सेवा करनी चाहिए और कमीने लोगों को किस हद तक सजा दी जानी चाहिए। यह कमीने और रजील कोई और नहीं, अजलाफ की श्रेणी में आने वाले शूद्र मुसलमान ही हैं। उनके घर किस दिशा में हों, यह भी लिखा है। यानी बिलकुल वही ब्राह्मणवाद मुसलमानों में है, जो भारत में वर्षों तक स्थापित रहा। पाकिस्तान में आज भी यही समाजी तफरीक मुहाजिर और गैरमुहाजिर के रूप में नजर आती है। मुहाजिरों में कुछ बड़े खानदानों को छोड़ कर अपना घर-बार लुटवा कर जानेवालों में गरीब भी थे। शुरू में उन्होंने अपने साथ होनेवाले अमानवीय सामंती अत्याचार को सहा, क्योंकि वहाँ के बाद वे जाते कहाँ, लेकिन नई नस्ल ने वह सब बर्दाश्त नहीं किया। मुहाजिर आंदोलन शुरू होने का एक कारण यह भी है। मुस्लिम समाज में इसी तरह के विरोधाभास रहे हैं। पाकिस्तान चूँकि घोषित इस्लामी राज्य है और वहाँ कई किस्म की शरई पाबंदियाँ हैं, इसलिए वहाँ के सामंतवाद और जात-पात की ऊँच-नीच के अत्याचार गैरमुहाजिर या मुहाजिर के रूप में सामने आए। भारत में समानांतर वर्ण व्यवस्था थी और यहाँ लोकतंत्र था, इसलिए यहाँ जात-पाँत को बढ़ने का अवसर ज्यादा मिला। इसीलिए पाकिस्तान में अब जातिसूचक शब्द सुनने को नहीं मिलते, जैसे पहले सुनने को मिलते थे या भारत में अभी भी राष्ट्रीय स्तर पर सुनने को मिलते हैं, जैसे सैय्यद शहाबुद्दीन, आरिफ मोहम्मद खाँ, खुर्शीद आलम खाँ, आमिर खाँ, सलमान खाँ, जियाउर्रहमान अंसारी, सईद नकवी, सैय्यद अब्दुल्ला बुखारी वगैरह-वगैरह। भारत के अलावा दुनिया के किसी मुस्लिम के नाम के पहले सैय्यद नहीं लिखा मिलेगा। यह बीमारी भारत में ही खूब फूली फली है।

12 अगस्त, 1997 को लखनऊ में पिछड़े मुसलमानों का पहला बाकायदा सम्मेलन हुआ और इसमें मुख्य अतिथि आए यूसुफ खाँ यानी दिलीप कुमार। इस मुस्लिम ओ.बी.सी. सम्मेलन में पहली बार लखनऊ में लोगों ने देखा कि किस तरह छोटी-छोटी मुस्लिम बिरादरियों ने अपने बैनर बनवा रखे थे। जैसे मुस्लिम नाई बिरादरी, मुस्लिम भिश्ती (सक़्का), मुस्लिम लोहार यानी सैफी, मुस्लिम कुँजड़े यानी सब्जीफरोश, मुस्लिम कसाई, लालबेगी, संगतराश...। और भी न जाने कौन-कौन–सी छोटी-छोटी बिरादरियों के समूह यहाँ आए थे। कैसे इन्कार किया जाए कि मुसलमानों में जात-पांत नहीं है। सारा सामाजिक ढाँचा इसी बुनियाद पर खड़ा है। इसी सम्मेलन में दिलीप कुमार ने बताया कि उनके पूर्वज

फल-सब्जीफरोश थे। तो क्या इसका मतलब यह नहीं कि वे कुँजड़े थे ? लेकिन यूसुफ साहब अपने को 'खाँ' लिखते हैं।

भारत में जिस तरह की पेशेगत व्यवस्था लागू है, उसके हिसाब से पैगंबर हजरत नूह लकड़ी काटते थे तो बढ़ई हुए। हजरत अय्यूब अंसारी कपड़ा बुनते थे, तो जुलाहे हुए। हजरत दाऊद लोहे का काम करते थे, तो लोहार हुए। हजरत इब्राहीम के पत्थर बाप तराशते थे, तो वे संगतराश हुए। हजरत उमर फारूक़ की एक बहू एक दूधवाले की बेटी थीं, तो वह गद्दी हुईं। हजरत मुहम्मद साहब भेड़ें चराते थे तो चरवाहे हुए और स्वयं अपने जूते टाँकते थे तो...तौबा...तौबा।

जाति जहर क्यों बन गई

कंवल भारती

1996 के लोक सभा और विधान सभा चुनावों ने जिस तरह कांग्रेस और भारतीय जनता पार्टी का जनाधार कमजोर किया है और लंबे समय से सत्ता पर काबिज ब्राह्मण वर्चस्व को तोड़ा है, उसे राजनैतिक पंडितों ने जातिवादी राजनीति का प्रभाव बताया है। कहा जा रहा है कि जाति के जहर ने संपूर्ण राजनीति को विषाक्त बना दिया है। उधर गुजरात में भारतीय जनता पार्टी का विभाजन, बघेला का सत्ता में आना और उत्तर प्रदेश में किसी भी दल का बहुमत में न आना भी जाति-आधारित राजनीति का ही स्पष्ट परिणाम माना जा रहा है।

लेकिन इस विश्लेषण में, राजनैतिक पंडितों का बहुत ही सतही चिंतन सामने आया है। उन्होंने अपने विश्लेषण में उस जातिवाद की बिल्कुल अनदेखी कर दी है, जिसकी प्रतिक्रिया में आज के जातिवाद ने जन्म लिया है। भारतीय राजनीति में इसकी जड़ें कितनी पुरानी हैं, यह दिखाने और देखने की कोशिश किसी भी राजनीति और समाजशास्त्री ने नहीं की है। इसलिए जातिवादी राजनीति से पूर्ण सहमति के बावजूद कई सवाल उभरते हैं। सवाल यह नहीं है कि जाति बनी कैसे ? सवाल यह है कि जाति समस्या कैसे बन गई ? सवाल यह भी है कि जाति की समस्या अभी पैदा हुई है या यह हमेशा से भारत में है ? सवाल यह भी है कि यदि जाति की समस्या नई नहीं है, तो इसका निराकरण क्यों नहीं किया गया ? आज यह जहर या घातक क्यों प्रतीत हो रही है ? सवाल यह भी है कि जो वर्ग उससे पीड़ित है, वह क्या कल भी उससे पीड़ित या लाभान्वित था ?

आज इन सारे सवालों पर चर्चा होनी चाहिए। इसके लिए जरूरी है कि हम जाति संघर्ष के राजनैतिक इतिहास की जाँच पड़ताल करें। डॉ. आंबेडकर ने लिखा है, 'भारत के अल्पसंख्यकों का यह दुर्भाग्य है कि यहाँ भारतीय राष्ट्रवाद ने यह नया सिद्धांत विकसित कर लिया है कि बहुसंख्यकों को अपनी इच्छानुसार अल्पसंख्यकों पर शासन करने का दैवी अधिकार प्राप्त है। अल्पसंख्यकों द्वारा सत्ता

में भागीदारी की माँग को इस सिद्धांत के अधीन संप्रदायवाद (या जातिवाद) कहा जाता है, जबकि बहुसंख्यकों द्वारा संपूर्ण सत्ता पर एकाधिकार स्थापित करने को 'राष्ट्रवाद' की संज्ञा प्रदान की जाती है। इस प्रकार के राजनैतिक दर्शन से परिचालित बहुसंख्यक इस बात के लिए तैयार नहीं है कि अल्पसंख्यक सत्ता में भागीदार बनें और न इस संबंध में किसी परंपरा को ही अपनाने के लिए सहमत है।'

डॉ. आंबेडकर ने 'अल्पसंख्यक' शब्द का प्रयोग यहाँ दलितों के लिए भी किया है। उनका तर्क था कि धार्मिक अलगाव ही अल्पसंख्यक होने का एकमात्र मानदंड नहीं होता और न ही यह इसका श्रेष्ठ तथा कुशल मानदंड होता है। सामाजिक भेदभाव ही इस बात का वास्तविक मानदंड होता है कि कौन-सा समुदाय अल्पसंख्यक होता है और कौन नहीं होता है। उनके अनुसार गांधी जी ने भी धार्मिक अलगाव के बजाय इसी मानदंड को अधिक तर्कसंगत और व्यावहारिक माना था।

इसी आधार पर डॉ. आंबेडकर ने दलित वर्गों के लिए पृथक राजनैतिक अधिकारों की माँग की थी और स्वराज मिलने से पूर्व ही वह इन अधिकारों को हासिल कर लेना चाहते थे। उन्होने स्वराज की लड़ाई से ज्यादा दलितों की मुक्ति की लड़ाई की महत्व दिया था। उनका मत था, 'भारत में प्रशासन पूर्णतः हिंदुओं के अधिकार में है। इस पर उनका एकाधिकार कायम है। यह ऊपर से नीचे तक उनके नियंत्रण में है। ऐसा कोई भी विभाग नहीं, जिन पर उनका आधिपत्य न हो। स्मरण रखने योग्य बात यह है कि प्रशासन में नियुक्त हिंदुओं का अछूतों के प्रति वैसा ही समाज-विरोधी और वैरपूर्ण व्यवहार रहता है, जैसा कि प्रशासन से बाहर के हिंदुओं का होता है। परिणामतः अछूत हिंदू जनता और हिंदू प्रशासकों के बीच फँस जाते हैं। एक उन पर अत्याचार करता है और दूसरा उत्पीड़ित की सहायता करने के बजाय अत्याचारी को सुरक्षा प्रदान करता है।'

इसीलिए डॉ. आंबेडकर ने स्वराज को अछूतों के लिए बेमानी बताया था। उन्होंने कहा था कि 'आज हिंदुओं का प्रशासन पर ही कब्जा है, लेकिन स्वराज मिल जाने पर विधायिका और कार्यपालिका पर भी हिंदुओं का वर्चस्व स्थापित हो जाएगा। यह बताने की आवश्यकता नहीं कि ऐसे स्वराज में अछूतों के दुखों में और वृद्धि हो जाएगी। तब विरोधी प्रशासन के अतिरिक्त एक उदासीन विधायिका और क्रूर कार्यपालिका भी उनके विरुद्ध हो जाएगी। इसका परिणाम यह होगा कि द्वेष और क्रूरतापूर्ण निरंकुश प्रशासन अछूतों के प्रति बिना रोक-टोक अन्याय करेगा।'

अतः डॉ. आंबेडकर ने पूना समझौता के बाद, जिसमें उन्होंने दलितों के पृथक राजनैतिक अधिकारों की अपनी माँग का त्याग किया था, 1946 में अल्पसंख्यकों तथा अनुसूचित जातियाँ के अधिकारों एवं संरक्षणों को संविधान का अंग बनाने के लिए एक ज्ञापन 'संविधान सभा' को प्रस्तुत किया था। मैं समझता

हूँ कि जातियों के पिछड़ेपन को दूर करने और सत्ता में उनकी भागीदारी सुनिश्चित करने के लिए डॉ. आंबेडकर का यह प्रस्ताव अत्यंत मौलिक और महत्वपूर्ण था। दुर्भाग्य से उसमें उन्हें सफलता नहीं मिली। यदि उनका प्रस्ताव स्वीकार कर लिया गया होता, तो घृणित जातिवाद का अंत कभी का हो गया होता। पिछड़ी जातियों का पिछड़ापन दूर होता और राष्ट्र की एक धारा बनती।

किंतु यदि ऐसा नहीं हुआ, तो सिर्फ इसीलिए कि हिंदू राजनीतिज्ञों ने सत्ता में अपने वर्चस्व के कारण डॉ. आंबेडकर के प्रस्ताव से असहमति व्यक्त की थी। यह भी जातिवाद था। स्वराज के बाद भी भारतीय राजनीति में यही जातिवाद सक्रिय रहा। यही जातिवाद था, जिसके कारण स्वतंत्र भारत में केंद्र से राज्यों तक की सारी सरकारों के मुखिया ब्राह्मण थे। एक भी राज्य सरकार अपवाद नहीं थी।

कहा जा सकता है कि वह तो राजनैतिक बहुमत था। इसमें संदेह नहीं कि वह राजनैतिक बहुमत था। लोकतंत्र में जिस संसदीय प्रणाली को हमने अपनाया है, उसमें राजनैतिक बहुमत ही महत्वपूर्ण होता है, पर भारत में राजनैतिक बहुमत भी एक जाति का बहुमत होता है। डॉ. आंबेडकर ने इसी को इंगित करते हुए कहा था, 'बहुमत का सामाजिक-आर्थिक कार्यक्रम चाहे जो रहे, उसका बहुमत-चरित्र सांप्रदायिक बना रहेगा। इस तथ्य को कोई नहीं बदल सकता। इस तथ्य को ध्यान में रखते हुए यह स्पष्ट है कि यदि ब्रिटिश प्रणाली की नकल की गई, तो कार्यकारी अधिकार सदैव सांप्रदायिक बहुमत को प्राप्त होंगे।' उन्होंने यह भी कहा था कि 'इस प्रणाली की सरकार के लिए यह आवश्यक नहीं है कि बहुमत अपने मंत्रिमंडल में अल्पसंख्यक पार्टी के प्रतिनिधियों को स्थान प्रदान करे।' डॉ. आंबेडकर ने इसके परिणामों पर भी प्रकाश डाला था। उनके अनुसार, 'इसके फलस्वरूप बहुसंख्यक संप्रदाय शासक दल और अल्पसंख्यक संप्रदाय शासित दल बन जाएगा। इसका अर्थ यह होगा कि बहुसंख्यक संप्रदाय की दृष्टि में अल्पसंख्यक संप्रदाय के लिए जो हितकर प्रतीत होगा उसी के अनुसार कार्य करने को वह स्वतंत्र रहेगा।'

'डॉ. आंबेडकर की भविष्यवाणी सत्य साबित हुई। स्वतंत्रता के बाद भारत गणराज्य में यही हुआ। राजनैतिक बहुमत की सरकारें बनीं और बहुमत सदैव उच्च जातियों, सामंतों और राजा-महाराजाओं को मिला। यानी एक जातिवादी या सांप्रदायिक बहुमत ही भारतीय लोकतंत्र में सत्तासीन रहा। चूँकि अनुसूचित जातियों, पिछड़ी जातियों और अल्पसंख्यक समुदायों के विकास और सत्ता में भागीदारी के सवाल संविधान के अंग नहीं बनाए गए, वरन लोकप्रिय सरकारों के अधीन रहे, इसलिए बहुमत की सरकारों ने अपनी इच्छानुसार इन सवालों पर काम किया। इस कार्य में सबसे प्रभावी भूमिका बहुमत के सांप्रदायिक चरित्र ने निभाई। इसी चरित्र के कारण चार वर्णों में विभाजित हिंदू समाज राजनीतिक क्षेत्र में और समाज में भी शासक और शासित—दो वर्गों में विभाजित हो गया। उच्च जातियाँ शासक

वर्ग कहलाईं और निम्न जातियाँ शासित वर्ग। राजनैतिक दल बनते-बिगड़ते रहे, परंतु शासक और शासित वर्ग वहीं का वहीं रहा। इसलिए यह आकस्मिक नहीं है कि एक ही राजनैतिक दल—कांग्रेस—ही केंद्र और राज्यों में सबसे लंबे समय तक सत्ता में रहा है। भारतीय जनता पार्टी को भारत पर शासन करने का अवसर अभी यद्यपि नहीं मिला है, परंतु उसके शासक जाति-चरित्र में कोई अंतर नहीं है।

इस बहुसंख्यक संप्रदायवादी व्यवस्था में शासक जातियों का ही हर क्षेत्र में सर्वाधिक उत्थान हुआ। देश की राजनीति से लेकर संपूर्ण अर्थ-व्यवस्था तक इन जातियों के हाथों में रही। ये शासक भी रहीं और प्रशासक भी। इसके विपरीत दलित-पिछड़ी जातियों की स्थिति शासित जाति की ही रही। लगभग हर क्षेत्र में वे पिछड़ती गईं। राजनीति में सिर्फ उनका इस्तेमाल शासक वर्ग के हित में किया जाता था। वे अपनी जमीन पर भी अपने सहारे खड़े हुए नहीं थे। कठोर श्रम करके भी उनकी जीविका शासक जातियों पर निर्भर करती थी। न शासन में उनकी भागीदारी थी और न प्रशासन में। निश्चित रूप से इसके लिए आरंभ से ही सत्ता में बने रहने वाला राजनैतिक दल कांग्रेस ही उत्तरदायी है, परंतु इसका वास्तविक दोषी बहुसंख्यक संप्रदाय ही है, जो एक खतरनाक जातिवाद के सिवा कुछ नहीं है।

इस जातिवाद ने दलितों और पिछड़ों के खिलाफ कैसी-कैसी योजनाएँ बनाईं और किस कदर लोकतंत्र को साम्राज्यवाद का रूप दिया, इसकी कुछ मिसालें मैं रखना चाहता हूं। सबसे पहले राजनीति का क्षेत्र ही लेते हैं। देश भर के सुरक्षित निर्वाचन क्षेत्रों की स्थिति यह है कि वहाँ सवर्ण हिंदुओं और अनुसूचित जातियों के मतदाताओं की संख्या में भारी असमानता रखी गई है। इस असमानता के परिणमस्वरूप अनुसूचित जाति के प्रतिनिधियों को सवर्ण हिंदू मतों पर निर्भर रहना पड़ता है, क्योंकि दलित जातियों की अपेक्षा में हिंदू मतों की संख्या अधिक होती है। ऐसी स्थिति में सुरक्षित निर्वाचन क्षेत्रों से केवल वे ही अनुसूचित जाति के प्रत्याशी चुनाव जीत पाते हैं, जो सवर्ण हिंदुओं की पसंद के होते हैं यानी बहुसंख्यक संपद्रायवाद के प्रतिनिधि ही सुरक्षित क्षेत्रों से निर्वाचित होते हैं। सुरक्षित निर्वाचन क्षेत्रों में यह बेईमानी पूना समझौता के बाद से ही शुरू हो गई थी, जिसका विरोध डॉ. आंबेडकर ने लगातार किया था। इस स्थिति को सुधारने का कोई प्रयास किसी भी दल की सरकार ने नहीं किया। वे कर भी नहीं सकते थे, क्योंकि दलित प्रतिनिधित्व के नाम पर उन्हें ऐसे दलितों की जरूरत थी, जो बहुसंख्यक संप्रदाय की राजनीति में कदम से कदम मिला कर चल सकें। इन्हीं गलत निर्वाचन क्षेत्रों ने दलितों में गुलाम और चमचा राजनेताओं को पैदा किया, जिन्होंने स्वयं का विकास तो किया, परंतु दूसरी ओर वे दलितों का विकास रोकनेवाली बहुसंख्यक संप्रदाय

की सरकारी नीतियों का समर्थन करते रहे। दलित जुल्म के खिलाफ दलित आक्रोश को शांत करने से लेकर स्वतंत्र दलित नेतृत्व को उभरने से रोकने तक के समस्त कार्यों में इन चमचा दलित नेताओं ने प्रभावशाली भूमिका निभाई।

संविधान में अनुसूचित जातियों के लिए आरक्षण की व्यवस्था है। यदि यह व्यवस्था न रही होती और सिर्फ लोकप्रिय सरकारों के विवेक पर यह कार्य छोड़ दिया जाता, तो बहुमत की सरकारें अपने विवेक से इस व्यवस्था में निरंतर संशोधन-परिवर्तन कर इसे निष्प्रभावी बना चुकी होतीं, लेकिन इस संवैधानिक व्यवस्था में भी बहुमत की सरकारों ने यह किया कि आरक्षण का कोटा पूरा नहीं किया। शिक्षा में आरक्षण लागू नहीं किया। शैक्षणिक स्वायत्तता को आधार बना कर विश्वविद्यालयों ने अपने यहाँ आरक्षण लागू नहीं किया। इसके कारण सैकड़ों छात्रों को प्रतिवर्ष उच्च शिक्षा से वंचित रहना पड़ता है। इंजीनियरिंग और मेडिकल कालेजों में 'कट ऑफ प्वाइंट' का नियम लागू करके आरक्षण को निष्प्रभावी कर दिया गया। इसका परिणाम यह हुआ कि इंजीनियरिंग और मेडिकल कालेजों में दलितों की प्रवेश दर प्रतिवर्ष कम होती जा रही है। दूसरी ओर, सवर्ण छात्रों के शैक्षणिक विकास की दर निरंतर बढ़ रही है। उच्च से उच्च शिक्षा का मार्ग उनके लिए प्रशस्त किया जा रहा है। उन्हें विदेशों में शिक्षा और रोजगार के अवसर उपलब्ध कराए जा रहे हैं। शिक्षा का निजीकरण तथा दोहरी शिक्षा प्रणाली की सारी व्यवस्थाएँ दलितों के शैक्षिक विकास को रोकने के ही कुचक्र हैं। इसी कारण से केंद्र और राज्य सरकारें शिक्षा पर सबसे कम बजट का प्रावधान करती हैं। उत्तर प्रदेश में धनाभाव के कारण ही लाखों बच्चे प्राथमिक शिक्षा नंगी जमीन पर खुले आसमान के नीचे बैठ कर ग्रहण करते हैं। यह धनाभाव जानबूझ कर है, क्योंकि प्राथमिक शिक्षा पर धन व्यय करने से दलित-पिछड़ी जातियाँ की शक्षा का विकास होता है। छात्रवृत्ति को आधार बता कर सवर्णों में यह प्रचार किया जाता है कि दलित जातियों को निःशुल्क शिक्षा दी जाती है। पर यदि हम छात्रवृत्ति की दरों पर विचार करें, तो यह प्राथमिक स्तर पर 40 पैसे प्रति दिन और स्नातक स्तर पर तीन रुपए प्रतिदिन है। यह छात्रवृत्ति भी अभिभावकों की एक हजार रुपए मासिक आय तक ही प्राप्त है। क्या यह अल्पतम राशि दलितों की शिक्षा के लिए पर्याप्त है ? सरकारों ने यह भी गौर नहीं किया कि दलित जातियां श्रमिक जातियां हैं, जो उत्पादन से जुड़ी हैं। इसलिए उनकी संपूर्ण शिक्षा को निःशुल्क करने का सरकारों का दायित्व बनता है। क्या इस सारी व्यवस्था के मूल में सवर्ण वर्चस्व की राजनीति से इन्कार किया जा सकता है ?

पिछड़ी जातियों के वैधानिक अधिकारों का मामला लीजिए। संविधान में व्यवस्था है कि राष्ट्रपति एक आयोग स्थापित करेगा, जो पिछड़ी जातियों का पता लगाएगा और उनके लिए सिफारिशें करेगा। 1950 में संविधान लागू हुआ और

उसके तीन साल बाद काका कालेलकर की अध्यक्षता में आयोग नियुक्त हुआ। 1955 में इस आयोग ने अपनी रिपोर्ट राष्ट्रपति को दी। किंतु इस रिपोर्ट को लागू नहीं किया गया। तत्कालीन केंद्रीय गृह मंत्री पं. गोविन्द वल्लभ पंत ने देश भर को पिछड़ा घोषित कर उस रिपोर्ट को रद्दी की टोकरी में डाल दिया। इसके बाद, 26 वर्षों तक लोकप्रिय सरकारों ने पिछड़ी जातियों के अधिकारों के मामले में संविधान की व्यवस्था का पालन नहीं किया। 26 वर्ष बाद 1979 में बी.पी. मंडल की अध्यक्षता में दूसरा आयोग गठित किया गया। मंडल आयोग की रिपोर्ट 1982 में सदन में प्रस्तुत हुई। अब तक पिछड़ी जातियों को सत्ता में भागीदारी इसलिए नहीं मिल रही थी कि उनकी कोई पहचान नहीं बनी थी। मंडल आयोग ने देश भर का दौरा कर इस पहचान को हल किया, तो पिछड़ी जातियों की संख्या 50 करोड़ से भी ऊपर पहुँच गई। शासक वर्ग की जमीन हिल गई, क्योंकि देश की इस आधी आबादी को अधिकार देने का मतलब शासित वर्ग का शासक वर्ग में रूपांतरण था। फलतः इस रिपोर्ट को भी आठ वर्षों तक लागू नहीं किया गया। 1990 में जब विश्वनाथ प्रताप सिंह की सरकार ने इस रिपोर्ट को लागू किया, तो पूरे देश में इसके खिलाफ हिंदू विरोध ने इतना उग्र रूप धारण किया कि न केवल सरकार को उसे उच्चतम न्यायालय को सौंपना पड़ा, अपितु भारतीय जनता पार्टी ने समर्थन वापस ले कर वि.प्र. सिंह की सरकार को भी गिरा दिया। कांग्रेस और अन्य हिंदू संगठनों ने आर्थिक आधार के प्रस्ताव न्यायालय में प्रस्तुत कर आयोग की रिपोर्ट को प्रभावित करने की कोशिश की। हिंदू जनता का विरोध इस सीमा तक था कि आत्मदाह तक किए जा रहे थे। लगभग दो साल जब उच्चतम न्यायालय का फैसला आया, तो उसमें भी हिंदू हितों को बाद ध्यान में रखा गया।

इस हिंदूवाद ने राजनीति में अपने वर्चस्व को बनाए रखने के लिए क्या-क्या नहीं किया। दलितों और पिछड़ों के बीच दूरियाँ पैदा कीं, पिछड़ों को अति पिछड़ों से और दलितों को अति दलितों से लड़ाया तथा दलितों एवं अल्पसंख्यकों के बीच खाइयाँ बढ़ाईं। यह सब किया, पर इन जातियों के विकास और सत्ता में भागीदारी के सवाल हल नहीं किए। इस हिंदूवाद ने इतना ही नहीं किया, गाँवों में दलितों को अपने आतंक के बल पर दबा कर भी रखा, उन्हें इतना गरीब बना कर रखा गया कि उनका सारा संघर्ष दो जून की रोटी तक ही सीमित होकर रह गया। आवाज उठानेवालों पर भयानक से भयानक अत्याचार किए गए, उन्हें झूठे मुकदमों में फँसाया गया, घर जलाए गए, हाथ-पैर काट दिए गए, स्त्रियों के साथ बदसलूकी की गई और इससे भी बात नहीं बनी तो उन्हें गोलियों से भून दिया गया।

दूसरी ओर, इस बहुसंख्यक संप्रदाय की सरकारों में उनकी व्यवस्था का समर्थन और पोषण करनेवाले कवियों, लेखकों, पत्रकारों, समाजशास्त्रियों, राजनीतिज्ञों, कलाकारों, शिक्षाविदों, अर्थशास्त्रियों, पूँजीपतियों और बुद्धिजीवियों को बड़े-बड़े

पुरस्कार, सम्मान और लॉलीपॉप देकर नवाजा गया। इस प्रकार कहना न होगा कि यह बहुसंख्यक संप्रदायवाद सवर्ण हिंदुओं, सामंतों और पूंजीपतियों के लिए स्वर्ग का तथा दलितों, पिछड़ों और अल्पसंख्यकों के लिए नरक का निर्माण कर रहा था। यह पूरी तरह पक्षपातपूर्ण शासन था और यह सबसे बड़ा जातिवाद था।

यह जातिवाद कब तक चलता ? इस जातिवाद की प्रतिक्रिया तो होनी ही थी। हमेशा-हमेशा किसी समाज को दबा कर नहीं रखा जा सकता। अतः दलित नेतृत्व उभरा और उसने दलितों और पिछड़ों को ही नहीं जगाया। बल्कि अल्पसंख्यकों में भी सत्ता में भागीदारी की चेतना पैदा की। भारतीय राजनीति में नया मोड़ आया। सामाजिक परिवर्तन और सामाजिक न्याय के सवालों ने सभी राजनैतिक दलों को अपने घेरे में ले लिया। सब जैसे कठघरों में खड़े कर दिए गए हों, दलित सवालों पर अपनी सफाई देने लगे। इस दलित जागरण ने संपूर्ण भारतीय राजनीति को इस कदर प्रभावित किया कि राजनीति में इसके सिवाय सारे मुद्दे गौण हो गए। मौका मिला तो भारतीय जनता पार्टी जैसे बहुसंख्यक संप्रदायवादी दल को भी उत्तर प्रदेश में कल्याण सिंह को मुख्यमंत्री बनाकर और मायावती को समर्थन देकर पिछड़ों और दलितों के पक्ष में अपनी राजनीति का प्रदर्शन करना पड़ा। केंद्र में पिछड़ा वर्ग सत्ता में आया, तो कांग्रेस को भी उत्तर प्रदेश में बहुजन समाज पार्टी के साथ चुनावी गठबंधन करना पड़ा।

आज हम कांशीराम की इस बात के लिए आलोचना कर सकते हैं कि वह सत्ता के लिए कभी भाजपा तो कभी कांग्रेस से हाथ मिलाने की सिद्धांतविहीन राजनीति कर रहे हैं, पर हकीकत यह है कि सदियों से बहुसंख्यक संप्रदायवाद से शासित राजनीति में दलित जातियाँ दबाव बनाकर ही सत्ता हासिल कर सकती हैं। यह तर्क निरर्थक नहीं है कि सवर्ण वर्ग दलित-पिछड़ी जातियों के बल पर ही शासक वर्ग बनकर रहा है, तो दलित नेतृत्व को इस शासक वर्ग पर भी दबाव बनाने का हक क्यों नहीं है ?

अतः कहने की आवश्यकता नहीं है कि बहुसंख्यक संप्रदाय आज जिसे 'जाति का जहर' बता रहा है, वह राजनीति में सामाजिक न्याय से पैदा हुआ परिवर्तन है, जिसे रोकना अब संभव नहीं है। यह दलित राजनीति की बहुत ही क्रांतिकारी उपलब्धि है, इसमें संदेह नहीं। किंतु इसको पैदा करने का संपूर्ण श्रेय उस घिनौने जातिवाद को ही जाता है, जिसे बहुसंख्यक संप्रदाय राजनीति और समाज में शासक बने रहने की सूक्ष्म साजिश के तहत विकसित कर रहा था। दलितों के लिए जाति हमेशा से जहर रही है—इतनी घातक जहर कि इसने दलितों में नागरिक और मनुष्य होने का बोध तक खत्म कर दिया है। लंगोटी से ले कर सूट-टाई तक में दलित जाति का जहर पीता रहा है। उसने जाति से मुक्त होना चाहा, परंतु जाति ने उसको मुक्त नहीं किया। आज जब उसमें जाति से जुड़ने की चेतना विकसित हो गई

है, तो बहुसंख्यक संप्रदाय की राजनीति करने वालों के लिए जाति जहर क्यों बन गई ? जाति कितनी राजनैतिक अस्थिरता पैदा कर सकती है, यह बहुसंख्यक संप्रदाय की समझ में पहले क्यों नहीं आया ? डॉ. आंबेडकर ने तो 1946 में ही चेतावनी दी थी–'भारत में हमेशा एक स्थायी सरकार हो सकने के अवसर बहुत क्षीण हैं। जातियों और संप्रदायों में टकराव कायम रहने के कारण भारत की विधायिकाओं में अनेकानेक पार्टियों और ग्रुपों की स्थापना सुनिश्चित है। जैसे संसदीय कार्यकारिणी ब्रिटेन में कायम है, जिसमें विरोध में मत पड़ने पर उसको इस्तीफा देना पड़ता है, वैसा यहाँ होने पर कार्यकारिणी अस्थिरता की शिकार हो जाएगी, क्योंकि यहाँ छोटे-छोटे मसलों पर भी ग्रुपों का अल्पावधि में गठबंधन और पुनर्गठबंधन करना और सरकार गिराना सरल काम बन जाएगा। यह आशा नहीं की जा सकती कि आजकल प्रमुख दलों में जो मजबूत गठबंधन है, वह कायम रह पाएगा।'

अब देखना यह है कि बहुसंख्यक संप्रदायवाद इस क्रांति से सबक ले कर सामाजिक परिवर्तन की धारा में चलकर जातिवाद का अंत करता है या धारा के विपरीत जा कर जातिवाद को और भी जहरीला बनाता है।

जातिविहीन समाज का सपना

धर्मवीर

न्यायाधीशों की एक सीमा होती है कि उन्हें संविधान और कानूनों के तहत रहना होता है। लेकिन भारत के कई द्विज मानसिकता के न्यायाधीश इस बात को बार-बार भूल रहे हैं। आखिर यह राज्य महात्मा गांधी और पंडित जवाहरलाल नेहरू के व्यक्तिगत विचारों के आधार पर नहीं चल रहा है। लेकिन द्विज न्यायाधीश उनकी व्यक्तिगत बातों को संविधान की तरह उद्धृत करते हैं। द्विजों के महापुरुष हिप्पोक्रेसी खड़ी करने में बड़ी चतुराई बरतते हैं। गांधी और नेहरू संविधान में कहीं भी यह नहीं लिखवा सके कि जाति को समाप्त करना है, लेकिन सुप्रीम कोर्ट के न्यायाधीश न्यायमूर्ति देसाई वसंत कुमार वाले मामले में निर्णय देते हैं—'मैं संविधान में यथा-अनुध्यात भारतीय समाज के भावी चित्र पर विचार करना चाहता हूँ।'[1] उन्होंने जो विचार किया है, वह उनके शब्दों में इस प्रकार है—'किसी को भी इस संबंध में कोई संदेह नहीं है कि भावी भारतीय समाज जाति-विहीन और वर्ग-विहीन होगा।'[2] अच्छा होता, यदि न्यायमूर्ति देसाई अपने इस कथन के पक्ष में संविधान के किसी अनुच्छेद या उसके किसी उपखंड को उद्धृत करते। लेकिन उन्होंने ऐसा नहीं किया है, क्योंकि संविधान में कहीं ऐसा नहीं लिखा गया है। यानी न्यायमूर्ति देसाई ने संविधान से बाहर जा कर द्विज महापुरुषों में गांधी और नेहरू के विचार रखे हैं। न्यायमूर्ति देसाई ने पंडित जवाहरलाल नेहरू को उनकी पुस्तक 'डिस्कवरी ऑफ इंडिया' से उद्धृत करते हुए लिखा है—'भारत के प्रथम प्रधानमंत्री पंडित जवाहर लाल नेहरू ने यह कहा था कि महात्मा गांधी ने जाति की बुनियाद ही हिला दी है और जनता पर इसका बहुत ही जोरदार ढंग से प्रभाव पड़ा है।'[3] इसी निर्णय में इन्होंने मुद्दे को पुनः बरगलाया है कि प्रतिकारात्मक विभेद या स्वीकारात्मक कार्रवाई के लिए आर्थिक सिद्धांत स्वीकार कर लेने से 'जाति के ढाँचे के विनाश की दिशा में महत्वपूर्ण कदम होगा'[4] तथा 'जाति-विहीन समाज स्थापित करने के लिए दृढ़ कदम उठाए जा सकेंगे।'[5] लेकिन न्यायमूर्ति कृष्ण अय्यर

ने अखिल भारतीय शोषित कर्मचारी संघ वाले मामले में सटीक टिप्पणी की है कि ऐसे स्वप्न में 'जाति-विहीन जाति के चिह्न मौजूद हैं।'[6] यही दूसरे न्यायाधीशों की इस मामले को ले कर रिडल बनाने की कोशिश है। आखिर इस बात को वे द्विज न्यायाधीश कह रहे हैं जो जाति-विहीन समाज की स्थापना के लिए पहले अपना जाति-सूचक उपनाम तक नहीं हटा सके हैं।

गलत स्वप्न पालने की गलती करके न्यायमूर्ति देसाई ने अगली कानूनी गलती भी की है। उन्होंने पुनः संविधान से बाहर जा कर जाति-आधारित आरक्षण के विरोध में लिखा है कि उससे 'दुर्भाग्यवश जाति के ढाँचे को नया जीवन-दान मिल जाता है।'[7] वे बार-बार संविधान से बाहर के गांधी को उद्धृत करने की गलती करते हैं। वे लिखते हैं—'राष्ट्रपिता महात्मा गांधी ने यह कहा था, "जैसाकि हम जानते हैं, जाति-पद्धति एक अव्यवस्था है।" यदि हिंदू धर्म और भारत, दोनों को साथ-साथ रहना है और दिन-प्रतिदिन विकास करना है, तो उसे समाप्त करना ही होगा।'[8] लेकिन कहना यही है कि महात्मा गांधी अपनी इस बात को अस्पृश्यता की समाप्ति की तरह संविधान में क्यों नहीं लिखवा सके ? ऐसे तो उन्होंने अपने लंबे जीवन में अदल-बदल कर जाने क्या-क्या कहा है। इसलिए द्विज न्यायाधीशों के लिए महात्मा गांधी और पंडित नेहरू कानूनी बचाव की शरणस्थली नहीं बन सकते। वास्तव में, यह संविधान से बाहर का झगड़ा है जिसमें डॉ. आंबेडकर महात्मा गांधी के विरोध में कहते हैं कि यदि जाति मिटानी है तो हिंदू धर्म को ही मिटाना पड़ेगा। उनके मत में गांधी के मत के समान यह नहीं हो सकता कि जाति मिट जाए और हिंदू धर्म बच जाए। लेकिन संविधान में ऐसा न लिखे जाने पर भी न्यायमूर्ति रे जयश्री वाले मामले में जाति-पद्धति को सदोष मानते हुए लिख रहे हैं कि 'यदि नागरिकों के पिछड़े हुए वर्गों का कोई वर्गीकरण नागरिक की केवल जाति पर आधारित है तो इससे जाति-संबंधी पद्धति का दोष और भी बढ़ जाएगा।'[9]

इस देश में द्विज चिंतन की विशेषता है कि उसने बहस के लिए तर्क का एक अलग अखाड़ा खड़ा कर रखा है। दार्शनिक स्तर की जो कुश्तियाँ होंगी, वे केवल उसी कुरुक्षेत्र में होंगी। वे कुश्तियाँ इनके घर तक नहीं लड़ी जाती हैं। जब यह बात चल पड़ी है कि जाति को मिटाना है, तो द्विज जन भी इस बहस में शामिल हो गए हैं। यदि कोई बहस किसी वक्त की जरूरत है तो ये उसे फैशन मान कर ओढ़-पहन लेते हैं। इस फैशन में जो न्यायाधीश जाति को मिटाने की वकालत कर रहे हैं, उन्हें इस बात तक का ध्यान नहीं है कि एक न्यायाधीश के रूप में भी उनके नाम के पीछे उनका जाति-सूचक उपनाम जुड़ा हुआ है। आखिर न्यायमूर्ति देसाई के नाम में यह 'देसाई' शब्द क्या है ? क्या इस उपनाम को कोई अनुसूचित जाति का व्यक्ति अपने नाम के पीछे लगा सकता है ? दलित चिंतन का कहना यह है कि द्विजों में यह कथनी और करनी का अंतर दीया तले अँधेरे

तक का है। दूसरे की जाति को मिटा रहे हैं और अपनी जाति को सामने रख रहे हैं। कमाल यह है कि बिना मन में कोई परेशानी लाए यह उनका एक साँस का काम होता है। यदि जाति को मिटाने का यह तर्क खेलकूद के नियम की कोई प्रतियोगिता होती तो इसमें एम्पायर महोदय न्यायमूर्ति देसाई को पहले ही शब्द पर खेल से बाहर कर देते कि खुद जाति को मिटाने की बात कह रहे हैं और खुद जाति का उपयोग कर रहे हैं। तब क्या इस तर्क को इस रूप में आगे बढ़ाया जा सकता है कि जब न्यायाधीश अपने नामों में जाति-सूचक उपनामों का प्रयोग करते हैं, तो क्या उनके निर्णयों की और दृष्टिकोण की जातिपरक व्याख्या नहीं की जा सकती ? इस जगह दलित चिंतन का यह मानना है कि यदि ऐसा करना संभव है, तो यह जरूर किया जाए।

माननीय सुप्रीम कोर्ट के न्यायमूर्ति कुलदीप सिंह महोदय ने इंदिरा साहनी बनाम भारत संघ के निर्णय में लिखा है—'संविधान ने जाति-व्यवस्था को पूर्ण रूप में समाप्त कर दिया और इसने विधि के समक्ष समता का आश्वासन दिया। अनुच्छेद 15 (2) और 16 (2) के अधीन जाति के प्रति निर्देश केवल इसे समाप्त करने के लिए है।'[10] इसी निर्णय में आगे लिखा गया है—'अब जाति व्यवस्था, जिसे संविधान के रचयिताओं ने समाप्त कर दिया है, विभिन्न रूपों में अपना घृणित सिर उठाने का प्रयत्न कर रही है।'[11]

बताया जा सकता है कि भारत के संविधान ने जाति व्यवस्था को समाप्त नहीं किया है। संविधान ने जिसे समाप्त किया है, वह 'अस्पृश्यता' है, न कि 'जाति व्यवस्था'। संविधान के अनुच्छेद 15 (2) ने जाति को धर्म, मूलवंश, लिंग और जन्म स्थान के साथ रखा है। स्पष्ट है, संविधान ने न धर्म को समाप्त किया है, न मूलवंश को, न लिंग को और न जन्म-स्थान को। लिखा यह गया है कि 'कोई नागरिक केवल धर्म, मूलवंश, जाति, लिंग, जन्म-स्थान या इनमें से किसी के आधार पर—(क) दुकानों, सार्वजनिक भोजनालयों, होटलों और सार्वजनिक मनोरंजन के स्थानों में प्रवेश या (ख) पूर्णतः या भागतः राज्य-निधि से पोषित या साधारण जनता के प्रयोग के लिए समर्पित कुओं, तालाबों, स्नानघाटों, सड़कों और सार्वजनिक समागम के स्थानों के उपयोग के संबंध में किसी भी निर्योग्यता, दायित्व, निर्बंधन या शर्त के अधीन नहीं होगा।[12] लेकिन माननीय सुप्रीम कोर्ट के न्यायाधीश लिख रहे हैं कि इस अनुच्छेद ने जाति को समाप्त कर दिया है। संविधान के अनुच्छेद 16 (2) में लिखा गया है कि 'राज्य के अधीन किसी नियोजन या पद के संबंध में केवल धर्म, मूलवंश, जाति, लिंग, उद्भव, जन्मस्थान, निवास या इनमें से किसी के आधार पर न तो कोई नागरिक अपात्र होगा और न उससे विभेद किया जाएगा।[13] इसमें संविधान ने जाति या धर्म को समाप्त करने की कोई बात नहीं कही है। लेकिन न्यायमूर्ति महोदय ने केवल जाति के आधार पर विभेद न करने को जाति

को समाप्त करना बता दिया है, जो संविधान का न्यायिक निर्वचन नहीं है और एक न्यायिक अफवाह के बराबर है। यहाँ जाति के बारे में बाबा साहेब डॉ. आंबेडकर के शब्द उद्धृत किए जा सकते हैं जो उन्होंने 24 फरवरी, 1949 को कांस्टिटूएंट असेंबली ऑफ इंडिया (लेजिस्लेटिव) डिबेट में शापिल हो कर हिंदू कोड बिल पर बोलते हुए कहे थे–'मैं विवाद के पहले बिंदु को ले रहा हूँ–अर्थात जाति बंधन की समाप्ति को। जहाँ तक इस विधेयक का संबंध है, यह केवल पुराने और नए में एक समझौते पर पहुँचता है। विधेयक कहता है कि यदि हिंदू समुदाय का कोई सदस्य रूढ़िवादी पद्धति का अनुकरण करना चाहता है जिसका मतलब है कि कोई विवाह तब तक वैध नहीं होगा, जब तक दुल्हन और दूल्हा एक ही वर्ण, एक ही जाति या एक ही उपजाति के नहीं होंगे तो इस संहिता में ऐसा कुछ नहीं है जो उसे उसकी इच्छानुसार या जिसे वह अपना धर्म मानता है, के अनुसार चलने से रोक सके। इसी तरह, यदि हिंदू जो सुधारवादी है और जो वर्ण, जाति या उपजाति में विश्वास नहीं करता है, यदि अपने वर्ण से बाहर, अपनी जाति से बाहर, अपनी उपजाति से बाहर की लड़की से विवाह करना चाहता है तो कानून उसके विवाह को भी वैध मानता है। इसीलिए जहाँ तक विवाह कानून का संबंध है, किसी प्रकार का कोई थोपना नहीं है। विधिक और रूढ़िवादी लोग स्वतंत्र छोड़ दिए गए हैं कि वे वह करें, जिसे वे अपने धर्म के अनुसार उचित समझते हैं। सुधारवादी भी, जो धर्म का अनुसरण नहीं करते, बल्कि विवेक का और अन्तःकरण का अनुसरण करते हैं, अपने विवेक और अन्तःकरण का अनुसरण करने के लिए स्वतंत्र छोड़ दिए गए हैं।'[14]

जाति-विहीन समाज की बात दो तरह के लोग करते हैं। एक वे हैं जो सच में जाति को समाप्त करना चाहते हैं और दूसरे वे हैं जो इसका शब्द-जाल रच कर जाति को अक्षुण्ण बना कर बचा ले जाना चाहते हैं। स्वतंत्रता आंदोलन के लिए डॉ. आंबेडकर का एक महत्वपूर्ण नारा था–'जाति-विहीन समाज की स्थापना के बिना स्वराज्य-प्राप्ति का कोई महत्व नहीं।'[15] उनका यह वाक्य कैलेंडरों में छप कर बिका है। मंडल कमीशन पर सुप्रीम कोर्ट का निर्णय आने पर डॉ. मस्तराम कपूर का एक लेख 'जातिमुक्त समाज की ओर'[16] शीर्षक से प्रकाशित हुआ था। इसमें भी आरक्षण के रास्ते को 'जातिमुक्त समाज की ओर' का रास्ता माना गया था। लेकिन एक दूसरे पक्ष के लोग हैं जो आरक्षण को 'जातिमुक्त' समाज की स्थापना में अवरोध मानते हैं। खुद इंदिरा साहनी वाले मामले में सुप्रीम कोर्ट के सामने ऐसी दलीलें दी गई थीं। सुप्रीम कोर्ट के बहुमतवाले निर्णय के शब्दों में 'एक प्रकार के तर्कों को श्री एन.ए. पालकीवाला ने दिया है। (दूसरे अनेक काउंसिलों द्वारा समर्थित) उनकी दलीलें संक्षेप में निम्न शब्दों में हैं : पंथ-निरपेक्ष, एकीकृत और जाति-विहीन समाज संविधान की एक मूलभूत विशेषता है। संविधान

के अधीन जाति के आधार पर भेद वर्जित है। भारतीय समाज से इसे पूर्ण रूप से हटा दिया जाना चाहिए। अनुच्छेद 16 (4) में निर्दिष्ट पिछड़े वर्गों के निर्धारण के लिए जाति कभी भी आधार नहीं बन सकती।[17] बहुमत ने अपने हिसाब से इन दलीलों का सही जवाब दिया था कि जाति, उपजीविका और गरीबी के अंतर्संबंध के बारे में भ्रम नहीं रहना चाहिए। उन्होंने लिखा है–'हमारे सभी विरोधों और विद्वेषों तथा इस साक्षात विषय को समाप्त करने के सभी प्रयास के होते हुए भी यह एक कटु सत्यता है। हम यह नहीं कह रहे हैं कि इसे बढ़ावा दिया जाना चाहिए। ऐसा नहीं किया जाना चाहिए। इसका उन्मूलन होना चाहिए। यह एक आदर्श है–एक उद्देश्य, किंतु समाज के इन अनुभागों–वर्गों के सुधार के लिए किसी कार्यक्रम और बुराई के उन्मूलन के लिए बनाए गए कार्यक्रम में इस सत्यता को स्वीकार किया जाना चाहिए और उस कार्यक्रम को तदनुसार उसके साथ मेल बिठा कर लागू करना चाहिए। शुतुरमुर्ग की तरह मात्र अपने सिरों को रेत से गाड़ने में कुछ नहीं होगा। कोई भी अपने शत्रु से तब तक नहीं लड़ सकता, जब तक वह उसे न जानता हो।[18] न्यायालय ने विदेश का उदाहरण देते हुए अपने तर्क को मजबूत किया था–'संयुक्त राज्य अमेरिका के सुप्रीम कोर्ट (उच्चतम न्यायालय) ने बार-बार कहा है कि यदि भूत और भविष्य में मूल वंश विभेद का आधार होना चाहिए तो मूल वंश को भी ऐसे निवारणकारी कार्यक्रमों का आधार बनाया जाना चाहिए, हालाँकि हमारी सांविधानिक स्कीम में इतनी दूरी तक जाने की आवश्यकता नहीं है।'[19]

देवेन्द्र स्वरूप के जाति-विहीन समाज के सपने को ले कर कई लेख प्रकाशित हुए हैं। इनके शीर्षक इस प्रकार हैं–'जाति-विहीन समाज का सपना'[20], 'ब्रिटिश इतिहासकार की भविष्यवाणी'[21], 'ईसाई मिशनरी और जाति संस्था',[22] 'उन्नीसवीं सदी की मिशनरी बहस'[23], '1857 में क्रांति बनी चिनगारी'[24], 'ब्राह्मण ही सब मुसीबत की जड़ है'[25], 'जाति के बारे में अंग्रेजों की त्रिसूत्री नीति'[26], 'ब्रिटिश जनगणना नीति का सच'[27] और '1871 की जनगणना में उठे सवाल'[28]। ये लेख एक धारावाहिक की तरह छपे हैं और कट्टर हिंदू की तरह लिखे गए हैं। उन्होंने पहले लेख में पूछा है–'कहीं ऐसा तो नहीं कि जाति संस्था को सही रूप में न देख पाने के कारण हमने उसे मिटाने का रास्ता ही गलत चुना हो ? आखिर हमने ऐसा क्यों मान लिया कि जाति संस्था मात्र सामाजिक विकृति है और राष्ट्रीय एकता एवं प्रगति के मार्ग में सबसे बड़ी बाधा है ? यह दृष्टि हमें कहाँ से मिली ? कहीं अपनी अधिकांश धारणाओं और मान्यताओं के समान इस दृष्टि को भी हम ब्रिटिश साम्राज्यादियों की विरासत के रूप में तो नहीं ढो रहे हैं ?'[29] पत्रकार देवेन्द्र स्वरूप के इन प्रश्नों में ही उनके उत्तर सम्मिलित हैं। उन्होंने अपने 'जाति के बारे में अंग्रेजों की त्रिसूत्री नीति' वाले लेख में 'जाति-विहीन समाज के सपने' के बारे

में ब्रिटिश शासकों की दूसरी नीति यह कहते हुए बताई है कि वह 'अंग्रेजी शिक्षित भारतीयों के मन में जाति व्यवस्था के प्रति घृणा और विरोध का भाव पैदा करके उन्हें जाति-विहीन समाज के निर्माण का सपना देना[30] था। इस प्रकार देवेन्द्र स्वरूप का निष्कर्ष है कि भारतीय लोगों को जाति-विहीन समाज का सपना शासकों ने दिया है, मानो कबीर और रैदास को वे एकदम भूल ही गए हैं।

सन 1871 में जातिवार जनगणना की शुरुआत करने के लिए देवेन्द्र स्वरूप ने ब्रिटिश शासकों को जिम्मेदार माना है, लेकिन द्विज चिंतन इस बहस में किसी भी कुतर्क तक जा सकता है। जब भारत सरकार ने 1990 में मंडल कमीशन की सिफारिशों के आधार पर पिछड़े वर्गों के लिए 27 प्रतिशत आरक्षण दिया था, उस समय उसके विरोध में इंडियन एक्सप्रेस में जाति और ब्राह्मणवाद के बारे में पत्रकार मीनाक्षी जैन के लेख छप रहे थे। इनके चार शीर्षक इस प्रकार हैं–'प्री-ब्रिटिश इंडिया : द मिथ ऑफ कास्ट टायरनी'[31], 'ए मिथ द ब्रिटिश क्रीएटिड'[32], 'ब्राह्मिंस एंड संस्कृटाइजेशन'[33], और 'द मिथ ऑफ ब्राह्मिनिकल मोडल्स'।[34] उन्होंने अपने 'द मिथ ऑफ कास्ट टायरनी' में लिखा है–'इस बात का सामान्यतया पता नहीं है कि कठोर सामाजिक स्तरण और श्रेणीकृत स्तर का भारत ज्यादातर ब्रिटिशों की देन है।'[35] उनके कहने का मतलब है कि अंग्रेजों से पहले जाति को ले कर इस देश में सब ठीक चल रहा था। उन्होंने अपने लेखों में यही सिद्ध किया है कि प्राचीन भारत में ब्राह्मणों ने किसी जाति के साथ ज्यादती नहीं की थी। इनके लिए भी मानो जाति के विरोध में बुद्ध के उपदेश अकारण और निरर्थक थे।

कम-से-कम किसी विधि विशेषज्ञ को खुल्लमखुल्ला यह नहीं कहना चाहिए कि भारत के संविधान ने या अन्य कानूनों ने जाति प्रथा को तोड़ने की घोषणा कर रखी है। ज्यादा से ज्यादा यही कहा जा सकता है कि यह संविधान धर्म के मामले में धर्म-निरपेक्ष की तरह-जाति के मामले में जाति-निरपेक्ष हो कर चलना चाहता है। यह बात इसलिए कही जा रही है, क्योंकि यदि जाति प्रथा का नाश करना है तो सही मायने में हिंदू धर्म के धर्म-ग्रंथों का नाश करना हो जाएगा जो अंत में हिंदू धर्म को ही नष्ट करना हो जाएगा। ऐसा कदम दलित उठा सकते हैं, द्विज नहीं। इस दृष्टिकोण को ले कर डॉ. आंबेडकर ने एक महत्वपूर्ण पुस्तक 'एन्निहिलेशन ऑफ कास्ट' लिखी थी, लेकिन सुप्रीम कोर्ट ने जाति प्रथा को सदोष करार किया है। ऐसा मानने में उसने यह विचार नहीं किया कि उसे केवल संविधान और विधि की भाषा में बोलने की अनुमति है। जाति-प्रथा को सदोष बताने से पहले उसे यह बताना चाहिए था कि इसे संविधान या किसी अन्य विधि में किस जगह सदोष कहा गया है। अपने पूरे चिंतन और लेखन में उसने ऐसा एक भी प्रमाण नहीं दिया है, जहाँ जाति प्रथा को सदोष ठहराया गया है।

न्यायपालिका इस मामले में एक अफवाह की तरह विश्वास कर रही है।

यदि जाति प्रथा कानूनी रूप से सदोष है तो नाम के पीछे उपनाम के रूप में इसके प्रयोग पर पाबंदी लगा दी जानी चाहिए थी। हाँ, न्यायपालिका अफवाहों की तरह काम कर रही है। उसका यह व्यवहार द्विज हिंदू मीडिया की तरह का व्यवहार है। वह अपनी विधि-सम्मत सोच के अनुसार काम नहीं लेती है। सुप्रीम कोर्ट ने जयश्री वाले मामले में बिना किसी संवैधानिक आधार के यह अपने मन से लिख दिया है—'यदि नागरिकों के पिछड़े हुए वर्गों का कोई वर्गीकरण नागरिक की केवल जाति पर आधारित है तो इससे जाति-संबंधी पद्धति का दोष और भी बढ़ जाएगा।'[36] यह विचित्र निर्णय है कि जाति के आधार पर तीन हजार वर्षों से नुकसान उठानेवाले लोगों को यदि आज जाति के आधार पर लाभ मिल जाएगा। तो इससे जाति प्रथा का दोष बढ़ जाता है। यदि दोष ऐसे बढ़ता है, तो यह दोष घटेगा कैसे ? क्या जाति प्रथा का दोष इस तरह से नष्ट हो जाएगा कि अस्पृश्यों को जाति के आधार पर लाभ न लेने दिए जाए ?

डॉ. मातादीन मधौलिया ने अपनी पुस्तक में सुप्रीम कोर्ट को उद्धृत किया है कि यदि नागरिकों के पिछड़े वर्गों का कोई वर्गीकरण एकमात्र जाति के आधार पर किया जाता है तो इससे जाति प्रथा की बुराई शाश्वत हो जाएगी।[37] इसमें जज महोदय ने यह मान्यता बना ली है कि जाति व्यवस्था एक बुराई है। इस संविधान के रहते किसी की यह मान्यता ही गलत है। जब मान्यता गलत है तो उसे आधार बना कर दिए गए निर्णय भी गलत होंगे। न्यायालयों के निर्णयों में यही हुआ है। पता नहीं, इस संविधान में इन न्यायाधीशों ने यह बात कहाँ से पढ़ ली है कि जाति प्रथा एक बुराई है। संविधान में जिसे बुराई से भी ज्यादा अपराध माना गया है, वह अस्पृश्यता है, जाति नहीं। संविधान में शब्द 'जाति' धर्म के साथ-साथ रहने के कारण बहुत ही सम्मानसूचक शब्द है। संविधान में अस्पृश्यता का अंत किया गया है, जाति का नहीं, लेकिन इस तथ्य को सुप्रीम कोर्ट के न्यायाधीश बिलकुल भूल जाते हैं।

इस बात को न्यायाधीशों ने ढाल की तरह इस्तेमाल किया है कि 'अनुच्छेद 15 के खंड (1) में राज्य को किसी नागरिक के विरुद्ध केवल धर्म, मूलवंश, जाति, लिंग, जन्म-स्थान या इनमें से किसी के आधार पर विभेद करने में प्रतिषिद्ध किया गया है।'[38] लेकिन ऐसा तर्क रखते समय न्यायाधीशों ने इस बात पर ध्यान नहीं दिया कि इससे भी एक कदम आगे रख कर अनुच्छेद 17 ने अस्पृश्यता को दंडनीय घोषित करके भी अनुसूचित जातियों को अस्पृश्यता के आधार पर सृजित किया है। साथ ही, जाति की समाप्ति की बात महात्मा गांधी और पंडित जवाहरलाल नेहरू ने की है।[39] लेकिन वे इसे संविधान में समाप्त नहीं करवा पाए हैं। द्विज समाज के सामने ये दोनों द्विज महापुरुष बुरी तरह हारे हैं। इसलिए इनका विश्वास नहीं किया जाना चाहिए। इन्होंने संविधान से बाहर अपनी स्वतंत्र पुस्तकों में कुछ

भी लिखा हो, लेकिन संविधान के रचे जाने में जातिवाद के सामने घुटने टेके हैं।

उच्चतम न्यायालय के द्विज मानसिकता के न्यायाधीशों के बजाय डॉ. अनिरुद्ध प्रसाद ने भी जाति की संवैधानिक और कानूनी व्यवस्था को समझना चाहा है। उन्होंने अपनी पुस्तक 'आरक्षण : सामाजिक न्याय एवं राजनैतिक संतुलन' में लिखा है– 'वर्तमान भारत में 'जाति सत्यम् कर्म मिथ्या' वाली बात चरितार्थ हो रही है। संविधान निर्माता(ओं) (ने) जाति पर आधारित विभेदीकरण को प्रतिषिद्ध किया, परंतु यह संदिग्ध है कि उन्होंने वर्ण व्यवस्था समाप्त करने का कोई प्रयास किया। जाति-विहीन समाज की स्थापना संविधान की अंतरात्मा नहीं बन पाई। अस्पृश्यता समाप्त कर दी गई, परंतु जाति व्यवस्था स्वयं बनी रही। अनुच्छेद 17 का आंबेडकर द्वारा किया गया प्रारूप यह था कि रैंक, जन्म, व्यक्ति, परिवार, धर्म या धार्मिक रूढ़ि और रीति-रिवाज से उत्पन्न किसी विशेषाधिकार या निर्योग्यता को समाप्त किया जाता है। परंतु इसे न तो प्रारूप समिति ने स्वीकार किया और न ही संविधान सभा ने स्वीकार किया। बिना चतुवर्ण या जाति का नाम लिये आंबेडकर ने इन पर आधारित विशेषाधिकारों या निर्योग्यताओं को समाप्त करने का प्रयास किया था और यदि उसे स्वीकार किया गया होता तो वह सामाजिक समता तथा सामाजिक न्याय की अवधारणा के ज्यादा समीप होता। वर्तमान अनुच्छेद 17 डॉ. के.एम. मुंशी के प्रारूप पर आधारित है। इसके पूर्व 1930 के दशक में मंदिर प्रवेश के लिए हरिजनों को प्रदान की जानेवाली व्यवस्था पर प्रतिक्रिया व्यक्त करते हुए आंबेडकर ने स्पष्ट किया था कि 'यदि हिंदू धर्म उनका धर्म होना है तो उसे सामाजिक एकता का धर्म होना होगा। मात्र हिंदू संहिता का संशोधन कर मंदिरों में प्रवेश दिलाना पर्याप्त नहीं है। आवश्यकता है कि जाति व्यवस्था तथा अस्पृश्यता के जनक चतुर्वर्ण के सिद्धांत को समाप्त किया जाए।' डॉ. आर.सी. मजुमदार ने अपनी पुस्तक 'स्ट्रगल फॉर फ्रीडम' में स्पष्ट किया है कि इसका मात्र संतोषजनक उत्तर यह हो सकता था कि तीन हजार वर्षों से पुरानी व्यवस्था एक दिन में समाप्त नहीं होगी और इसके लिए धीरे-धीरे प्रयास जारी रहेगा। परंतु गांधी सहित किसी हिंदू नेता ने यह स्पष्ट रूप से जाति व्यवस्था के विरुद्ध विचार व्यक्त नहीं किया। संवैधानिक परिप्रेक्ष्य में यह संभावना व्यक्त की गई है कि स्वतंत्र भारत में जाति धार्मिक संप्रदाय की तरह शाश्वता प्राप्त करेगी। चिन्नम्मा बनाम डी.पी. आई. (ए.आई.आर. 1964 आंध्र पदेश 277) में गौड़ सारस्वत ब्राह्मण समुदाय के संप्रदाय अधिकार को मान्यता दी गई। डॉ. घुर्ये ने स्पष्ट किया है कि जाति की भावना राष्ट्रीय एकता की भावना के प्रतिकूल है। न्यायमूर्ति एस.बी. वाड ने अपनी पुस्तक 'कास्ट एंड लॉ' में इंगित किया है कि जाति-विहीन समाज की स्थापना संविधान में सकारात्मक रूप में घोषित उद्देश्य में नहीं रखा गया है। उन्होंने विचार व्यक्त किया है कि जिस प्रकार अनु. 17 में अस्पृश्यता का उन्मूलन किया गया

है और 44वें संशोधन अधिनियम द्वारा संपत्ति के मूल अधिकार को समाप्त किया गया है, उसी प्रकार जाति व्यवस्था को भी उन्मूलित कर दिया जाना चाहिए था। परंतु ऐसा नहीं किया गया। यदि ऐसा किया गया होता, तो अनुच्छेद 32 जाति व्यवस्था उन्मूलन-संबंधी अधिकार के विरुद्ध प्राप्त होता। यद्यपि संविधान जाति व्यवस्था को निर्मूल नहीं करता, फिर भी जाति भावना पर आधारित विभेदीकरण को समाप्त कर समाज के पिछड़े वर्गों के उन्नयन के लिए प्रावधान की अपेक्षा करता है। यथासंभव संविधान में जाति और वर्ग में अंतर रखने का प्रयास किया गया है।'[40]

संदर्भ

1. वसंत कुमार, पृष्ठ 702
2. वही, पृष्ठ 702
3. वही, पृष्ठ 702
4. वही, पृष्ठ 708
5. वही, पृष्ठ 708
6. अखिल भारतीय शोषित कर्मचारी संघ, पृष्ठ 726
7. वसन्त कुमार, पृष्ठ 703
8. वही, पृष्ठ 702
9. जयश्री, पृष्ठ 371
10. इंदिरा साहनी, पृष्ठ 164
11. वही, पृष्ठ 165
12. भारत का संविधान, भारत सरकार 1991, पृष्ठ-5
13. वही, पृष्ठ 5
14. Dr. Baba Saheb Ambedkar, Writings and speeches, Vol. 14, Editor Vasant Moon, Government of Maharashtra, 1995, Pages-267-268.
15. कैलेन्डरों पर छपा वाक्य
16. नवभारत टाइम्स, नई दिल्ली, 7 दिसंबर 1992
17. इंदिरा साहनी, पृष्ठ 396
18. वही, पृष्ठ 415
19. वही, पृष्ठ 415
20. नवभारत टाइम्स, नई दिल्ली, 7 सितंबर, 1995
21. वही, 14 सितंबर, 1995
22. वही, 26 अक्तूबर, 1995
23. वही, 2 नवंबर, 1995
24. वही, 9 नवंबर, 1995
25. वही, 23 नवंबर, 1995
26. वही, 21 दिसंबर, 1995
27. वही, 28 दिसंबर, 1995

28. वही, 11 जनवरी, 1996
29. वही, 7 सितंबर, 1995
30. वही, 21 दिसंबर, 1995
31. The Indian Express, Kochi, 26 September, 1990
32. Ibid., 5 October, 1990
33. Ibid., 17 October, 1990
34. Ibid., 24 November, 1990
35. Ibid., 26 September, 1990
36. जयश्री, पृष्ठ 371
37. 'If any classification of backward classes of citizens is bases solely on the caste of the citizens, it will perpetuate the vice of caste system' Supreme court on Reservation, page 185
38. के.सी. वसंत कुमार : (1985) 4 : उम.निम.प., पृष्ठ 805
39. Supreme Court on Reservation, Dr. Matadin Madholia, page 123
40. आरक्षण : सामाजिक न्याय एवं राजनैतिक संतुलन, डॉ. अनिरुद्ध प्रसाद, पृष्ठ 6-7

आरक्षण तो सवर्णों का होना चाहिए

रणजीत

मैं मानता हूँ कि आरक्षण कोई आदर्श मानवीय व्यवस्था नहीं है, पर यह हमारे देश की एक क्रूर अमानवीय व्यवस्था–वर्ण व्यवस्था की उत्पत्ति है, उसकी अमानवीयता को कम करने का एक मानवीय प्रयत्न है और हमारी सामाजिक विषमताओं को कम करने के लिए फिलहाल अनिवार्य भी है। वास्तव में दलित वर्गों के उत्थान के लिए अकेला आरक्षण काफी नहीं है, उसके साथ ही साथ अनेक ऐसे समुचित कदम उठाए जाने चाहिए कि एक सीमाबद्ध अवधि में उन्हें सामाजिक रूप से सवर्णों के समकक्ष लाया जा सके।

तो इस सीधे-सादे सत्य को ये आरक्षण-विरोधी नवयुवक क्यों नहीं समझ रहे हैं ? वास्तव में ये नवयुवक अपने देश के ऐतिहासिक और सामाजिक विकास से एकदम अनजान हैं और उन घाघ वर्ण-अहंकारवादी राजनीतिज्ञों के बहकाए हुए नादान लोग हैं, जो स्वयं आरक्षण के बारे में एक प्रकार की राष्ट्रीय सहमति के सामने खड़े होने का साहस नहीं बटोर पा रहे हैं।

इन नासमझ, नादान नवयुवकों की जानकारी और समझदारी के लिए मैं भारत के सामाजिक, राजनैतिक इतिहास के कुछ तथ्य उनके सामने रखना चाहता हूँ।

भारत की दलित-दमित जातियों ने कभी आरक्षण माँगा नहीं था। उन्होंने तो अपने लिए स्वतंत्र, अपने वर्गीय मतदाताओं द्वारा चुना हुआ प्रतिनिधित्व माँगा था। 12 नवंबर 1930 को लंदन में आयोजित प्रथम गोलमेज सम्मेलन में डॉ. भीमराव आम्बेडकर ने अछूतों के लिए स्वतंत्र प्रतिनिधित्व माँगा और 25 अगस्त, 1932 को ब्रिटिश प्रधानमंत्री मेक्डोनाल्ड ने 'कम्यूनल अवार्ड', जिसमें अछूतों के लिए पृथक चुनाव क्षेत्र को स्वीकार किया गया, की घोषणा की। पर गांधी जी और कांग्रेस के अन्य हिंदू नेताओं के इस आग्रह या दुराग्रह के परिणामस्वरूप कि दलित लोग अपने आपको आम हिंदुओं से अलग करके न देखें और गांधी जी द्वारा इसके लिए किए गए लंबे उपवास के दबाव में ही दलितों के नेता बाबा साहब आम्बेडर

ने 24 सितंबर, 1932 को पूना समझौते पर हस्ताक्षर किए। इस प्रकार ऐतिहासिक रूप से आरक्षण हिंदू नेताओं द्वारा दलितों को दी गई वह छोटी-सी सुविधा है, जो उन्हें हिंदुओं के साथ बनाए रखने के लिए दी गई थी। आरक्षण के वास्तविक विरोधी तो स्वयं आम्बेडकर थे और अभी भी अनेक दलित नेता हैं। आरक्षण उनकी मजबूरी नहीं थी, सवर्ण हिंदुओं की उनको अलग मताधिकार से वंचित कर अपने साथ रखने की मजबूरी में से उत्पन्न समझौता था। आरक्षण के पूना पैक्ट पर हस्ताक्षर करने वालों में डॉ. राजेंद्र प्रसाद, श्री राजगोपालाचारी, सर तेजबहादुर सप्रू आदि उस समय के सर्वोच्च नेता थे।

आम्बेडकर ने स्वयं दस ही साल के आरक्षण से दलितों के आम हिंदुओं के साथ समान स्तर पर आने की कल्पना की थी और गांधी जी ने कहा था, 'यह दस साल का मौका हमें इसलिए चाहिए कि हम अपने लोगों द्वारा हजारों वर्षों से दलितों पर किए जा रहे अत्याचारों के पाप को धो सकें।' पर क्या सवर्णों के यह पाप अब भी धुल पाए हैं ? या और बढ़ गए हैं ? उस बूढ़े की ईमानदारी के साथ इतिहास ने कैसा मजाक किया कि उसी की वारिस कांग्रेस पार्टी ने इस आरक्षण के नाम पर 45 साल तक दलितों के थोक वोट बटोरते रहकर भी उनकी हीन सामाजिक स्थिति में ऐसा कोई प्रभावी परिवर्तन नहीं किया कि ऐसा कहा जा सके कि अब अनुसूचित जातियों के लोग इतनी प्रगति कर चुके हैं कि उनके लिए किसी आरक्षण की जरूरत नहीं है।

ईमानदारी की बात यह है कि सरकारी तथा गैर-सरकारी नौकरियों में अनुसूचित जातियों और जनजातियों का आरक्षण तब तक जारी रहना चाहिए, जब तक उनको अपनी जनसंख्या के अनुपात में प्रतिनिधित्व नहीं मिल जाता। यह अवधि निश्चय ही जितनी कम हो, उतना ही अच्छा है; पर इसका कम होना हमारे शासन और प्रशासन की ईमानदारी और कुशलता पर ही निर्भर है, स्वयं दलितों पर नहीं। आरक्षण-विरोधी सवर्ण युवकों को यह जानना चाहिए कि यदि उनको सही रोजगार नहीं मिल रहा है, तो इसका कारण अनुसूचित वर्णों के लोगों का आरक्षण नहीं, सरकार की वे गलत नीतियाँ हैं, जो अधिक रोजगारपरक उद्योग तथा सेवा क्षेत्र विकसित नहीं कर पा रही है। अनुसूचित जातियों और वर्णों को तो अभी तक चतुर्थ श्रेणी की नौकरी में भी अपना संविधान-सम्मत प्रतिनिधित्व नहीं मिल पाया है। भारत सरकार द्वारा प्रकाशित आँकड़ों के अनुसार 1988 तक दलितों के घोषित 22.5 प्रतिशत कोटे के विपरीत सरकारी क्षेत्र में दलित कर्मचारियों का प्रतिशत इस प्रकार था—प्रथम श्रेणी के पदों में 8.54 प्रतिशत, तृतीय श्रेणी के पदों में 13.44 प्रतिशत और चतुर्थ श्रेणी के पदों में 19.40 प्रतिशत। अर्थात ऊँची नौकरियों को छोड़िए, चौथी श्रेणी की नौकरियों में भी (पुरानी वर्ण व्यवस्था के अनुसार भी सेवा का काम तो पूरी तरह शूद्रों को सौंपा गया था) अर्थात चपरासियों की

नौकरियों में भी दलितों को अपनी जनसंख्या के अनुसार प्रतिनिधित्व नहीं मिला हुआ था अर्थात यहाँ भी दलितों का स्थान सवर्णों ने हथिया रखा था। विडंबना यह है कि चतुर्थ श्रेणी में जमादार जैसे सफाई कर्मचारी भी आते हैं, जिनमें सवर्ण लोग उम्मीदवार भी बनना गवारा नहीं कर सकते, फिर भी इस श्रेणी में भी दलितों को अपना आनुपातिक प्रतिनिधित्व नहीं मिला है।

जीवन के सभी प्रमुख क्षेत्रों में अनुसूचित जातियों और जनजातियों की वास्तविक स्थिति को इन तथ्यों के आधार पर भली भाँति समझा जा सकता है–

1. भारत की कुल जनसंख्या में अनुसूचित जातियों और जनजातियों का प्रतिशत 15+7.5=22.5।

2. शिक्षा में अनुसूचित जातियों का प्रतिशत : 6.00।

3. सरकारी नौकरियों में इन जातियों का प्रतिशत : 7.00।

4. व्यापार और उद्योग में इन जातियों का प्रतिनिधित्व : 2.0 प्रतिशत।

5. कृषि और सम्बद्ध उद्योगों में इन जातियों का प्रतिशत : 2.00

इनकी तुलना में तीन ऊँची जातियों–ब्राह्मण, क्षत्रिय और वैश्य–के लोग भारत की जनसंख्या का 15 प्रतिशत और अन्य पिछड़ी जातियों के लोग 52 प्रतिशत तथा धार्मिक अल्पसंख्यक 10.5 प्रतिशत हैं। यदि 15 प्रतिशत सवर्णों और शेष 85 प्रतिशत अवर्णों तथा अहिंदुओं की जीवन के विभिन्न क्षेत्रों में आपेक्षिक स्थितियों की तुलना की जाए तो देश की भयंकर सामाजिक विषमता का एक दारुण चित्र सामने आता है :

	सवर्णों का प्रतिनिधित्व (प्रतिशत में)	अवर्णों और अहिंदुओं का प्रतिनिधित्व (प्रतिशत में)
देश की पूरी जनसंख्या में	15	85
नौकरियों में	88	12
शिक्षा में	78	22
व्यापार में	97	03
राजनीति में	70	30

सदियों से वर्ण व्यवस्था से पीड़ित और विषमता से जर्जर इस देश के सामाजिक ताने-बाने को और भी बारीकी से देखना चाहें तो वर्ण व्यवस्था के निर्माता और उसके सिरमौर ब्राह्मणों के सरकारी नौकरियों में प्रतिनिधित्व पर एक नजर डालें। उपलब्ध आँकड़ों के अनुसार, कुल भारतीय आबादी के साढ़े तीन प्रतिशत ब्राह्मणों का 1988 में विभिन्न पदों पर प्रतिनिधित्व इस प्रकार था–केंद्र के कैबिनेट

मंत्रियों के प्राइवेट सेक्रेटरी 70 प्रतिशत, केंद्र में सचिव, संयुक्त सचिव, अतिरिक्त सचिव तथा समकक्ष पदों पर 62 प्रतिशत, राज्यों के मुख्य सचिव 54 प्रतिशत, राज्यपाल, उपराज्यपाल 50 प्रतिशत, उपराज्यपालों के सचिव 54 प्रतिशत, उच्चतम न्यायालय के न्यायाधीश 56 प्रतिशत, उच्च न्यायालयों के न्यायाधीश 50 प्रतिशत, राजदूत आदि 41 प्रतिशत, विश्वविद्यालयों के उपकुलपति 51 प्रतिशत, केंद्रीय सरकार के अन्य उच्चाधिकारी 57 प्रतिशत, राज्य सरकारों के उच्चाधिकारी 82 प्रतिशत, आई.ए.एस. अधिकारी 61 प्रतिशत और लोक सभा सदस्य 36 प्रतिशत

इन आँकड़ों को देखते हुए कौन न्यायप्रिय व्यक्ति यह न कहेगा कि वास्तव में आरक्षण दलित वर्गों का नहीं, सवर्णों का होना चाहिए। तय हो जाना चाहिए कि ब्राह्मणों, क्षत्रियों और वैश्यों को भारतीय आबादी में उनके प्रतिशत से अधिक नौकरियां किसी भी श्रेणी में नहीं दी जाएँगी। उनकी गरीबी पर दया करनी हो तो कुल 15 प्रतिशत सवर्ण हिंदुओं को उनकी आबादी से दुगुना यानी 30 प्रतिशत आरक्षण दे दिया जाना चाहिए, क्योंकि वे ही बेचारे इतने गरीब हैं कि आर्थिक आधार पर आरक्षण माँग रहे हैं ! पर यह आरक्षण नकारात्मक होना चाहिए। अर्थात जिस किसी सरकारी सेवा या संस्थान में सवर्णों का प्रतिशत 30 या उससे अधिक हो, वहाँ उस वर्ग का कोई कर्मचारी भविष्य में भर्ती नहीं किया जाना चाहिए। क्या इस प्रकार का अपने अनुपात से दुगुना विशेषाधिकार पूर्ण आरक्षण वर्तमान आरक्षण पद्धति का विरोध करनेवाले सवर्ण आंदोलनकारियों को स्वीकार्य है ?

यदि नहीं तो वे अपने आपसे पूछें कि क्यों ? क्या सिर्फ इसलिए कि हजारों वर्षों से उन्होंने सब महत्वपूर्ण कार्यों—पढ़ना-पढ़ाना, राज्य करना और पैसे कमाना—को पूरी तरह अपने लिए आरक्षित कर लिया था और अब भी आरक्षित ही रखना चाहते हैं ? यह सिर्फ इसलिए कि वे अपनी-अपनी माताओं की कोख से नहीं, ब्रह्मा के मुँह, भुजाओं और पेट से पैदा हुए हैं ?

आरक्षण विरोधी आंदोलन वास्तव में एक देशद्रोही और विघटनवादी आंदोलन है। कश्मीरी उग्रवादियों के आंदोलन से अधिक खतरनाक और विघटवादी, क्योंकि वह आंदोलन तो फिर भी एक विशेष क्षेत्र के बहुसंख्यक लोगों द्वारा अपने क्षेत्र को देश की मुख्य धारा से अलग करने का आंदोलन है, जबकि आरक्षण विरोधी आंदोलन एक अल्पसंख्यक वर्ग द्वारा अपनी प्रभुता बहुसंख्यक वर्गों पर बनाए रखने का आंदोलन है, अपने हजारों वर्षों से अन्यायपूर्वक भोगे जा रहे विशेषाधिकारों को सुरक्षित रखने का एक फासिस्ट आंदोलन है, जो यदि सफल हुआ तो देश को एक भीषण गृहयुद्ध में झोंक देगा।

समाजवादी नेता डॉ. राममनोहर लोहिया ने इस तथ्य को मान्यता देते हुए कि भारत में वर्ग विभाजन प्रमुखतः वर्ण विभाजन के रूप में ही व्यक्त हुआ है, अनुसूचित जातियों, जनजातियों, पिछड़े वर्गों, मुसलमानों और स्त्रियों के लिए 60

प्रतिशत आरक्षण की वकालत की थी। मंडल आयोग ने अपनी रिपोर्ट में बताया था कि देश की 52 प्रतिशत पिछड़ी जातियों के लोगों का सरकारी नौकरियों में पतिनिधित्व एक प्रतिशत भी नहीं है और इसलिए उसने इन जातियों के लिए 27 प्रतिशत आरक्षण की संस्तुति की थी।

आरक्षण विरोधियों का मुख्य तर्क यह है कि आरक्षण से योग्यता की अवमानना हो रही है और कार्यकुशलता गिर रही है। यह तर्क मूलतः गलत है। जिसे आप योग्यता कहते हैं और जिसका मूल्यांकन विश्वविद्यालयी परीक्षाओं द्वारा होता है, वह बुनियादी तौर पर योग्यता नहीं, रटने की क्षमता मात्र है, जो परीक्षा में प्रचलित व्यापक नकल के कारण अब धीरे-धीरे नकल की क्षमता मात्र रह गई है। जिन शूद्रों को हजारों वर्षों से हमने पढ़ने-पढ़ाने और राज-काज से दूर रखा है, उनमें यह क्षमता स्वाभाविक रूप से कम होगी। पर यदि आज सरकारी अधिकारियों और कर्मचारियों की कार्यकुशलता का स्तर निम्न है, उनमें भ्रष्टाचार की भरमार है तो इसके लिए आरक्षण को क्यों जिम्मेदार माना जाए, जबकि स्थिति यह है कि अब तक के कागजी आरक्षण के बावजूद सरकारी नौकरियों में 88 प्रतिशत सवर्ण भरे हुए हैं !

कहा जाता है कि इंजीनियरिंग और मेडिकल कालेजों में आरक्षण से प्रवेश दिया जाएगा तो कुशल डॉक्टर, इंजीनियर नहीं निकल पाएँगे, पर कुशलता की ऐसी चिंता करनेवाले लोग कैपिटेशन फीस के आधार पर इन्हीं संस्थाओं में प्रवेश के विरोध में आंदोलन क्यों नहीं चलाते ? इसलिए न कि इस पिछले दरवाजे से भी केवल अमीर सवर्णों को ही प्रवेश मिलता है ? वास्तव में आरक्षण विरोधी सवर्ण लोग दक्षिण अफ्रीका के गोरे नस्लवादियों की तरह मन ही मन इस पूर्वाग्रह से ग्रस्त हैं कि सवर्ण शूद्रों की अपेक्षा अधिक कुशल और बुद्धिमान होते हैं और इसलिए व्यवस्था के सभी महत्वपूर्ण पद उन्हीं के पास होने चाहिए।

आरक्षण विरोधियों का सतह पर बड़ा भला-सा लगने वाला तर्क है—आर्थिक आधार पर आरक्षण। पर यहाँ दो अलग-अलग मुद्दों को उलझाया जा रहा है। देश से गरीबी हटाने का मुद्दा एक स्वतंत्र मुद्दा है, वह आरक्षण से नहीं हट सकती। आरक्षण तो केवल समाज में व्याप्त जाति असंतुलन को हटाने के लिए है, इसे दलितों के उत्थान के एक आंशिक साधन के रूप में ही हमारे संविधान में स्वीकृत किया गया है। फिर किसी परिवार की वास्तविक आर्थिक स्थिति का प्रमाणीकरण बड़ा मुश्किल है। आर्थिक आधार पर यदि आरक्षण दिया जाए तो तमाम संपन्न लोग अपने प्रभाव के कारण फर्जी प्रमाण पत्र बनवा कर गरीबों के स्थान छीन लेंगे। हाँ, यह जरूर किया जा सकता है और न्याय के लिए किया ही जाना चाहिए कि आरक्षित श्रेणियों के लोगों में से भी आरक्षण का लाभ उन परिवारों को न दिया जाए जो आय कर देते हों, जिनके सदस्य लोक सभा या विधान सभा के सदस्य

हों या राजपत्रित अधिकारी आदि हों। इससे आरक्षित श्रेणियों के भी अधिक वंचित लोगों को ऊपर उठने का अवसर मिलेगा।

दलितों और पिछड़ी जातियों के आरक्षण का समर्थन करते हुए यह भ्रम नहीं पालना चाहिए कि केवल आरक्षण से ही देश की जातिमूलक सामाजिक विषमता दूर हो जाएगी। इसे दूर करने के लिए तो जाति तोड़ने का एक व्यापक आंदोलन जरूरी है। अंतर्जातीय और अंतधर्मीय विवाहों को अधिकाधिक प्रश्रय मिलना चाहिए। साथ ही सार्वभौम निःशुल्क प्रारंभिक शिक्षा और सरकारी तथा गैरसरकारी क्षेत्रों में रोजगार के अवसर तेजी से बढ़ाना भी आवश्यक है।

पुनश्च : श्री विश्वनाथ प्रताप सिंह द्वारा मंडल आयोग की सिफारिशें लागू करने के बाद छिड़े आरक्षण विरोधी आंदोलन के दिनों में लिखा हुआ मेरा यह लेख पहले श्री राजेंद्र माथुर के संपादन में 'नवभारत टाइम्स' के 'स्वाधीनता विशेषांक' में प्रकाशित हुआ था और बाद में डॉ. महीप सिंह की 'संचेतना' में। अब इस लेख को श्री राजकिशोर की 'जाति का जहर' पुस्तक में सम्मिलित करते हुए जो बात इसमें जोड़ना चाहता हूँ, वह यह है कि सत्ताधारी वर्गों के वर्ण अहंकार के अतिरिक्त दलितों और पिछड़े वर्गों के साथ सामाजिक न्याय के लिए आरक्षण की राजनीति करनेवाले दलों की दूरदृष्टि-मंदता और उनके नेतृत्व की क्षुद्र स्वार्थपरता के कारण भी आज देश का वातावरण जातिवादी जहर से संक्रांत हो उठा है। इस जहर से मुक्ति के दो उपाय हैं। पहला यह कि जैसी राष्ट्रीय सहमति दलितों और पिछड़ों के आरक्षण के लिए आज बनी हुई है, वैसी ही उसे केवल 5 साल तक लागू रख कर उसे उसके उद्देश्य—सामाजिक न्याय की स्थापना—में सफल बनाने के लिए भी बननी चाहिए। यह तय हो जाना चाहिए कि वर्तमान आरक्षण की नीति को इतने ठोस ढंग से लागू किया जाए कि वह पाँच वर्ष में ही अपने अंतिम लक्ष्य—दलित और वंचित वर्गों की सरकारी नौकरियों और देश के सामाजिक, आर्थिक ताने-बाने में उनकी आबादी के प्रतिशत के लगभग साझेदारी—तक पहुँच जाए, ताकि उसे पहले की तरह अनंत काल तक लागू रखने की न तो आवश्यकता रहे और न उसे कोई राजनैतिक मुद्दा ही बनाया जा सके।

दूसरे, पाँच साल के बाद सारे जातिगत आरक्षण समाप्त कर सरकारी नौकरियों में 50 प्रतिशत आरक्षण उन नवयुवकों को दिया जाए जो या तो अंतरजातीय और अंतधर्मीय विवाहों की संतान हों और या स्वयं जिन्होंने अंतर्जातीय अथवा अंतधर्मीय विवाह किए हों। और इस प्रतिशत को प्रतिवर्ष 10 से बढ़ाकर 5 वर्ष में 100 प्रतिशत कर दिया जाये। आखिर सरकारी नौकरी कोई ऐसा मौलिक मानवाधिकार नहीं है कि उससे परंपरागत वर्ण व्यवस्था के समर्थकों को वंचित करना उनके प्रति अन्याय माना जाए। इस एक ही प्रेरणा से—स्वैच्छिक संगठनों के द्वारा किए गए कुछ अन्य आनुषंगिक जाति-विरोधी आंदोलनों के साथ—इस देश की अधिकांश

आबादी का जातीय रूपांतरण संभव है। यह इस देश के भविष्य के लिए, भावी वैश्विक मानव परिवार में इसकी आधिकारिक सदस्यता के लिए आवश्यक भी है और अनिवार्य भी।

सामाजिक न्याय, मीडिया और गांधी

मस्तराम कपूर

जाति व्यवस्था को समाप्त करने का एकमात्र रास्ता है सामाजिक न्याय की स्थापना। इस प्रस्थापना के पीछे तर्क यह है कि जाति व्यवस्था का निर्माण सामाजिक, राजनैतिक और सांस्कृतिक अधिकारों को ऊपर के तीन वर्णों में केंद्रित करने से हुआ और जब ये अधिकार समाज के सभी वर्गों में विकेंद्रित होंगे तो जाति व्यवस्था टूटेगी। अधिकारों के विकेंद्रीकरण को ही 'सामाजिक न्याय' कहा जाता है।

सामाजिक न्याय का वातावरण बनाने में जनसंचार माध्यमों की विशेष भूमिका होती है, इसमें कोई संदेह की बात नहीं है। किंतु दिक्कत यह है कि इस देश के अधिकांश पढ़े-लिखे लोग सामाजिक न्याय का अर्थ भी नहीं समझते और जनसंचार माध्यमों को चलानेवाले लोग भी इस पढ़े-लिखे तबके से आते हैं। यह बात उन दिनों विशेष रूप से स्पष्ट हो गई थी, जब मंडल रिपोर्ट को लागू करने के लिए अगस्त 1990 में राष्ट्रीय मोर्चा सरकार द्वारा जारी आदेश पर आरक्षण विरोधी दंगे, हत्याएँ, आत्मदाह आदि की घटनाओं ने सारे देश को उन्माद-ग्रस्त बना दिया था। हिंदी और अंग्रेजी के तमाम अखबार और उनके प्रसिद्ध संपादक/स्तंभकार (अपवादस्वरूप कुछ व्यक्तियों को छोड़ कर) इस आरक्षण विरोधी उन्माद के समर्थन में आ गए थे। उन दिनों हमारे कुछ साथियों ने आरक्षण विरोध की भर्त्सना करने के लिए और सामाजिक न्याय के हित में आरक्षणों का समर्थन करने के लिए एक अपील जारी की। इसके लिए एक सर्वेक्षण किया गया कि कौन पत्रकार–बुद्धिजीवी आरक्षण के विरोध में हैं और कौन समर्थन में। इसमें पाया गया कि बड़े अखबारों के संपादक और स्तंभकार आरक्षण–व्यवस्था के विरोधी हैं।

उन दिनों विश्वविद्यालय के अध्यापकों, वकीलों और पत्रकारों से बात करने पर भी मुझे लगा कि 'सामाजिक न्याय' शब्द हमारे संविधान की सर्वप्रथम प्रतिबद्धता होने पर भी, समझा नहीं गया। एक बार हमारे प्रधानमंत्री ने भी अपने भाषण में कहा कि हम तो हमेशा सामाजिक न्याय के पक्षधर रहे, क्योंकि हम सामाजिक

अन्याय के खिलाफ हैं। इस तरह इस शब्द को विकृत करने की प्रवृत्ति आज भी पढ़े-लिखे लोगों में है। सामाजिक न्याय के पक्षधर भी अक्सर इस शब्द का प्रयोग वर्ण व्यवस्था विरोध से बचने के लिए करते हैं।

सामाजिक न्याय सामाजिक अन्याय का विलोम मात्र नहीं है। यह सामाजिक समता का बोधक शब्द है और सामाजिक समता की कल्पना सारे विश्व में नई संकल्पना है। भारत में तो यह संकल्पना ढाई-तीन हजार साल के इतिहास में पूरी तरह अमान्य रही, क्योंकि वर्ण व्यवस्था का आधार ही सामाजिक विषमता था और हमारा समाज आज भी वर्ण व्यवस्था पर टिका है, जिसमें मनुष्य का भाग्य अकस्मात जन्म तय कर देता है। जब तक यह वर्ण व्यवस्था है, तब तक सामाजिक न्याय यहाँ स्थापित नहीं हो सकता। आरक्षण व्यवस्था इस वर्ण व्यवस्था को समतामूलक व्यवस्था में बदलने की दिशा में संविधान का एक ठोस कदम है, क्योंकि इससे विद्या, धन और राजसत्ता की शक्तियाँ, जो वर्ण व्यवस्था के अंतर्गत ऊपर के तीन वर्णों में केंद्रित होती हैं, समाज के सभी तबकों में विकेंद्रित होती हैं।

कहने का मतलब यह कि सामाजिक न्याय की कल्पना सामाजिक विषमता के विरोध से आई और इसे वर्तमान ठोस रूप भारत में ही मिला, जहाँ सामाजिक विषमता के खिलाफ पूरे इतिहास में आंदोलन चलता रहा। बुद्ध, महावीर, नाथों, सिद्धों और संतों से होता हुआ यह उन्नीसवीं शताब्दी के नवजागरण काल में स्वामी दयानंद आदि समाज सुधारकों के प्रयासों में मुखरित हुआ और फिर महात्मा फुले, नायकर, नारायण गुरु, डॉ. आंबेडकर, गांधी, लोहिया के विचारों में यह संकल्पना स्पष्ट हुई। संविधान में विशेष अवसरों के सिद्धांत को मान्यता प्रदान कर भारत ने इसे सामाजिक विषमताओं के समाधान के रूप में विश्व के समक्ष रखा। हमारे संविधान के बनने के 15 साल बाद अमेरीका ने राजनैतिक अधिकारों के कानून के रूप में इसे अपनाया-- कोटा प्रणाली को लागू कर और आज यह कोटा प्रणाली किसी न किसी रूप में सभी देशों में मान्य है।

इस विचार के अंतर्गत नागरिक अधिकारों और राजनैतिक अधिकारों के अतिरिक्त सामाजिक अधिकारों को भी आदमी के मूलभूत अधिकारों का दर्जा प्राप्त हुआ। उल्लेखनीय है कि नागरिक अधिकार (जैसे कानून के समक्ष बराबरी) और राजनैतिक अधिकार (जैसे सबको वोट देने और चुनाव लड़ने का अधिकार) भी क्रमशः मान्य हुए थे। ब्रिटिश शासन ने कानून के समक्ष बराबरी का अधिकार दिया (हालाँकि अपने लिए उनके विशेष कानून भी थे) और राजनैतिक बराबरी का अधिकार संविधान में वयस्क मताधिकार की स्वीकृति के बाद हमें मिला। सामाजिक बराबरी का अधिकार मान्य तो हो गया है, किंतु इसे वस्तुतः प्राप्त करने में समय लग सकता है। इसमें खास ध्यान देने वाली बात यह है कि नागरिक अधिकार और राजनैतिक अधिकार व्यक्ति के अधिकार होते हैं और व्यक्तिशः

वितरित होते हैं, किंतु सामाजिक अधिकार समूह अधिकार होते हैं और समूहों में ही वितरित होते हैं। इसलिए आरक्षण या कोटा प्रणाली का आधार समाज के मूल समूह बनते हैं, जैसे भारत में जाति या पेशा—समूह को बेसिक कलेक्टिविटी माना गया और अमेरिका में नस्ल, रंग आदि के समूहों को। इस दृष्टि से देखा जाए तो उच्चतम न्यायालय का क्रीमी लेयर का निर्णय भी गलत ठहरता है, क्योंकि इस निर्णय के अंतर्गत आरक्षणों के लिए मूल समूहों को तो आधार माना गया, किंतु आरक्षण की परिधि से बाहर करने के लिए व्यक्तियों और परिवारों को चुना गया, जबकि निष्कासन भी मूल समूहों का होना चाहिए। इसके लिए ठीक रास्ता यह था कि उच्चतम न्यायालय संविधान के अनुच्छेद 16 में आए शब्द 'पर्याप्त प्रतिनिधित्व' को परिभाषित करता अर्थात उसका अनुपात निश्चित करता (जैसे जनसंख्या अनुपात का 50 प्रतिशत) और फिर 10 वर्षीय जनगणना में जातियों की स्थिति के आँकड़े जमा कर उन जातियों को आरक्षण की परिधि से बाहर करने की व्यवस्था की जाती जिन्हें सरकारी नौकरियों आदि में 50 प्रतिशत प्रतिनिधित्व मिल गया हो। किंतु हम जातियों के आँकड़े जमा करने से डरते हैं, इसलिए उच्चतम न्यायालय ने भी आसान-सा रास्ता चुना, जो सफल होता नजर नहीं आता, क्योंकि इसमें न्यायालय ने खुद अपने ही सिद्धांत का तिरस्कार किया है।

सारांश यह कि सामाजिक न्याय की कल्पना एक नई कल्पना है, जिसका सही स्वरूप अभी सर्वोच्च न्यायालय के जजों के लिए भी स्पष्ट नहीं हुआ था। जनसंचार माध्यमों से जुड़े लोगों के लिए भी इसे ठीक-ठीक समझ पाना मुश्किल है। इसके अतिरिक्त जो बात सबसे अधिक चिंताजनक है, वह यह है कि जनसंचार माध्यमों का संचालन करनेवाले अधिकांश लोग सवर्ण जातियों से आते हैं जिनके लिए अपने संस्कारों से ऊपर उठना बहुत कठिन होता है। हर युग परिवर्तन के साथ यह ट्रेजेडी घटती है कि नए युग की संस्थाओं का संचालन पुराने युग के मूल्यों को वहन करनेवाले बुद्धिजीवियों के हाथ में रहता है। इंग्लैंड आदि देशों के आधुनिक लोकतंत्रों का संचालन भी अभी हाल तक सामंती मानसिकता वाली नौकरशाही और बुद्धिजीवी वर्ग के हाथों में रहा। इसका कारण होता है कि जिस रफ्तार से राजनैतिक सत्ता या धन की सत्ता विस्थापित और वितरित होती है, उसी रफ्तार से विद्या या ज्ञान की सत्ता विकेंद्रित नहीं होती।

हमारा बुद्धिजीवी वर्ग, जिसके हाथ में जनसंचार माध्यम हैं, या तो वर्ण व्यवस्था की मानसिकता वाला है या वर्ण व्यवस्था की जटिलताओं से बिलकुल अपरिचित है। दूसरी किस्म के बुद्धिजीवियों में पश्चिमी शिक्षा और पश्चिमी विचारों में पले लोग आते हैं, जिनमें मार्क्सवादी भी शमिल हैं। मार्क्सवादी तो सिद्धांत के रूप में वर्ण व्यवस्था के द्वंद्वों को अस्वीकार करते रहे और केवल आर्थिक तत्व को समाज के समस्त द्वंद्वों का कारण मानते रहे। जवारहलाल नेहरू भी इसी विचार के थे।

यही कारण है कि पश्चिमी शिक्षा और पश्चिमी विचारों से प्रभावित बुद्धिजीवी आरक्षणों के सिद्धांत सामाजिक न्याय की संकल्पना को ठीक से नहीं समझ सके।

भारतीय संस्कृति की छाप वाले बुद्धिजीवी तो वर्ण व्यवस्था की मानसिकता से ऊपर उठ ही नहीं पा रहे हैं, क्योंकि वे जानते हैं कि वर्ण व्यवस्था टूटी तो हिंदुत्व का नारा बेकार हो जाएगा। आखिर हिंदू राष्ट्र का विचार ही नवजागरण काल के सामाजिक आंदोलन के खिलाफ उठा था। यह आश्चर्य की बात नहीं है कि हिंदूवादी और मार्क्सवादी–दोनों नवजागरण के आंदोलन को नकारते हैं, जिसकी नींव पर आधुनिक भारत बना है। मार्क्सवादियों की आधुनिकता मार्क्स से शुरू होती है और हिंदूवादियों की तिलक आदि गरम राष्ट्रवादियों से। भारत में बुद्धिवाद के जन्मदाता स्वामी दयानंद को दोनों नकारते हैं, जबकि दयानंद की बुद्धिवादी और समाज सुधार की परंपरा ही गोखले, रानाडे, महात्मा फुले, स्वामी नारायण गुरु आदि से होते हुए डॉ. आंबेडकर और डॉ. लोहिया तक पहुँची है।

मीडिया से जुड़े लोगों की इस समस्या के साथ-साथ अब एक और समस्या पैदा हुई है और यह बहुत ही खतरनाक है। अब मीडिया पर उन लोगों का कब्जा हो गया है जो सारी दुनिया पर एक नई प्रकार की वर्ण व्यवस्था लादना चाहते हैं। ये विश्व बाजार की शक्तियाँ (बहुराष्ट्रीय कंपनियाँ, समृद्ध और अभिजात देश) सारे विश्व पर अपना वर्चस्व स्थापित करने के लिए उसी तरह काम कर रही हैं, जिस तरह हमारे यहाँ वर्ण व्यवस्था काम करती रही है अर्थात विश्व के गिने-चुने देश सूचना, धन और शस्त्र बल से दुनिया की विशाल जनसंख्या का शोषण कर रहे हैं। डॉ. राममनोहर लोहिया ने इस अंतर्राष्ट्रीय जातिवाद का कई बार उल्लेख किया था। आज यह हमारे सामने नंगे रूप में उपस्थित है। भारतीय वर्ण व्यवस्था ने धर्म से अपना वर्चस्व स्थापित किया था और यह नई व्यवस्था उपभोक्ता संस्कृति के बल पर अपना वर्चस्व स्थापित कर रही है। उपभोक्तावाद के नशे को यह जनसंचार माध्यमों के जरिए सारी दुनिया को पिलाना चाहती है और इसमें वह कामयाब हो रही है। मीडिया में क्या दिया जाए– यह सब व्यापारी कंपनियाँ तय करती हैं, यहाँ तक कि समाचार भी उसकी सुविधा और मरजी से मिलते हैं। इतना जबरदस्त शिकंजा है इन कंपनियों का जनसंचार माध्यमों पर कि उपभोक्तावाद के शिकार हम लोग कोई भी फैसला अपनी मरजी से, अपनी पसंद से नहीं कर सकते। हम क्या खाएँ, क्या पहनें, किस चीज को पसंद या नापसंद करें, कैसे बातें करें, कैसे दूसरों से व्यवहार करें, क्या सोचें, क्या न सोचें, इन तमाम बातों का निर्धारण कंपनियों के विज्ञापन करते हैं।

वर्ण व्यवस्था की एक बड़ी विशेषता है कि यह अपने एकाधिकार को बनाए रखने के लिए समान अवसरों का छलपूर्ण नारा लगाती है और विशेष अवसरों का विरोध करती है। आज की विश्व बाजार व्यवस्था भी सारे देशों पर जोर डाल रही

है कि वे अपने यहाँ लागू विशेष संरक्षणों को (जैसे तट कर, लाइसेंस आदि) समाप्त करे और सबको व्यापार की समान सुविधाएँ दें। यह व्यवस्था चाहती है कि भेड़ियों और मेमनों को आपस में खुली प्रतियोगिता करने दी जाए। यह ठीक वैसा ही है, जैसे आरक्षणों और सामाजिक न्याय का विरोध करने वाले वर्ण व्यवस्थावादी करते हैं।

ऐसी शक्तियों के हाथ में जनसंचार माध्यमों का शिकंजा होने से सामाजिक न्याय के आंदोलन के रास्ते में विकट बाधाएँ उपस्थित हो गई हैं। अतः सामाजिक न्याय के आंदोलन को कुछ ऐसा स्वरूप दिया जाना चाहिए जिससे वह एक साथ आंतरिक वर्ण व्यवस्था और विश्व वर्ण व्यवस्था दोनों का मुकाबला कर सके।

सामाजिक न्याय की कल्पना समाज कल्याण से भिन्न है। समाज-कल्याण की कल्पना पूँजीवाद के निकृष्ट (मार्क्स के अनुसार अपरिहार्य) परिणाम अर्थात सर्वहारा के अत्यंत निर्धनीकरण को रोकने के प्रयास में सामने आई। समाज के दीन-हीन कमजोर तबकों को राज्य की ओर से यत्किंचित सहायता, जो उन्हें अभाव-जन्य मृत्यु से बचाए, यही समाज कल्याण है। यह राज्य की ओर से दी गई चैरिटी है, अधिकार नहीं और कभी भी राज्य इसमें कटौती कर सकता है, जैसा कि पूँजीवादी देशों में आजकल हो रहा है। सामाजिक न्याय मूलभूत अधिकार है, संविधान की प्रस्तावना में उल्लिखित। यह किसी का अनुग्रह नहीं है।

सामाजिक न्याय का लक्ष्य विषमता को समाप्त करना और समता की व्यवस्था स्थापित करना है। स्वतंत्रता और बंधुता की तरह ही समता मानव का नैसर्गिक अधिकार है।

डॉ. आंबेडकर के अनुयायी कुछ बुद्धिजीवी अब जाति उन्मूलन की बात नहीं करते। वे डॉ. आंबेडकर के सिद्धांत को नकार कर जातियों के शक्तिकरण की बात करते हैं। उनकी दृष्टि में सामाजिक न्याय का उद्देश्य दलित जातियों को शक्तिशाली बना कर उन्हें सवर्ण जातियों के खिलाफ युद्ध के लिए तैयार करना है। इस युयुत्सु दृष्टि के कारण सामाजिक न्याय जाति युद्ध की स्थितियाँ पैदा कर रहा है।

जाति व्यवस्था के टूटने के क्रम में जातियों के पुनर्संगठन और शक्तिकरण की प्रक्रिया उन्नीसवीं सदी से ही चल रही है। आर्य समाज के आंदोलन की प्रतिक्रिया के रूप में ब्राह्मण, ठाकुर, वैश्य आदि जातियों ने अखिल भारतीय संगठन बना कर और अपनी अंदरूनी ऊँची-नीची सीढ़ियों को तोड़कर अपने को शक्तिशाली बनाने की कोशिश की। उनकी देखा-देखी छोटी जातियों ने भी अपने संगठन बना कर अपने को शक्तिशाली बनाने की कोशिश की, यहाँ तक कि उन्होंने अपने उद्‌गम को महान सिद्ध करने के लिए इतिहास और मिथकों को तोड़-मरोड़कर कई बेसिर-पैर की कहानियाँ ईजाद कीं। शक्तिकरण की यह प्रवृत्ति स्वाभाविक है,

लेकिन यह जाति व्यवस्था की बुराई का समाधान नहीं है। यह समाज को जाति युद्ध और विनाश की ओर ले जानेवाली है।

सामाजिक न्याय अधिकारों का विकेंद्रीकरण कर कमजोर जातियों का शक्तिकरण तो करता है, किंतु यह कुछ जातियों के वर्चस्व के स्थान पर कुछ अन्य जातियों के वर्चस्व को स्थापित करने का रास्ता नहीं है। यह समाज में समरसता लाने के लिए और जाति व्यवस्था का उन्मूलन करने के लिए समाज के सभी समूहों का शक्तिकरण करता है। यह लक्ष्य विभिन्न जातियों के बीच घृणा और द्वेष का वातावरण बना कर प्राप्त नहीं किया जा सकता। दुर्भाग्य से आज यही हो रहा है और इसका कारण है कि हमने सामाजिक न्याय की कल्पना को ठीक से नहीं समझा है। बंधुता की हत्या कर समता स्थापित नहीं हो सकती, उसी तरह, जैसे समता की हत्या कर स्वतंत्रता स्थापित नहीं होती।

डॉ. आंबेडकर ने संविधान सभा में अपने समापन भाषण में कहा था—'स्वतंत्रता, समता और बंधुता को एक-दूसरे से अलग कर दें तो लोकतंत्र निष्फल हो जाएगा। न स्वतंत्रता को समता से अलग किया जा सकता है और न समता को स्वतंत्रता से। इसी तरह स्वतंत्रता और समता को भी बंधुता से विलग नहीं किया जा सकता।'

नव-आंबेडकरवादी इस भावना के ठीक विपरीत काम कर रहे हैं। वे समाज के अपने से भिन्न तबकों को शत्रु के रूप में देख रहे हैं। यह मनुवाद का ही विपर्यय रूप है। इस रास्ते से न जाति व्यवस्था का उन्मूलन हो सकता है और न दलितों की स्थिति में कोई आमूल परिवर्तन हो सकता है। यह विनाश का ही रास्ता है।

मनुवादी मानसिकता

डॉ. आंबेडकर और उनके समकालीन अंग्रेजी लेखकों की रचनाओं में जिसे ब्राह्मणी, ब्राह्मणवादी या 'ब्राह्मनिकल' व्यवस्था कहा जाता था, उसे कुछ समय से मनुवादी व्यवस्था का नाम दिया गया है। वर्णाश्रम के सिद्धांत पर आधारित इस व्यवस्था का स्वरूप चूँकि मनुस्मृति में तय किया गया था, अतः इसे मनुवादी कहा गया। व्यवस्था से अधिक यह विशेषण अब मानसिकता के लिए इस्तेमाल किया जाता है, क्योंकि मनुस्मृति की व्यवस्था तो काफी हद तक बदल गई है, किंतु मानसिकता वही है। इसे जातिवादी मानसिकता भी कहा जाता है।

यह मानसिकता गुप्त और प्रकट, दो रूपों में दिखाई देती है। प्रकट रूप पर तो संविधान ने अंकुश लगाए हैं, किंतु गुप्त या छद्म रूप में यह निरंतर काम कर रही है। जरूरी नहीं कि यह मानसिकता सवर्ण जातियों में ही हो, असवर्ण जातियाँ भी इन मानसिकता का शिकार हैं।

डॉ. आंबेडकर और डॉ. लोहिया ने इस मानसिकता के छद्‌म रूपों की विस्तार से पड़ताल की थी।

बंबई एसेंबली में दलितों के प्रतिनिधित्व पर हुई बहस के दौरान एक बार डॉ. आंबेडकर ने टिप्पणी की कि ब्राह्मण जज जब ब्राह्मण और गैर—ब्राह्मण के बीच वाद का फैसला करने लगता है तो वह सिर्फ जज के रूप में फैसला नहीं करता, उसकी जातिवादी मानसिकता भी काम करती है। इस पर एसेंबली में बहुत हंगामा हुआ। दूसरे दिन आंबेडकर ने स्पष्टीकरण दिया कि 'ब्राह्मण' शब्द का प्रयोग उन्होंने इसलिए किया था क्योंकि प्रश्न पूछनेवाला ब्राह्मण था। प्रश्न पूछनेवाला कोई और होता तो मैं उसी की जाति का उल्लेख करता। यह एक मानसिकता है जो सबमें काम करती है।

डॉ. लोहिया ने 10 दिसंबर 1957 को लखनऊ जेल से उत्तर प्रदेश के जेल मंत्री के नाम एक पत्र लिखा था, जिसमें जवाहरलाल नेहरू को 'वशिष्ठी परंपरा का कट्टर ब्राह्मण' कह कर संबोधित किया था। इस पत्र में डॉ. लोहिया ने इस मानसिकता को वशिष्ठवाद कहा था और उसकी विशेषताएँ बताई थीं—अपने स्वार्थ की रक्षा के लिए क्रोध से अभिभूत हो कर किसी को देश-निकाला (जैसे सीता को) और किसी का सिर काटने (जैसे शम्बूक का) की प्रवृत्ति। उनका कहना था कि कट्टरता की परंपरा वशिष्ठ की परंपरा है और उदारता की परंपरा वाल्मीकि की परंपरा।

मनुवाद का आम अर्थ इस समय यह है कि सवर्ण जातियों का राजनैतिक, आर्थिक और धार्मिक-सांस्कृतिक वर्चस्व हर हालत में बना रहना चाहिए, चाहे इसके लिए जो भी छल-छद्‌म करना पड़े। यह काम स्त्री-शूद्र के बहुसंख्यक समाज में हीनता की भावना भर कर ही किया जा सकता है। इसके लिए जरूरी है कि इस बहुसंख्यक समाज के रहन-सहन, शिक्षा, व्यवसाय, संस्कृति के स्तर को यथासंभव निम्न से निम्न रखा जाए। यदि यह बहुसंख्यक समाज अपने राजनैतिक, आर्थिक और सामाजिक अधिकारों की माँग करता है, तो उस माँग को हर संभव प्रयास से दबाया जाए।

संविधान में इस बहुसंख्यक वर्ग को सामाजिक न्याय के प्रावधानों के अंतर्गत जो अधिकार दिए गए (जैसे विशेष अवसर, आरक्षण की व्यवस्था), उन्हें प्रताड़ित करने के लिए जो भी प्रयास हुए या हो रहे हैं, वे मनुवादी सोच का परिणाम हैं। कभी इन प्रावधानों को यह कह कर चुनौती दी गई थी कि ये मूलभूत अधिकारों का उल्लंघन करते हैं। न्यायपालिका के इस फैसले को बेअसर करने के लिए संविधान में पहला संशोधन 1951 में करना पड़ा। संविधान के निर्देश के अनुसार नियुक्त कालेलकर आयोग ने जब स्त्रियों सहित सभी पिछड़े वर्गों को 70 प्रतिशत आरक्षण देने की सिफारिश की, तो जवाहरलाल नेहरू और राजेंद्र प्रसाद ने कालेलकर

पर रिपोर्ट बदलने के लिए दबाव डाला। परिणामस्वरूप कालेलकर ने राष्ट्रपति को रिपोर्ट भेजते समय अग्रेषण पत्र में लिखा कि रिपोर्ट तैयार होने के बाद मैंने महसूस किया कि यह रिपोर्ट बहुत खतरनाक है। नेहरू सरकार ने योग्यता और आर्थिक कसौटी का तर्क दे कर, जिसे आज तक दुहराया जा रहा है, रिपोर्ट को कूड़े के डिब्बे में डाल दिया। इंदिरा सरकार ने भी इसे दबाए रखा और जनता सरकार के समय बनाए गए मंडल आयोग की रिपोर्ट को भी इंदिरा–राजीव सरकारों ने दबा दिया। जब मंडल आयोग की सिफारिशों को लागू करने की घोषणा विश्वनाथ प्रताप सिंह की सरकार ने की, तो सारे देश में बसों को जलाने और आत्मदाहों का सिलसिला चला। कुछ लोंगों ने दलित-पिछड़ों के अधिकारों की इस माँग को भक्ति काल के आजमाए हुए फार्मूले के अनुसार धर्म से कुंद करने की नीति अपनाई और राम जन्मभूमि का आंदोलन छेड़ दिया। उच्चतम न्यायालय का फैसला आ जाने के बाद भी दलित-पिछड़ों के अधिकारों के इस आंदोलन को विफल करने के प्रयास जारी हैं। आरक्षण समर्थक भी मूर्खतावश ऐसे प्रयास कर रहे हैं। वे धर्म के आधार पर भी आरक्षण की वकालत कर रहे हैं, जबकि यह आर्थिक आधार आरक्षण की तरह ही इस आंदोलन की भावना और संविधान के विरुद्ध है।

मनुवादी सोचवाले अपने लक्ष्य को प्राप्त करने के लिए कई तरह के हथकंडे अपनाते हैं। एक हथकंडा तो यह है कि प्रत्यक्ष को परोक्ष से और परोक्ष को प्रत्यक्ष से झुठलाया जाए। तात्कालिक समस्या को दूरगामी समस्या और दूरगामी को तात्कालिक कहकर नजरअंदाज किया जाए। वर्तमान भूख और शोषण को पूर्व जन्म के कर्मों का फल बता कर संतोष कर लिया जाए। जब दबे-पिछड़े तबकों से बराबरी की माँग उठे तो 'ईश्वर की नजरों में सब बराबर हैं' कह कर उन्हें धर्म से लुभाने का प्रयत्न किया जाए। भक्ति आंदोलन ने यही काम किया था। जब समाज के शोषित तबकों से सामाजिक-राजनैतिक अधिकारों की माँग उठे तो मानव अधिकार जैसे अस्पष्ट शब्दों से उसे प्रतिस्थापित करने का प्रयास किया जाए जिसमें कानून के समक्ष बराबरी या नागरिक अधिकारों को परमाधिकार माना जाता है। गैर-बराबरी से आँख चुराने के लिए कहा जाए, सब बराबर हैं और भ्रष्टाचार से आँख चुराने के लिए कहा जाए, भ्रष्टाचार तो सारी व्यवस्था, सारी दुनिया में है। अपने पड़ोसी के प्रति घृणा और द्वेष पर पर्दा डालना हो तो कह दो कि हम तो सबके सुख की कामना करते हैं, सारी वसुधा को एक कुटुंब मानते हैं। स्त्री जाति पर होने वाले अत्याचारों को ढकने के लिए कह दो, हम तो स्त्रियों की पूजा करते हैं, उन्हें देवी भगवती मानते हैं। शूद्रों के प्रति अमानवीय व्यवहार का सवाल उठे तो कह दो, हमारे भगवान तो शूद्र के घर साग खाते थे या शूद्रा के जूठे बेर खा लेते थे। हिंदू कोड बिल से परेशानी हो तो सामान्य नागरिक संहिता की बात करो। अल्पसंख्यक आयोग से चिढ़ हो तो मानवाधिकार आयोग का नारा दो। सिद्धांत

की तोड़-मरोड़ को रणनीति कहो और रणनीति की विफलता को सिद्धांत की जीत कहो। धर्म से विचलन के लिए आपद्धर्म की शरण लो और हत्या से बचने के लिए राष्ट्र-धर्म आदि बड़े लक्ष्यों का तर्क दो।

मतलब यह कि हमारा वर्चस्व बना रहे। कोई दूसरा इसमें हिस्सा बँटाने न आए। समाज की यथास्थिति बनी रहे। इसके लिए जो भी काम किया जाए, उसका किसी न किसी प्रकार से औचित्य सिद्ध किया जाए। यही आज का मनुवादी सोच है। चूँकि यह सोच सीढ़ीनुमा वर्ण व्यवस्था की उपज है, अतः इस सोचवाले लोग हमेशा अपने से ऊपर वाले के चरण पकड़ने और अपने से नीचे वाले को लात मारने को ही सही जीवन समझते हैं। जाति व्यवस्था की बुराई का तीव्र अहसास हमें डॉ. आंबेडकर ने कराया, इसमें कोई दो राय नहीं हो सकती। लेकिन उन्होंने इस बुराई से निजात पाने का रास्ता नहीं सुझाया। उन्होंने धर्म परिवर्तन का रास्ता आजमाया, किंतु वे जानते थे कि धर्म परिवर्तन के बाद भी इससे पीछा नहीं छूटेगा। उन्होंने गुस्से और युद्ध के तेवर अपनाए और उनके अनुयायियों ने उसे घृणा का रूप दे दिया। घृणा घृणा को उकसा रही है और युद्ध का कहीं अंत नहीं दिखता। दूसरा रास्ता गांधी ने सुझाया— संस्कारों को बदलने का और मन की शुद्धि करने का। यह बंधुता के साथ समता को लाने का रास्ता है।

गांधी को इस समय दलितों ने खतरनाक मुजरिम के रूप में कटघरे में खड़ा किया है। धर्म की राजनीति करनेवाले कठमुल्ले हिंदुओं ने भी गांधी को अभियुक्त बनाया है। एक वर्ग उन्हें 'शैतान की औलाद' तक कहने में सुख प्राप्त करता है। दूसरा वर्ग उन्हें राष्ट्रपिता कहे जाने पर घोर आपत्ति करता है। गांधी की मृत्यु के लगभग आधी सदी बाद भी इन वर्गों ने उन्हें क्षमा नहीं किया। दुनिया के सबसे बड़े इंसान, अहिंसा के मसीहा के साथ इस सुलूक से प्रत्येक भारतीय का सिर शर्म से झुक जाना चाहिए था। लेकिन लगता है, हमारा सिर मेरुदंड पर नहीं, टीक के डंडे पर टिका है।

दुनिया में ऐसा कोई भी महापुरुष नहीं हुआ, जिसने अपने जीवन में गलतियाँ न की हों। जिन्हें हम अवतार मानते हैं, उनसे भी गलतियाँ हुई हैं। गांधी जी ने भी गलतियाँ कीं और उन्हें ईमानदारी के साथ स्वीकार भी किया है। लेकिन उन्होंने देश के लिए और दलितों के लिए जो त्याग-तपस्या की, उसकी मिसाल ढूँढ़ना मुश्किल है।

यह ठीक है कि गांधी जी सवर्ण जाति में पैदा हुए। डॉ. भीमराव आंबेडकर की तरह उन्हें जन्म के कारण अपमान और उपेक्षा का शिकार नहीं होना पड़ा। लेकिन दलितों के प्रति उनके मन में जो दर्द था, वह डॉ. आंबेडकर से कम नहीं था। यह भी ठीक है कि वे वर्ण व्यवस्था को एक समय सही मानते थे, लेकिन डॉ. आंबेडकर से हुए विचारों के आदान-प्रदान के बाद उन्होंने अपनी धारणाओं

में आमूल संशोधन किया था। यह परिवर्तन आसानी से नहीं हुआ। इसका कारण है कि अपने विश्वासों पर अटल रहने से भी कठिन काम अपने विश्वासों में संशोधन करना होता है। इसके लिए उन्हें बहुत आत्ममंथन करना पड़ा। बहुत अपमान भी सहना पड़ा, इतना कि शायद डॉ. आंबेडकर भी उसे बर्दाश्त न कर पाते। इस अपमान की महागाथा गांधी शांति प्रतिष्ठान से गत वर्ष प्रकाशित पुस्तक 'गांधीज कैम्पेन अगेंस्ट अनटचेबिलिटी-1933-34' में छपी है, जिसके संपादक हैं बरेन राय और जिसमें गांधी जी के अस्पृश्यता विरोधी देशव्यापी दौरे से संबंधित ब्रिटिश सरकार की गोपनीय रिपोर्टों के दस्तावेज दिए गए हैं। स्मरणीय है कि ये रिपोर्टें सर्वोच्च अधिकारियों द्वारा तैयार की गई और लंदन भेजी गई थीं।

ब्रिटिश प्रधानमंत्री द्वारा दिए गए कम्यूजल अवार्ड के विरोध में गांधी जी ने लंबा अनशन किया, जिसकी परिणति डॉ. आंबेडकर और सवर्ण हिंदुओं के बीच हुए पूना समझौते में हुई। इसके बाद गांधी जी ने राजनीति से अपने को अलग कर लिया और अस्पृश्यता निवारण के अभियान में देशव्यापी दौरे पर निकल पड़े। यह दौरा नवंबर 1933 से अगस्त 1934 तक चला। दौरे का उद्देश्य था अस्पृश्यता के विरुद्ध जनमत तैयार करना और हरिजन सेवक संघ के लिए चंदा इकट्ठा करना। यह वह समय था, जब गांधी जी ने सामूहिक सिविल नाफरमानी आंदोलन को निलंबित कर दिया था जिसके कारण उनकी साख अपने ही अनुयायियों (जवाहरलाल और सुभाष आदि) की नजरों में भी गिर गई थी। आंदोलन की विफलता और कांग्रेसी नेताओं सहित असंख्य लोगों की गिरफ्तारी के कारण कांग्रेस में मायूसी छाई हुई थी। पूना समझौते के साथ कम्यूनल अवार्ड को कांग्रेस द्वारा मान लिये जाने के बावजूद अधिकतर कांग्रेसी इसे पचा नहीं पा रहे थे और इसलिए अल्पसंख्यक कांग्रेस से नाराज थे। दलितों को लग रहा था कि गांधी ने आंबेडकर पर नाजायज दबाव डाला और हिंदुओं के सवर्ण तबकों को गांधी हिंदू धर्म के दुश्मन के रूप में दिखाई दे रहे थे, हालाँकि गांधी जी के आंदोलन का प्रमुख उद्देश्य हिंदू समाज की अखंडता बनाए रखना था। कम्युनिस्ट गांधी को गाली देने का कोई मौका नहीं चूक रहे थे। कांग्रेस सोशलिस्ट पार्टी का जन्म हुआ-हुआ ही था और उसके सैद्धांतिक आग्रह अधिकांशतः साम्यवादी विचारधारा से प्रभावित थे। डॉ. राममनोहर लोहिया जैसे नेता भी, जो साम्यवादी विचारधारा के जादुई सम्मोहन से मुक्त थे, जवाहरलाल नेहरू के प्रभाव से अभिभूत थे। कांग्रेस सोशलिस्ट पार्टी के कार्यक्रम के कुछ मुद्दों से असहमति जताते हुए गांधी जी ने उसे पसंद कर लिया था और कांग्रेस के भीतर सोशलिस्ट पार्टी के काम करने को अपनी स्वीकृति दे दी थी। किंतु सोशलिस्ट ग्रुप नेहरू, सुभाष आदि के नेतृत्व में गांधी के मंदिर प्रवेश, अछूतोद्धार जैसे कार्यक्रमों से संतुष्ट नहीं था और न ही वह अहिंसा के सिद्धांत को पूर्ण रूप से मानने को तैयार था, हालांकि रणनीति के रूप में मानता था।

गांधी ने सोशलिस्ट कार्यक्रम को देखकर कहा था—इसमें समाज सुधार का उल्लेख नहीं है। डॉ. लोहिया ने संविधान के प्रारूप पर आपत्ति की थी कि इसमें पूर्ण आजादी के लक्ष्य का उल्लेख नहीं हुआ है।

कुल मिलाकर गांधी जी बिलकुल अकेले पड़ गए थे। उन्हें चारों तरफ विरोध के स्वर सुनाई दे रहे थे। कट्टर हिंदूवादी तत्व (जिनमें राष्ट्रीय स्वयंसेवक संघ, वर्णाश्रम स्वराज संघ, हिंदू महासभा आदि के लोग थे) तो उनके खून के प्यासे तक बन गए थे। गांधी जी जहाँ-जहाँ दौरे पर पहुँचते थे, ये कट्टर हिंदू तत्व उन्हें काले झंडे दिखाने, उनकी सभाओं में गड़बड़ी पैदा करने, गांधी विरोधी पोस्टर छपवाने के लिए पहुंच जाते थे। बंगाल के सवर्ण हिंदू और पंजाब के सवर्ण हिंदू इस विरोध में विशेष मुखर थे। बंगाल के कम्युनिस्टों ने तो साम्राज्यवाद-विरोधी लीग के वजन पर गांधी विरोधी लीग ही बना ली थी। कट्टर हिंदुओं ने 'गांधी बायकाट' कमेटी बनाई थी। ब्रिटिश सरकार, बुद्धिजीवी, कट्टर हिंदूवादी, कम्युनिस्ट, दलित, मुस्लिम सब गांधी जी का विरोध करने के लिए कटिबद्ध थे और कांग्रेस का वाम गुट भी उनके आंदोलन के प्रति सहानुभूतिशील नहीं था। सबसे बड़ी बात यह कि जिस दलित वर्ग के हक में जनमत तैयार करने के लिए वे निकल थे, उसका भी उनके प्रति ठंडा रवैया था। इस सारे प्रतिकूल माहौल के बावजूद गांधी जी ने सारे देश का भ्रमण किया और अपने अस्पृश्यता निवारण के कार्यक्रम को चलाया। इस दृष्टि से यह एक अद्भुत अभियान था जिसकी दुनिया में मिसाल नहीं मिलती। नितांत निराशा की परिस्थितियों में भी एक व्यक्ति क्या कर सकता है, इसका यह एक उदाहरण था। ब्रिटिश सरकार की गोपनीय रिपोर्टों में गांधी के इस अभियान को पूर्ण विफल बताया गया, किंतु इसका परिणाम 1937 के चुनावों में देखने को मिला, जिसमें कट्टर हिंदूवादी तत्वों का बिलकुल सफाया हो गया, मुस्लिम लीग किसी भी प्रांत में सरकार नहीं बना सकी, डॉ. आंबेडकर की पार्टी भी लगभग खत्म हो गई तथा कम्युनिस्टों को कांग्रेस सोशलिस्ट पार्टी के झंडे तले आजादी के आंदोलन में शामिल होना पड़ा। गांधी जी को एक बार फिर आजादी के आंदोलन की बागडोर सँभालनी पड़ी तथा अनेक नेताओं के असमंजस के बावजूद कांग्रेस को 'भारत छोड़ो' आंदोलन शुरू करना पड़ा। लाखों की तादाद में भारतवासी 'करो या मरो' के आह्वान पर ब्रिटिश साम्राज्यवाद के खिलाफ अंतिम लड़ाई लड़ने के लिए निकल पड़े।

लेकिन लगभग दस महीने के इस 'एकला चलो' अभियान में गांधी जी को कितने कष्ट झेलने पड़े, कितना विरोध सहना पड़ा, कितना अ ान पीना पड़ा, इसकी कल्पना कर मन सिहर उठता है। डॉ. आंबेडकर को तो अपने विरोधियों से ही अपमान मिला था और उसके चलते उन्होंने बुद्ध धर्म की शरण लेकर अपनी लड़ाई बंद कर दी थी। इस पीड़ा को एक महात्मा ही झेल सकता था। कोई आश्चर्य नहीं कि इस अभियान के समाप्त होने के बाद अक्तूबर, 1934 में उन्होंने कांग्रेस

की चवन्नी सदस्यता भी छोड़ दी। देशवासियों ने तो उनके इस अभियान को नहीं समझा, किंतु विदेशी विद्वानों ने माना कि यह अद्भुत अभियान था। उनके एक जीवनी-लेखक हेनरी पोलक ने कहा, 'गांधी ने अस्पृश्यता को ऐसा आघात पहुँचाया है कि वह उससे कभी उबर नहीं सकेगी।' उनके एक अन्य प्रशंसक होरेस एलेक्ज़ेंडर ने 35 साल बाद लिखा : 'अस्पृश्यता को समाप्त करने में मानवतावादी विचारों और लोकतंत्र का प्रभाव और ईसाई मिशनरियों के प्रभाव को तो निस्संदेह स्वीकार किया जाएगा, किंतु मेरे विचार से इसमें सितंबर, 1932 के दिन को निर्णायक माना जाएगा, जब गांधी जी ने इसके लिए अनशन किया था।'

गांधी जी का दौरा 5 नवंबर 1933 को शुरू हुआ और 2 अगस्त 1934 को समाप्त हुआ। पहला पड़ाव नागपुर था। यहाँ की राजनैतिक स्थिति का वर्णन करते हुए रिपोर्ट में कहा गया कि यहाँ कांग्रेस के मराठीभाषी (अभ्यंकर-खरे) ग्रुप और हिंदीभाषी (अवारी-पूनमचंद) ग्रुप के बीच तीव्र होड़ चल रही थी। कट्टर हिंदूवादी (जिन्हें सारी पुस्तक में सनातनी तत्व कहा गया है), मंदिर प्रवेश और अस्पृश्यता निवारण के गांधी के कार्यक्रमों के खिलाफ जबरदस्त प्रचार कर रहे थे। भाई परमानंद पहले ही पहुँच गए थे और उनके स्वागत में राष्ट्रीय स्वयंसेवक संघ के प्रमुख डॉ. हेडगेवार के साथ-साथ वर्णाश्रम स्वराज संघ के नेता और महारों के प्रतिनिधि भी शामिल थे। भाई परमानंद ने राष्ट्रीय स्वयंसेवक संघ के स्वयंसेवकों का 'ड्रिल प्रदर्शन' देखने के बाद उनकी तुलना मुसोलिनी के यूथ ब्रिगेड से की। टाउन हॉल में हुई बैठक डॉ. हेडगेवार का 'शो' था और बैठक की अध्यक्षता कर रहे एम.जी. चिटणीस डॉ. हेडगेवार के कठपुतले थे। मुंजे के अनुयायी वहाँ उपस्थित थे। भाई परमानंद ने कश्मीर, भोपाल, सिंध, अलवर और निजाम के इलाके में हिंदुओं के उत्पीड़न की हृदय-विदारक कहानियों के साथ एक अत्यंत भड़काऊ भाषण दिया। सनातनियों की एक सभा में पंडित अखिलानंद ने कहा कि धर्म की रक्षा स्वराज प्राप्त करने से भी अधिक महत्वपूर्ण है।

नागपुर के दौरे का सारांश प्रस्तुत करते हुए रिपोर्ट में कहा गया कि गांधी जी के दर्शनों के लिए ही लोग उनकी मीटिंगों में आते थे, उनके विचारों से वे प्रभावित नहीं होते थे। मारवाड़ी चंदा देना चाहते थे, लेकिन उन्हें लगता था कि यह चंदा महारों को मिलेगा जो वे नहीं चाहते थे। आंबेडकरवादी महार आमतौर पर इन सभाओं से अलग रहे। सनातनी तत्व समानांतर सभाएँ करते थे और गांधी जी की सभाओं में हुड़दंग भी करते थे। कांग्रेस का अवारी ग्रुप जवाहरलाल नेहरू के प्रभाव के कारण गांधी के अभिमान को नापसंद करता था और गांधी के खिलाफ कुप्रचार भी करता था। खरे-अभ्यंकर ग्रुप गांधी जी के अभियान का पूरा समर्थन कर रहा था।

वर्धा में सनातनियों के हुड़दंग को रोकने के लिए पुलिस को हस्तक्षेप करना

पड़ा। यवतमाल के डिप्टी कमिश्नर ने लिखा : 'गांधी को लोग महात्मा के रूप में जरूर देखने आते हैं, किंतु कोई भी उन्हें राजनेता या समाज सुधारक के रूप में गंभीरता से नहीं लेता।' अकोला में एक कम्युनिस्ट नेता ने विरोध में सभा करने की कोशिश की, लेकिन सफल नहीं हुआ। सियोनी के दौरे के संबंध में डिप्टी कमिश्नर ने लिखा : 'दौरा टाँय-टाँय फिस रहा। लोगों ने खुलकर इस बात पर असंतोष व्यक्त किया कि गांधी का मुख्य उद्देश्य धन इकट्ठा करना है।'

कटनी, सागर, दमोह, जबलपुर आदि के दौरे में बनारस के सनातनियों के जत्थे गांधी के विरोध में लगे रहे, लेकिन उन्हें विशेष सफलता नहीं मिली। जबलपुर में गांधी की भेंट अब्दुल कलाम आजाद, डॉ. महमूद, के. एफ.नरीमन, नेहरू, जमनालाल बजाज आदि नेताओं से हुई। एक सभा में नेहरू ने सिविल नाफरमानी आंदोलन की विफलता को स्वीकार करते हुए कम्युनिज्म की वकालत करता हुआ-सा एक भाषण दिया। सी.पी. बरार दौरे का सारांश प्रस्तुत करते हुए रिपोर्ट में कहा गया कि सनातनी तत्वों का विरोध उत्तरोत्तर जोर पकड़ रहा है और गांधी की स्थिति निरंतर कमजोर पड़ती जा रही है।

दिल्ली में तीन सनातनियों ने गांधी की कार पर काला झंडा फेंका, जिससे काफी खलबली मची। रिपोर्ट में कहा गया कि गांधी ने कांग्रेस का पूरा कंट्रोल जवाहरलाल नेहरू को सौंप दिया लगता है। मद्रास में जब गांधी पहुँचे तो उनके स्वागत के लिए एस. सत्यमूर्ति और टी. प्रकाशम नहीं आए। पुरी के शंकराचार्य ने उन्हें मंदिर प्रवेश पर शास्त्रार्थ के लिए ललकारा, लेकिन गांधी ने उनकी तरफ ध्यान नहीं दिया। बंगलौर की आस्तिक महाजन सभा में एक प्रस्ताव पास किया गया, जिसमें मैसूर सरकार से प्रार्थना की गई थी कि वह हिंदू धर्म में तोड़-फोड़ करने वाले इस अभियान से उनकी रक्षा करे। दक्षिण कैनरा और बेलारी की रिपोर्ट में कहा गया कि कांग्रेस को इस दौरे से फायदा कुछ नहीं होगा, नुकसान ही होगा। बेलगाम में वर्णाश्रम स्वराज संघ ने नगरपालिका के अध्यक्ष को नोटिस दिया कि गांधी को मानपत्र देने के लिए जनता का पैसा क्यों खर्च किया जा रहा है।

7 अप्रैल, 1934 को गांधी जी ने पटना से सिविल नाफरमानी आंदोलन को स्थगित करने की घोषणा प्रेस में की। आसाम में चाय बागानों के मजदूरों के साथ अस्पृश्यता का व्यवहार किए जाने पर उन्होंने दुख प्रकट किया और कहा कि यदि आसामी कर्मठ होते तो इन मजदूरों को यहाँ लाने की जरूरत ही नहीं पड़ती। बिहार में सनातनी प्रदर्शनकारियों के संबंध में रिपोर्ट में कहा गया कि वे मंदिर के पंडों और बनारस के एक स्वामी द्वारा प्रशिक्षित शरारती तत्वों के गिरोह थे। उड़ीसा (पुरी) में पुरी के राजा तथा महंत अमरनाथ ने एक सभा की, जिसमें गांधी को पाखंडी, धोखेबाज और हिंदू धर्म का शत्रु कहा गया। सनातनियों ने एक पुस्तक भी बाँटीं। इसका शीर्षक था 'असली गांधी' और इसमें गांधी की भरपूर निंदा की गई थी।

कटक में एक रोचक प्रसंग घटा। सिविल सर्जन ने गांधी जी के स्वास्थ्य की जाँच करने की पेशकश की, क्योंकि कमिश्नर ने कहा था, उनकी तबीयत ठीक नहीं है। गांधी जी ने अपनी व्यस्तता का कारण देते हुए उन्हें अगले दिन आने को कह कर टाल दिया। कटक की एक सभा में एक सनातनी स्वामी गांधी से बहस करने के लिए अड़ गया। गांधी ने उसे बोलने का मौका दिया और फिर जब उनके जवाब देने की बारी आई तो इतना कह कर अपना भाषण समाप्त कर दिया कि चंदा बहुत कम आया। उड़ीसा में एक स्थान (तुरंग) पर हरेकृष्ण मेहताब ने गांधी के साथ आए लोगों के लिए भोजन बनाने का काम कुछ स्थानीय ब्राह्मणों को सौंपा था, लेकिन उन्होंने इन्कार कर दिया। कई स्थानों पर तो गांधी जी को सभा भी नहीं करने दी गई और ऐन मौके पर सभा स्थान बदलना पड़ा। सदाव्रत मठ के महंत ने गांधी की सभा में जाने वाले पनवाड़ियों को आत्मशुद्धि करने पर मजबूर किया।

पूना में राजाराम त्र्यंवक कुलकर्णी के नेतृत्व में सनातनियों ने गांधी को काले झंडे दिखाए। एन.सी. केलकर ने गांधी जी की अगवानी की। एक सभा में गांधी जी ने कांग्रेसियों से कहा कि उन्हें समान मुद्दों पर सोशलिस्टों का समर्थन करना चाहिए। 25 जून को विश्राम बाग के निकट एल.बी.भोपटकर की कार को गांधी की कार समझ कर सनातनियों ने बम फेंका जिसमें भोपटकर सहित सात लोग जख्मी हुए। कामशेर स्टेशन पर उस रेलगाड़ी को भी गिराने की कोशिश की गई जिससे गांधी जी जा रहे थे। यहाँ के जिला पुलिस सुपरिंटेंडेंट ने रिपोर्ट में लिखा : 'राजनैतिक व्यक्ति के रूप में तो नहीं, किंतु अपनी उम्र, सादगी और व्यक्तित्व के कारण जनता में उनकी प्रतिष्ठा बनी हुई है। उन्होंने सनातनियों को, जो एक समय उनके समर्थक थे, गहरा आघात पहुँचाया है। कम्युनल अवार्ड के प्रति अपने रुख से उन्होंने हिंदुओं के बहुत बड़े तबके को नाराज कर दिया है। मुसलमान भी उनसे खफा हैं। छात्र-वर्ग उन्हें गैर प्रगतिशील मानता है और हरिजन भी उनसे अप्रसन्न हैं।'

अहमदाबाद की एक सभा में (जिसे कांग्रेस सोशलिस्ट पार्टी ने आयोजित किया था) गांधी जी ने कहा कि उन्हें निश्चय ही इस बात से खुशी होगी, यदि सोशलिस्ट मजबूत होकर कांग्रेस को अपने अधिकार में ले लें। सक्खर(सिंध) में एक सनातनी ने कुल्हाड़ी लेकर गांधी से मिलने की कोशिश की, जिसे पुलिस ने रोक दिया। शिकारपुर के सनातनियों ने भी अस्पृश्यता के खिलाफ गांधी के अभियान को हिंदू धर्म विरोधी कह कर प्रचारित किया। कानपुर की आर्य प्रतिनिधि सभा को छोड़कर कहीं भी आर्य समाजियों ने गांधी को समर्थन नहीं दिया, हालाँकि जो काम वे कर रहे थे, वह स्वामी दयानंद का ही काम था। आर्य समाजी सनातानियों के आगे पूरी तरह नतमस्तक हो गए थे, हालाँकि दयानंद का घोर विरोध भी

सनातनियों ने ही किया था।

इस देशव्यापी दौरे में गांधी जी को लगभग 8 लाख रुपए चंदे के रूप में मिले। इस चंदा-उगाही में उन्हें बहुत कृपण और कभी-कभी निर्दय भी होना पड़ा। मिसाल के तौर पर उन्होंने बच्चों के गले में लटके लाकेट और महिलाओं के मंगलसूत्र तथा चूड़ियाँ भी उतरवाईं, जिसके लिए उनकी कटु आलोचना हुई। किंतु वे निस्पृह भाव से अपने काम में लगे रहे।

गांधी जी का यह अस्पृश्यता उन्मूलन अभियान जाति व्यवस्था को तोड़ने की दिशा में सबसे महत्वपूर्ण सिद्ध हुआ। इस अभियान ने लोगों के दिल में जमी छुआछूत और शौच-अशौच की भावना को काफी हद तक दूर किया। मदनमोहन मालवीय जैसे सनातनी ने हिंदू समाज को छुआछूत से मुक्त करने का आह्वान किया। अब गाँवों तथा शहरों में कुछ पोंगापंथी लोग ही छुआछूत मानते हैं। इसी अभियान के प्रभाव से संविधान में अस्पृश्यता के उन्मूलन का प्रावधान हुआ। अस्पृश्यता जाति व्यवस्था का सबसे भयानक रूप है। यह एक मानसिक रोग है। इस मानसिक रोग का उपचार किए बिना जाति व्यवस्था के टूटने की कल्पना नहीं की जा सकती। गांधी ने इस मानसिक ग्रंथि को तोड़ा। इससे पूर्व उन्नीसवीं सदी में स्वामी दयानंद ने भी एक मानसिक ग्रंथि थी कि जाति ईश्वरकृत है और वेद-सम्मत है। स्वामी दयानंद ने जाति को वेद-विरुद्ध कह कर सदियों से चली आ रही मानसिक गुलामी को तोड़ दिया। आर्य समाज के आंदोलन ने अद्विज जातियों के मन में बैठा हुआ यह भय निकाल दिया कि यह ईश्वरीय व्यवस्था है। गांधी जी ने सदियों पुराने संस्कारों पर प्रहार किया।

सामाजिक न्याय जाति व्यवस्था के ढाँचे को तोड़ सकता है। यह ढाँचा अब टूट भी रहा है। लेकिन जब तक लोगों के मन नहीं बदलेंगे, जाति व्यवस्था का अस्तित्व बना रहेगा। मन को बदलने का काम उन्नीसवीं सदी में दयानंद ने और बीसवीं सदी में गांधी ने किया। इन दोनों को नकार कर जाति व्यवस्था के विनाश की कल्पना भी नहीं की जा सकती।

●●●